세계 농업과 먹거리의
정치경제학

이 책은 2013년 정부(교육부)의 재원으로 한국연구재단의 지원을 받아
수행된 연구이다(NRF-2013S1A3A2055243).

알레산드로 보나노 · 로런스 부시 외 지음
윤병선 외 옮김

세계 농업과 먹거리의
정치경제학

따비

최근 한국 사회에서 먹거리에 대한 사회적 관심은 매우 높지만, 상대적으로 먹거리 생산의 주체인 농업이나 농민에 관한 관심은 거의 없다고 해도 과언이 아니다. 텔레비전을 통해서도 일상적으로 마주치는 것이 '먹방'이고 '쿡방'이지만, 우리와 동시대를 같이 호흡하고 있는 농민에 대한 관심은 농가 인구가 전체 인구에서 차지하는 비율보다 훨씬 낮다. 우리가 먹는 먹거리는 다양한 사회적 관계가 응축되어 있는 긴 여정을 거쳐 식탁에 올라오지만, 사람들은 그러한 사회적 과정에 대한 관심보다는 먹거리의 안전성, 맛, 신선도 등 먹거리의 품질이나 품위를 고려하고, 자신의 취향과 입맛을 챙기기 바쁘다. 신자유주의 시대를 살아가는 일상의 모습이다.

이 책은 바로 이러한 현상이 지배적으로 된 배경과 이 과정에서 발생한 문제들은 무엇인지에 초점을 맞춰서 분석하고 있다. 그리고 사회를 둘러싼 다양한 관계의 변화를 가져온 구조적 원인이나 내용, 그 함의를 지구적 차원에서 일곱 가지의 주제어를 가지고 설명하고 있다. 수천 년의 역사를 갖고 있는 우리의 농업과 먹거리가 20세기에 접어들면서 어떻게 거대 농기업들의 지배를 받게 되었는지, 특히 불과 30~40여 년 전부터 떠돌기 시작한 신자유주의에 의해 어떻게 재구조화되었는지 다양한 각도에서 보여주고 있다.

이 책에서 강조하는 점은 신자유주의 세계화가 진행되면서 사회와 정치, 개인의 경제화가 이루어졌고, 이 과정에서 개별적인 행위자의 선택에 모든 책임을 돌리는 구조가 되어버렸다는 것이다. 그럼에도 개별적인 행위자, 특히 기존에 농업의 주체였던 농민이나 먹거리 소비의 주체인 소비자에게는 한 줌의 권력도 주어지지 않은 반면, 농업과 먹거리와 관련한 중요한 권력은 이미 농업 관련 기업이 장악했다는 점을 강조하고 있다. 이러한 역사적인 사회변동이 이루어지는 과정에서 농업(생산자, 생산지)과 먹거리(소비자, 소비지) 사이의 물리적, 사회적, 심리적 거리는 확대되었다.

그럼 이에 대항하는 대안적인 시스템은 과연 가능할까? 이 책에서는 현재의 대안적 운동이 신자유주의의 이데올로기적·정치적 권력의 견제를 받고 있다고 평가하면서, 대안운동에서 새로운 영역을 끊임없이 고민해야 할 필요가 있다는 점을 강조하고 있다. 기존의 대안운동이 간과하거나 회피했던 점을 세계 곳곳에서 일어나고 있는 농업과 먹거리에 관련한 다양한 주제를 중심으로 살펴보고 있다. 바로 이런 점이 이 책을 번역한 기본적인 동기라고 할 수 있다.

이 책의 번역은 한국연구재단의 한국사회과학연구지원사업인 'SSK 먹거리 지속가능성 연구단'의 일원으로 참여하고 있거나 참여했던 연구원들에 의해 이루어졌다. 본 연구단은 한국의 농업과 먹거리가 세계 농식품체계에 편입되는 과정과 그 결과 등에 대한 문제인식을 바탕으로 대안적인 농식품체계와 관련한 주제로 연구해왔으며, 그 결과물을 공동 또는 개별의 논문이나 저서, 번역서를 통해 사회화해왔다. 그런데도 이 책을 번역하게 된 동기는, 그동안 국내에 크게 연구되지 않거나 소개되지 않은 분야의 세계적 동향과 전망 등을 이 책이 담고 있기에 국내의 연구자뿐만 아니라, 번역자들 자신의 연구에도 도움을 줄 수 있으리라는 생각 때문이었다. 예를 들면, 슈퍼마켓이 농업과 먹거리 전반에 미친 정치경제적 영향, 금융화와 농업 문제, 농업과 먹거리 부문에서의 노동관계, 농업에서의 연구개발(R&D), 젠더와 농식품 문제 등은 우리 연구자들이 국내에서의 구체적인 사례를 가지고 연구해야 할 분야이기도 하다.

한 가지 알려드려야 할 것은, 본래 이 책은 2개의 파트로 나뉘어져 있는데, 파트2에 해당하는 부분만 본 번역서로 출판했다는 점이다. 파트1은 지역 및 국가를 대상으로 분석한 것이고, 파트2는 주제별로 분석한 내용이다. 파트1에서 분석하고 있는 10여개 국가 및 지역(남아프리카, 뉴질랜드, 멕시코, 아르헨티나, 콜롬비아, 브라질, 북미, 일본, 유럽, 스페인 등)의 사례들은 나름대로 의미가 있으나, 지역을 넘어서 관통하는 먹거리 문제의 큰 틀을 논의하는 것이 현실을 분석하기 위해 더 유용하다고 판단하였다. 번역자들은 검토회의를 통해 우리 사회에 시사점이 크고 앞으로의 연구에도 도움이 크리라 판단되는 주제를 담은 파트2를 번역하기로 결정했고, 그 결과물이 이 번역서다.

한편, 우리 연구자들이 번역하게 된 이번 주제들은 그간 '먹거리 지속가능성 연구단'에서 고민해왔던 주제들의 연장선에 있다는 점에서 우리 연구자들에게 하나의 나침반 역할을 할 수 있을 것으로도 생각한다. 이 책이 번역에 참여한 연구자들뿐만 아니라 독자들이 세계의 농업과 먹거리와 관련한 다양한 주제를 통해 우리 농업과 먹거리의 현실에 관한 폭넓은 이해와 이를 바탕으로 한 대안의 모색에 한 발 더 다가설 수 있게 하기를 기대한다.

  끝으로 연구자들의 초고를 꼼꼼하게 검토하고 용어를 통일하는 작업에 애를 쓴 건국대학교 대학원 농식품경제학과 박사 과정 이효희 씨의 노고에 감사하고, 어려운 출판계의 상황에도 불구하고 선뜻 출판을 맡아준 도서출판 따비의 박성경 대표와 편집부의 신수진 씨에게도 감사의 뜻을 전한다.

옮긴이들을 대표하여
윤병선

| 차례 |

서장

신자유주의와 농식품체계

알레산드로 보나노 Alessandro Bonanno
미국 샘휴스턴주립대학교Sam Houston State University 사회학과 교수. 경제와 사회의 세계화, 특히 농식품 분야에 대한 관심이 높으며, 최근에는 농식품 분야에서의 노동관계 및 신자유주의의 위기에 관한 연구를 진행하고 있다.

로런스 부시 Lawrence Busch
미국 미시간주립대학교Michigan State University 사회학과 교수. 프랑스 몽펠리에 CIRAD 객원 연구원. 관심 분야는 신자유주의적 거버넌스, 특히 농식품 분야에서 공적 표준의 역할이다.

하이에크Friedrich von Hayek(2011[1960]; 2007[1944])는 신자유주의의 장점과 자유시장의 기능을 설명하면서, 경제를 정치적으로 관리하는 것은 위험하다고 주장했다. 정치적으로 선택된 경제 목적과 수단을 '지적인 디자인'이라고 언급하면서, 시장의 자동적인 조절 기능은 다른 수단에 의해 대체될 수 없는 매우 바람직한 해결책이라고 했다. 그는 어떤 형태의 정치적 계획이라도 경제에 대한 개입으로부터 배제되어야 한다고 주장한다. 따라서 하이에크 같은 신자유주의자들의 입장은 정치경제학을 오직 시장의 자유로운 기능이라는 영역에 국한시키고 있다. 이러한 신자유주의적 입장은 현대 사회 전체, 즉 20세기를 해석하면서 발전해온 '농식품의 정치경제학political economy of agri-food'의 방법과는 매우 첨예하게 대립한다. 케인즈학파나 급진주의, 사회주의, 사회민주주의뿐만 아니라, 20세기 초의 자유방임주의적 분석들은 농업과 먹거리의 문제를 경제적, 사회적, 문화적, 정치적, 지정학적 영역에 관계되는 다양한 요소의 상호작용이라는 관점에서 설명하고 다뤄왔다. 이런 요소들 이외에 다른 요소도 농식품의 발전을 위한 방향 제시나 이 분야에 주어진 특정한 목적 달성이라는 측면에서 중요하게 고려되어왔다.

　이런 맥락에서, 20세기의 가장 중요한 부분이라고 할 수 있는 전세계에 걸친 농업과 먹거리의 생산과 분배는 국가의 개입을 통해 유지되고 조정되는 고도로 계획된 활동이었다. 지난 수세기 동안 선진 자본주의 국가들은 농업 부문의 경제 성장이나 사회 안정뿐만 아니라, 무엇보다도 사회 전반의 균형 잡힌 발전이라는 관점에서 농업과 먹거리 문제를 조직적으로 관리해왔다. 당시에 모든 나라의 중요한 목표는 증가하는 도시의 저소득층이나 중산층을 위한 적절한 먹거리의 생산, 농업 노동력이 도시 제조업으로 이동하는 것에 대한 제한, 국내 시장의 안정 유지를 위해 필요한 먹거리를 안정적으로 생산할 수 있는 신뢰할 만한 시스템을 구축하는 것이었다. 실제로 민주국가든 독재국가든 값싼 먹거리가 사회적 불안을 감소시킨다고 보았다. 사회적 계획의 필요성이 증대하면서 이론과 실천의 지원도 필요하였다. 케인즈학파의 경제 이론이 인기를 얻으면서 국가가 경제 성장을 자극하고, 수요를 확대하는 시스템인 국가 주도의 적자재정이 정당화되었다. 동시에, 대량 소비 촉진, 고용 증대, 사회적 안정, 이윤 증진을 위한 수단으로 포드 Henry Ford(1988[1926])의 산업 정책인 고임금 정책이 확산되었다. 그람시 Antonio Gramsci(2011[1945])가 자신의 고전적 논문 〈미국주의와 포디즘 Americanism and Fordism〉에서 지적한 바와 같이, 국가는 계획과 규제에 정당성을 제공하는 문화적 방식을 확산시키면서 경제에 개입해왔다.

포디즘 시대는 토지의 재분배, 농업 기반시설 정비, 공적인 연구 개발, 가격 조절과 상품 프로그램 등을 포함해 매우 다양한 영역에 걸쳐 국가의 개입이 확대되었다는 특징을 가지고 있다. 무엇보다 명확한 목표는 늘어나는 국내 또는 세계의 인구를 부양하기 위해서 풍부한 먹거리를 제공할 수 있도록 생산량과 생산성을 높이는 것이었다. 이 명백한 목표는 기계나 화학제품, 개량종자나 생산량을 늘리기 위한 산업적 계획의 적용 등을 통해 달성되었다. 적당한 가격으로 소비재를 공급함으로써 노동력의 재생산비를 억제하면서 노사관계의 악화를 막는 것도 이를 통해 얻고자 했던 하나의 잠재적 목적이었다. 지정학적으로 먹거리는 국제관계의 틀을 만드는 매우 중요한 도구로 남아 있다. 계급적 차별과 불공평이 강화되고 농촌 지역의 성장이 도시 지역보다 훨씬 더딘 상황에서 농촌 공동체의 사회적 안정성과 지속가능성을 확보하는 것이 많은 정부의 주요 정책의제가 되었다. 국가가 농업에 강하게 개입하는 포디즘적 정책에 대하여 신자유주의 이론가인 프리드먼Milton Friedman(1982[1962]: 181)은 농업과 관련한 특별한 이해관계가 미국의회를 지배하고, 농촌 지역은 선거 제도에서 과대하게 대표되고 있다고 주장했다. 그는 이로 인해 자유시장이 제대로 작동하지 못하게 되어 가격의 왜곡이 발생하는 것으로 보았다. 이런 관점은 전혀 현실적이지 않으며, 농식품 부문에서 발생하는 중요한 사회경제적 차별이나 구조적 집중과 생산의 집중이 이루어지는 과정에서 자신의 농장을 지키려는 소농의 노력과 일자리를 지키려는 농장 노동자의 투쟁을 숨기고 있다.

포디즘은 남반부의 저개발국 농촌으로도 파고들어 근대화 정책이라는 이름으로 진행되었다. 미국식 발전 모델(Parsons 1971; Rostow 1960)의 적용 필요성에 관한 기능주의적 논의를 통해 정당화된 국가의 농업 개입은 기업투자에 우호적인 분위기의 형성, 부의 유출, 자연자원과 노동력의 착취라는 형태를 취했다. 그러나 동시에 근대화는 소규모 농장 소유주나 소농의 지원을 위한 토지의 재분배, 관개 프로그램, 사회간접자본의 정비 같은 조처가 포함되기도 했다. 그러나 이러한 조치에 모순이 발생하면서 남반부의 많은 나라는 수입대체 정책을 실행했고, 계획한 목표를 달성하지 못함으로써 경제적·정치적 의존이 강화되었다. 1970년대 말에 기업의 이윤이 감소되고 재정 위기가 닥치면서 모든 주요 국가는 포디즘의 마지막 위기를 맞이했다. 미국의 레이건Ronald Reagan과 영국의 대처Margaret Thatcher의 당선을 계기로 신자유주의는 강력한 정치운동으로 추진되었고, 이후 새로운 지배적 이념과 정치적 경제 전략으로 떠올랐다. 소비에트 시스템의 최종적인 몰락, 좌파와 노동조합의 쇠퇴, 국가 간섭의 무능과 비효율에 관한 논쟁, 시장의 자애로운 본성과 중립에 관한 주장 등으로 신자유주의는 위기를 기회로 삼아서 전지구적인 사회경제 문제에 대한 매력적인 해법을 제시했다. 자본주의와 사회주의 사이의 역사적인 대립이 종말을 고하면서 후쿠야마Francis Fukuyama(1992)는 자유시장 자본주의가 세계를 통치할 수 있는 유일한 방법이라고 강조했다. 좌파 이론가나 정치 그룹은 대안적 비전이 결여된 상태에서 주도권을 신자유주의에 내주고 말았다. 프리드먼Thomas Friedman(1999; 2005)은 전지구적 규모에서 신자유주의가 적용된 결과를 칭송했다. 그는 신자유주의가 역사적인 차별이나 장애물을 제거했고, 과거에는 이득을 얻지 못했던 그룹들도 신자유주의 세계화로 이득을 얻을 수 있게 되었다고 주장했다. 좌파 그룹들은 역사적으로 갖고 있던 목표를 포기하고 중도적 위치로 이동했다. 미국에서 클린턴Clinton 대통령이 주도한 민주당은 복지 제도를 축소하고, 이른바 워싱턴 합의Washington Consensus를 구축했다. 이는 신자유주의적 관점으로 이해관계가 수렴되는 것이었다.

무역 장벽과 개별 국가의 규제가 완화됨으로써 공간적인 분산이 이루어졌으며, 지구적인 조직화와 경제적 집중을 특징으로 하는 생산과 소비의 네트워크가 창출되었다. 자유시장이 바람직하다는 관점이 확산되면서 몇몇 거대 기업은 중요한 상품시장에서 독과점적 지배력을 확보했다. 마찬가지로, 거대 식료품 판매자들이 유통산업을 지배하기 시작함으로써 생산 과정에서도 힘을 발휘하기 시작했다. 이러한 변화는 많은 새로운 상업 옵션을 가능하게 한 정보통신 기술의 성장에 의해 촉진되었다. 그 결과, 국가의 규제는 제3자에 의한 프로그램으로 대체되었다. 즉, 국경을 초월하여 적용되는 생산자나 소비자에 대한 배타적인 지배나 생산 전략의 수립, 행동에 대한 제한 등이 이루어져, 규제가 국가에서 사적 영역으로 대체되었다. 상품과 자본의 전지구적 순환이 확대되면서 노동에 대한 지배와 착취가 더욱 강고해졌다. 경쟁력을 높이고 비용을 억제한다는 명분을 내세워서 저임금의 불안정한 일자리가 증가했다. 저임금의 불안정한 일자리의 확보가 노동자를 위한 것이라는 편의적 발상도 이를 정당화하는 데 기여했다. 예전에는 이용되지 않았던 노동력이 공급되면서 가용할 노동력이 풍부해졌고, 생산의 분산도 함께 이루어져서 거대한 규모로 산업예비군이 창출되었다. 이를 바탕으로 임금 억제가 가능해졌고, 노동자의 저항도 억누를 수 있었다. 매우 큰 규모의 이주 노동력도 산업예비군의 창출에 가세했는데, 이주 노동자의 지위는 법적인 제약을 통해 통제되었다. 이주에 관한 논의는 종종 정치적인 상황, 박애적인 측면, 이주와 관련한 고통 등에 집중되어 있기 때문에 다루기 쉬운 값싼 노동력의 존재가 갖는 경제적 의미는 소홀하게 취급되어 이주 노동 문제의 본질은 은폐되고 있다(Bonanno and Cavalcanti 2014).

신자유주의로 인해 사회와 정치, 개인의 경제화가 초래되었다(Foucault 2004; Dean 2010; Rose 1996). 사회의 경제화는 사회적 관계와 관련된 조직이 국가로부터 시장으로 분산되는 과정으로 언급된다. 바람직한 사회질서를 판단하는 핵심 기준이 시장관계와 수익성으로 바뀌어 버렸다. 이런 맥락에서, 국가에 의해 규제되고 지배받는 사회와 이윤의 추구와 개인의 사적 이해로 규정되는 경제 사이에 존재하는 차이는 사라져버린다. 따라서 시장에 기초를 둔 합리성이 사회의 규제를 결정하는 기준이 된다. 정치의 경제화로 인해 정치적 기구들은 '경제적 합리성'을 차용하여 기업과 같은 방식으로 활동한다. 이윤의 추구가 사회적 가치가 되어 규제에 대한 중요한 준거가 되었다. 동시에, 과거에는 국가의 배타적 권한이었던 윤리나 도덕과 같은 중요한 사항들조차 기업들이 규제하게 되었다. 정치적 규제 기관으로서 국가가 수행했던 역할을 기업이 대신하면서, 기업들은 규제의 원칙을 만들 정도로 큰 권력을 행사할 수 있게 되었다(Busch 2014). 개인의 경제화는 개별적 행위자의 모든 행위에 대한 도덕적 책임감을 개인에게 돌리는 책임화 과정이다(Ronen 2008). 구조적인 제약과 권력관계가 해체됨으로써 개인은 자신의 행동을 완벽하게 책임질 능력을 갖춘 것처럼 보이게 된다. 그리고 문제 해결도 점차 개인의 영역에 위임되고 개인화된다. 이런 맥락에서 농식품의 조직과 관리는 민간 기업의 행위자의 손에 점차 놓이게 되었고, 문제 해결이나 대안은 개별 소비자의 선택의 문제가 된다.

이에 대항하는 대안적인 생산과 소비 시스템을 구축하려는 시도가 진행되고 있지만, 신자유주의의 이데올로기적·정치적 권력의 영향으로 이러한 노력도 견제를 받고 있다. 전통적으로 노동계급을 대표했던 정당이나 노동조합 같은 조직의 위기는 더욱 확대되고 있는데, 이는 산업예비군의 동원과 함께 시장의 기능이 중립적이고 객관적인 과정처럼 보이기 때문이다. 동시에 생산에서 유통에 이르는 유기농업, 농민장터, 시민농업, 슬로푸드 등과 같은 대안적인 운동들은 유감스럽게도 엘리트주의로 의심받고 있다. 노동계급이나 빈곤층의 생활여건의 개선에는 실패한 채 자신들이 대항하고자 하는 바로 그 신자유주의 이데올로기의 기본적인 교리와 지배적인 가치를 받아들이고 있기 때문이다. 보다 중요하게 이들 대안운동은 주도권마저 기업에게 빼앗기고 있는 상황에서 기업적 농식품체계의 확산에 대해 소극적으로 저항하고 있다는 비판을 받고 있다.

이 책은 농업과 먹거리에 관련된 두드러진 측면을 검토하고자 한다.

제1장에서 로런스Geoffrey Lawrence와 딕슨Jane Dixon은 슈퍼마켓의 역할에 대하여 논의한다. 저자들은 슈퍼마켓 체인이 단지 식품의 소매만

을 지배하는 것이 아니라, 먹거리 공급 전반을 지배하는 초국적 기업이라는 점을 강조한다. 슈퍼마켓은 현재 먹거리체계의 주요한 규제자이면서 먹거리 소비를 결정짓는 열쇠를 갖기에 이르렀다. 먹거리의 선택이나 질을 결정짓는 입장에 서게 된 슈퍼마켓은 소비자에게 편의를 제공한다는 명분으로 자신의 행동을 정당화한다. 식품의 기준이나 규제와 관련해 슈퍼마켓은 도구적 입장에 서 있다. 자신이 정한 기준을 바탕으로 농민이나 농업 노동자, 환경, 소비자의 건강 등에 영향을 끼쳐왔다. 저자가 지적하는 바와 같이, 이러한 슈퍼마켓의 행동에 대한 저항도 강하게 일어나고 있다. 그러나 대안적 농식품체계의 구축이 슈퍼마켓에 압력으로 작용하는 것은 아니고, 슈퍼마켓의 지속적인 성장에 장애가 되는 것도 아니다. 이 글의 결론에서 저자들은 슈퍼마켓에 대한 보다 명료한 규제를 요구하고 있으며, 궁극적으로는 이들에게 집중되고 있는 힘에 대항할 수 있는 방법을 요구하고 있다.

제2장에서 페어번Madeleine Fairbairn은 신자유주의 세계화 시대의 중요한 현상 중 하나인 금융화가 농식품 부문에서 어떻게 진행되었는지 검토한다. 금융화란 전반적인 이윤의 창출에서 금융자본이 산업자본이나 농업자본과 비교해서 그 중요성이 증가하는 것이며 금융상품의 판매나 구매를 통해 만들어지는 이윤의 몫이 더욱더 증가하는 현상이라는 점을 언급한다. 페어번은 농식품 영역의 금융화와 관련하여 파생상품 같은 금융상품이 예전부터 활발하게 거래되어왔다는 점을 강조하고 있다. 수확해서 판매할 농산물의 가격을 수확 전에 미리 설정해서 계약하는 거래는 19세기부터 널리 보급되어왔다. 그러나 경제의 신자유주의화의 일환으로 이루어진 금융 관련 규제 완화로, 생산 동향이나 수확량과는 관계없이 독립적인 금융상품의 거래가 가능하게 되었다. 그 결과 농식품은 매우 넓은 범위의 투자자들을 금융 거래나 투기에 유인하

는 생산물이 되었을 뿐만 아니라, 주주가치를 증대하는 주요한 수단이 되었다. 금융화는 경제를 주주의 수익 창출에 우선을 두는 시스템으로 만들어버렸다. 저자는 금융화가 슈퍼마켓과 토지를 포함해 모든 농식품의 구성요소에까지 확장되었다고 주장한다. 금융화로 인해 슈퍼마켓이 서비스의 효율성을 높이는 데 관심을 갖기보다는 슈퍼마켓 자체의 재판매 가격을 높이는 수단으로 투자가 이루어지기 때문에, 투자가 서비스의 질로부터 분리되고 있다. 동시에 거대 식품소매기업은 금융 영역에서도 활발하게 활동한다. 이들은 은행 업무와 신용카드, 보험 프로그램, 주택금융 같은 금융 서비스를 소비자에게 제공하면서, 실물자산보다는 금융자산을 더 많이 소유한다. 농업 생산에서 차지하는 역할뿐만 아니라 먹거리보장 차원에서 매우 중요한 토지도 금융자산 혹은 투기 활동의 대상이 되어 토지 거래의 확산이 주요한 지구적 현상의 하나가 되었다. 페어번은 현재나 미래의 농식품체계에서 금융화의 중요성이 점증하고 있다는 사실을 강조하고 있다.

보나노Alessandro Bonanno는 노동관계에서 나타나고 있는 최근의 변화를 다룬다. 필자는 20세기 포디즘 시대는 안정되고 억제된 노동관계가 묵시적이면서 효율적인 '노사 협정'에 의해 유지되었다고 주장한다. 농업 노동은 계절적이고 도시 부문보다는 덜 안정적이면서 보수도 열악했지만, 도시의 제조업 성장에 필요한 도시민과 노동력의 저장소(산업예비군)에 풍부하고 값싼 먹거리를 만들어내는 데 기초적인 역할을 수행했다. 포디즘하에서 부의 재분배 구조는 노동자의 생활과 노동 조건의 개선이 이루어지는 것을 허용했다. 신자유주의적 세계화는 이러한 상황에 변화를 가져왔다. 저자는 이 변화를 일곱 가지 측면에서 논의한다. 첫째, 임금 삭감과 불안정한 고용을 가져온 노동관계의 유연화로 착취가 심화되었으며, 농업 노동자의 정치적 입지가 축소되었다. 둘째,

대규모 산업예비군의 동원으로 임금이나 노동자의 주장을 억누르는 것이 훨씬 쉬워졌다. 생산의 분산과 지구적 규모의 하청은 잘 길들여진 값싼 노동력을 이용할 수 있게 했고, 이들 노동력 사이의 경합이 치열하게 되었다. 셋째, 이주 노동력의 사용에 의해서도 비슷한 결과가 나타났다. 신자유주의화로 상품과 서비스의 자유로운 이동이 진전되었지만, 노동력의 이동은 여전히 철저하게 시민권, 영주권, 노동 허가, 노동 프로그램 등과 같은 정치적 메커니즘을 통해 강하게 통제된다. 더욱이 이주 노동과 관련한 법적인 규제는 지구적 규모의 산업예비군 통제를 가능하게 했다. 넷째, 농업 노동의 여성화다. 여성 노동력의 이용은 값싼 노동자의 사용이라는 측면뿐만 아니라 노동 착취를 합법화한다는 의미도 있다. 여성의 입장에서도 '유리'하다는 유연한 노동력의 존재는 고용 형태와 관련한 많은 문제를 은폐한다. 다섯째, 제3자를 활용한 생산 계약의 증가로 기업은 노동법이나 규제를 회피하면서 노동력을 착취하기가 훨씬 쉬워졌다. 여섯째, 노동조합의 위기가 저항을 무디게 했다. 이 위기는 노동조합에 대한 기업의 계획적인 공격의 결과일 뿐만 아니라, 노동조합의 비효율적인 전략이 가져온 결과이기도 하다. 마지막으로, 저자는 노동자의 저항이 노동을 중요한 요소로 생각하지 않는 영역에 집중된다는 점을 지적한다. 이러한 노력이 몇몇의 경우 성공적이긴 했지만, 전반적으로 볼 때 농식품기업의 힘을 약화하거나 노동 조건의 약화를 막는 데는 실패했다고 주장한다.

폰테Maria Fonte와 쿠코Ivan Cucco는 이탈리아의 대안적인 농식품운동을 주제로 서술한다. 저자들은 종전 이후 농식품운동의 목표가 변화되어 온 점을 강조하면서 이탈리아 농업 발전의 특징을 부각한다. 이들은 포디즘하에서는 노동에 기초를 둔 노동조합이 이끌던 운동이 신자유주의 세계화의 포스트포디즘하에서는 소비자 중심의 질에 바탕을 둔 조직으로 대체되었다고 주장한다. 특히 이들은 캄파냐아미카Campagna Amica(CA), 유기농업운동, 슬로푸드Slow Food운동, 연대구매그룹Gruppo di Acquisto Solidale(GAS)운동의 목적, 담론, 행동 등을 검토한다.

CA는 전후 기독교민주당(CD)이 이끈 농민단체인 콜디레티Coltivatori Diretti(CD, 직접 생산자)의 조직이다. 냉전 기간 동안 CD는 이탈리아의 집권당이었으나, 공산주의 블록이 무너지고 냉전이 종식되면서 해체되었다. 현대화와 생산주의 전략을 강력하게 추진한 CA는 품질을 앞세운 이탈리아산 농식품의 열렬한 옹호자로 변신했다. 농산물의 품질과 보호주의를 결합함으로써 CA는 중요한 경제적 성과를 얻을 수 있었는데, 이들이 생산한 농식품은 현재 주요 슈퍼마켓 체인을 통해 광범하게 유통되고 있다. 유기농업운동은 현재는 단편적이지만 많은 소규모 그룹의 참여에 의존해 정착하였다. 유기농업은 1990년대 초에 이르러 유럽연합(EU)의 입법에 힘입어 확산되었다. 특히 기업적인 소매업자들도 유기농산물이나 유기가공식품을 취급하게 되면서 유기농업 부문의 '관행화'라는 인식도 퍼졌다. 슬로푸드는 이탈리아 먹거리 정책에서 매우 중요한 영향력을 가진 복합적인 사회운동이라고 할 수 있다. 냉전정치의 해체와 패스트푸드의 확장에 대한 저항으로 시작된 슬로푸드는, 문화적으로 풍부하면서 지역에 바탕을 둔 먹거리의 생산과 소비의 상징이 되었다. 먹거리의 연회宴會적 성격을 강조하는 슬로푸드운동은 자본주의나 기업 먹거리를 반드시 반대하는 것은 아니지만, 모든 형태와 종류의 전통 먹거리에 대한 인식과 유지, 성장을 위해 노력한다. GAS는 다른 대안적 운동의 관행화와 세계화의 성장에 대응해 등장했다. 1990년대 중반에 처음 나타난 GAS운동은 국제적인 시민농업운동의 영향을 받아 크게 성장했다. 이 운동의 수평적 협력 형태는 지역의 타당성을 강조하는 담론이나 농생태적 지속가능성, 시민의 의무와 연대 등을 뼈대로

하는 생산자와 소비자의 직접적인 연결을 고민한 결과다. 저자들은 이 탈리아에서 대안 농식품운동이 의미 있는 활동을 전개할 수 있었던 것은 농식품과 관련해서 생태적이면서 지역에 기반을 둔 생산에 의거한 활동이 오랫동안 이탈리아에서 발전해왔기 때문이라고 강조한다. 이들은 나아가서 이러한 운동의 관행화가 효과적인 대안의 구축을 현저하게 제한하고 있다고 지적하면서, GAS의 출현은 이런 패턴에 대한 변화를 반영하고 있다고 지적한다.

밀레Mara Miele와 보크Bettina Bock, 홀링스Lummina Horlings는 동물복지와 관련해 EU에서의 동물복지 법제의 완성에 대해 논의한다. 저자들은 농식품에서 가치의 경제화라는 관점이 가진 함의에 특별히 집중하면서 동물복지를 지지해온 EU 집행부가 동물복지를 옹호하는 조직과 여론을 배경으로 더 많은 관심을 기울이고 있다는 점을 강조한다. 이 장에서는 네덜란드를 비롯한 여러 나라의 사례 연구를 통해 EU법제의 이행에서 차별성을 결정짓는 조건들을 논의한다. 또한, 동물복지가 농식품의 상업화를 촉진하는 요소가 되었다는 점에서 가치를 지향하는 법률의 구현이 농식품 생산물의 시장화라는 내용을 가지고 고안되었다는 점을 강조한다. 동시에 네덜란드의 사례는 민간-공적 전문가 그룹이 수행한 '최고의 방법'인 통치주의governmentalism의 새로운 형태 중 한 가지 예로 묘사된다. 이 과정에서 정치적 규제 기관에 머물러 있는 정부는 다양한 형태의 농업 관련 기업, 연구자, 시민단체와 같은 상이한 이해당사자를 포함하는 신조합주의직 협력에 하나의 일원으로 참여한다.

글레나Leland Glenna와 브랜들Barbara Brandl, 존스Kristal Jones는 연구개발(R&D)과 관련된 정치경제 문제를 다룬다. 저자들은 20세기에 실현된 농업과 먹거리의 진전, 혁신적 기술의 도입, 먹거리 생산과 농업 생산성의 증가 등은 국가가 주도하는 연구개발에 의해 진행되었다고 서술한다. 그러나 최근 수십 년간 신자유주의적 정책들이 도입되면서 연구개발 관련 정부 지출이 정체되었고, 민간 투자가 이를 대신하면서 저개발 지역의 먹거리 문제는 심각해졌고, 이들의 먹거리 생산 능력도 위협받게 되었다. 특히, 선진국에서 민간 영역에 대한 자금 의존이 심화되면서 세계적 수준에서 필요한 먹거리 문제의 해결에 도움이 되는 작물보다는 농식품기업에 이득이 되는 작물에 대한 연구개발이 활발하게 진행되었다. 주요 선진국 사이에 차이가 존재하긴 하지만, 신자유주의화가 가져온 공통된 경향이다. 신흥국에서는 네오포디즘적 정책의 채택으로 연구개발에 대한 공적 투자가 증가하고 있다. 그러나 이들 국가에서조차 상업적으로 타당한 작물에 집중되면서 이런 식의 해법에 의문도 제기되고 있다. 저자들은 공적으로 주도되는 연구개발을 통해 보다 환경적으로 안정적이고, 공평하고, 지속가능한 농식품의 발전이 가능하다고 주장한다.

마지막 장에서 삭스Carolyn Sachs는 농식품에서 여성의 역할이라는 매우 중요한 문제를 다룬다. 그녀는 전세계 많은 지역의 농업에서 여성이 노동의 대부분을 담당하고 있다는 점을 지적한다. 현재의 농업이 일반적으로 '남성' 영역으로 이해되고 있는 상황에서 이는 중요한 사실이다. 남반부 지역에 대해서 이야기하면서 삭스는 수출작물의 생산에서 여성의 역할이 중요하다는 점을 강조한다. 여성 노동의 유연성으로 인해 특히 수출작물의 생산조직에서 여성 노동은 가장 결정적인 요소들 가운데 하나이기 때문이다. 이들 여성 노동자는 불안정한 일자리와 낮은 보수, 학대와 성폭력에 노출되어 있다. 여성 노동력은 또한 남반부에서 북반부의 부유 국가로 일자리가 대체되는 이주 노동의 중요한 요소 중 하나다. 이주 여성 노동자의 지위는 농식품 관련 노동구조에서 가장 약한 부분이라고 할 수 있다. 기업농이 확대되면서 이들과 맞서야 하는 가족농의 경우 그 어려움은 여성에게 훨씬 크다. 농촌의 경제 상황이 열악해지면서 가족농을 이끄는 여성의 비율이 최근 매우 높게 증가하고 있다. 저자는 불리한 조건에도 불구하고 여성이 보다 민주적이면서도 지속가능한 농업과 먹거리를 위한 지구적 투쟁에서 무시 못할 힘으로 등장하고 있다고 결론을 맺는다.

1장

농식품의 정치경제학
: 슈퍼마켓

제프리 로런스 Geoffrey Lawrence
호주 퀸즈랜드대학교University of Queensland 사회학과 명예교수. 세계농촌사회학
회 회장을 역임했으며, 농식품의 금융화나 슈퍼마켓을 비롯한 농식품 공급사슬 등
을 주로 연구하고 있다.

제인 딕슨 Jane Dixon
호주 국립역학인구보건센터National Centre for Epidemiology and Population Health
연구원. 농식품에서 가금류와 관련한 문화경제적 현상, 먹거리에 대한 소비 수요가
먹거리보장에 끼치는 영향 등을 연구하고 있다.

들어가며 : 슈퍼마켓의 등장[*]

  고대 이래로 먹거리는 물물교환이나 화폐에 기반을 둔 교환을 통해 거래되어왔으며, 이러한 행위들은 상호작용 및 물리적 거래의 기제를 제공하는 마을 장터에서 이뤄졌다. 산업화, 식민화 그리고 좀 더 최근에는 농업의 '근대화'와 세계화는 먹거리 공급자와 소비자 사이의 관계를 변화시켰다. 이러한 사회적 힘들은 농지로부터 도시로 사람들을 이동시켰고, 이에 따라 증가하는 도시 거주인에게 채소, 우유, 빵, 고기 등 농장에서 생산되는 상품을 공급해야 했다. 산업화가 진행되던 런던이나 파리이든, 1850년대 금광 바람이 불던 캘리포니아나 호주이든, 혹은 식민지였던 20세기 인도, 케냐, 콜롬비아의 빈민가 뒷골목이든, 곳곳에서 소비자의 수요 증가에 따라 작은 식료잡화점이 번창했다. 일반적으로 그러한 가게들은 주인이 운영하는 것이었고, 상점의 경제적 재생산은 신선 상품과 치즈, 가공육, 채소 통조림 등의 단순 제조상품을 구입해서, 그것들을 애초 구입 가격보다 높은 가격에 소비자에게 판매하는 데 달려 있었다.

---

[*] 이 연구는 호주연구재단(Australian Research Council, Project Nos. DP 0773092 and DP 110102299)의 지원을 받아 수행되었다. 로런스 교수는 또한 한국연구재단(National Research Foundation of Korea, NRF-2010-330-00159)과 노르웨이연구재단(Norwegian Research Council, FORFOOD Project No. 220691)으로부터 부분적인 연구비 지원을 받았다.

유럽, 영국, 미국, 캐나다, 호주, 뉴질랜드, 남아프리카 등 여러 나라에서는 가족이 소유하고 운영하는 식료잡화점이 있었는데, 이를 미국에서는 '구멍가게mom and pop store'라고 불렀다. 이런 식료잡화점은 도시 거주인에게 안정적으로 먹거리를 공급했다. 1850년대 중반부터 1920년대까지 전형적인 식료잡화점에서 대부분의 식품은 벌크bulk 상태로 보관되어 있었고, 물건과 고객 사이에는 카운터가 설치되어 있었다. 가게 주인은 자신의 가게 진열대에서 판매하는 상품의 생산, 수송, 포장 방식에 대해서는 매우 영향력이 적었다(Konefal, Bain, Mascarenhas and Busch 2007). 가게 주인은 그저 카운터 뒤에서 상품을 건네주고 돈을 받는 역할에 머물렀다고 할 수 있다. 이런 방식은 곧 변화했다. 1916년에 클래런스 손더스Clarence Saunders가 테네시주 멤피스의 '피글리 위글리Piggly Wiggly'라는 상점에 셀프 서비스를 도입한 것이다. 손님은 카운터 앞에 줄을 서는 것이 아니라 가게를 걸어다니며 자신이 구입하고자 하는 상품을 살피고 고를 수 있게 되었다. 그러고 나서 이제는 우리에게 익숙해진 '계산대'로 이동하여 돈을 지불하였다(Shaw, Curth and Alexander 2004).

곧 최초의 '슈퍼마켓'이 등장했다. 1930년 뉴욕의 퀸스에서 마이클 컬렌Michael Cullen이 세계 최초의 슈퍼마켓인 킹 컬렌King Kullen의 첫 번째 지점을 열었다. 이 회사의 슬로건이자 원칙은 "높이 쌓고, 낮은 가격으로 팔자"였는데, 이는 상대적으로 낮은 이윤을 붙여 대량으로 판매함으로써 이익을 남기자는 것이었다(King Kullen 2006; Rodale Institute 2005). 셀프 서비스와 대량 판매라는 슈퍼마켓 성장의 두 가지 요인에 제2차 세계대전 이후 진행된 교외화, 자동차 소유의 증가, 그리고 소비자의 풍요 같은 요인이 보태졌다(Lawrence and Burch 2007). 대중적 인기는 경제적 성공을 낳았고 슈퍼마켓 모델은 세계의 개발된 지역 대부분의 국가로

퍼져나갔다. 슈퍼마켓은 여러 가지 특징을 보여주기 시작했는데, 예를 들면 비교적 낮은 가격에 대량으로 공급하며, 개별 포장된 상품이 때로는 한 가게에 수만 개씩 공급되고, 셀프 서비스이며, 전국 혹은 세계적 규모의 거대 기업들에 의해 소유되면서 소위 먹거리 '사슬'을 형성하게 되었다(Konefal et al. 2007:271; Lawrence and Burch 2007: 3).

이러한 것들은 성공의 비결이 되었으며 1950년대에는 미국 내 전체 식품 판매의 약 35퍼센트 정도가 슈퍼마켓을 통해 유통되었다. 이 숫자는 1960년에 이르면 70퍼센트로 높아졌다. 1960년대 10년 동안 슈퍼마켓 점포 수는 1만 4,000개에서 3만 3,000개로 증가했다(Progressive Grocer 2012). 하지만 이런 상점들은, 연간 200만 달러 이상의 매출액을 올리는 상점을 슈퍼마켓으로 정의하는 오늘날의 기준에 비춰보면 작은 가게에 불과했다. 미국에는 현재 이런 기준에 부합되는 슈퍼마켓이 3만 7,000여 개에 달하는데, 슈퍼마켓의 확산은 작은 규모의 독립적 소매상의 희생을 전제로 한 것이었다. 영국 역시 1961년에서 1997년 사이에 유사한 경향을 보였는데, 약 11만 6,000개이던 독립적인 소매상이 2만 1,000여 개로 감소했다(Blythman 2005: 4, 6). 1960년에 영국에서 소규모 독립적 소매상들은 식품소매시장의 60퍼센트 정도를 차지했지만 2000년에는 겨우 6퍼센트로 급감했다. 반면 슈퍼마켓의 식품시장 점유 비중은 88퍼센트로 증가했다(Corporate Watch 2014).

최근 슈퍼마켓 부문의 전지구적 확산은 매우 중요한 현상이 되었다. 중부 유럽, 남미, 그리고 중국을 제외한 아시아의 소매 부문에서 슈퍼마켓이 차지하는 비중은 1990년대 약 10퍼센트였는데 10년 후에는 30~50퍼센트로 증가했다(McCullough, Pingali and Stamoulis 2008: 13). 슈퍼마켓 체인들의 아시아 진입은 지역 소매상을 "잡아먹는" 짓이라고 표현되기도 하는데, 국내 및 외국 기업의 수가 빠르게 늘어나면서 소비자를 두고 치열하게 경쟁하고 있다(Gardner 2013; Young 2012). 아시아와 라틴아메리카의 '전통적인' 식료품시장에 대한 슈퍼마켓의 급속한 침투는 다른 생계 방법을 찾기 어려운 영세 소매상, 재래 수산시장 상인, 그리고 소규모 도매상의 퇴출을 낳았다(Timmer 2008).

2013년 세계의 5대 슈퍼마켓은 다음과 같다.
- 월마트(Wal-Mart Stores), 미국 본부, 세계 지점 1만 851개 점포, 매출 4,690억 달러
- 테스코Tesco : 영국 본부, 세계 지점 6,989개 점포, 매출 1,030억 달러
- 카르푸Carrefour : 프랑스 본부, 세계 지점 1만 380개 점포, 매출 990억 달러
- 코스트코Costco : 미국 본부, 세계 지점 608개 점포, 970억 달러
- 크로거Kroger : 미국 본부, 미국 내에서만 영업, 3,566개 점포, 매출 960억 달러 (Supermarket News 2014).

대부분의 거대 기업과 마찬가지로, 크로거를 제외한 모든 주요 슈퍼마켓 체인은 호주, 불가리아, 중국, 콜롬비아, 이집트, 말라위, 태국, 터키, 베트남 등 여러 나라에 '세계 지점'들을 가지고 있다. 1960년대에 사업을 시작한 월마트의 성장은 눈부셨다. 월마트는 책임과 비용을 다른 행위자들에게 전가하는 것을 포함한 공급사슬의 혁신을 통해 세계의 지배적인 업체로 성장했다. 예를 들면, 월마트는 공급자에게 매출 정보를 제공하는 대신 상품들의 적기 공급 보증을 요구했다. 이렇게 함으로써 상품이 창고에 머무는 시간이 짧아졌으며, 이에 따라 비용이 감소했다 (Konefal et al. 2007: 274). 전지구적인 팽창과 사업 범위의 확장은 더 싼

소비재 품목을 조달할 수 있는 기회를 만들었다. 대형 체인점의 이윤이 증가하자 다른 업체들 역시 경쟁력이 떨어져 퇴출되지 않으려면 자신의 사업들을 합병해야 하는 상황이 되었다.

이러한 경제적 집중 현상은 빠르게 진행되고 있다. 어떤 산업 부문에서 상위 4개 혹은 5개 기업이 시장에서 차지하는 비율의 합을 '집중률'이라고 한다. 만약 상위 4~5개 기업이 시장의 20퍼센트를 점유하면 시장은 '집중'되어 있다고 하며, 40퍼센트가 되면 '매우 집중'되어 있다고 하고, 60퍼센트 이상에 도달하면 '심각하게 왜곡'되어 있다고 한다 (Carolan 2013: 102). 세계 대부분의 국가에서 상위 5개 슈퍼마켓은 예외적으로 높은 수준의 집중률을 보인다. 호주에서 상위 5개 슈퍼마켓은 총 매출액의 99퍼센트를 차지하고 있으며, 스웨덴에서는 91퍼센트, 아일랜드에서는 83퍼센트, 프랑스에서는 71퍼센트, 영국에서 71퍼센트, 그리고 미국에서 60퍼센트의 집중률을 보이고 있다(Carolan 2013: 112). 또 한 마을이나 도시에 단지 한두 개의 슈퍼마켓밖에 없는 경우가 빈번하며, 이에 따라 지역의 슈퍼마켓에 대한 의존성이 높고 별다른 경쟁이 없다(Rees 2011). 식품을 주로 취급하는 슈퍼마켓 역시 대단위 묶음으로 판매하는 상점인 월마트나 코스트코로부터 압박을 받고 있다. 이들 소위 하이퍼마켓hypermarket은 슈퍼마켓과 백화점을 결합한 '슈퍼스토어superstores'라 할 수 있는데, 슈퍼마켓보다 더 막강한 구매력을 가지고 있다. 또 월마트의 경우 임금 통제를 위해 노조 결성 시도를 둘러싸고 치열한 싸움을 벌이기도 했다. 하지만 슈퍼마켓의 지속적인 인기는 한 장소에서 상품을 구입할 수 있는 편리함을 소비자에 제공하는 데 있다 (Rodale Institute 2005). 슈퍼마켓 성공에 단 한 가지의 '모델'만 있는 것은 아니다. 많은 슈퍼마켓 체인이 '대용량-낮은 이윤' 접근을 채택하지만 코스트코 같은 회사는 직원에게 높은 임금을 지급하며 소비자에게

색다른 구매 경험을 제공한다. 코스트코의 성공 비결은 소비자에게 '보물 찾기' 식의 경험을 제공하는 것이다. 코스트코는 거의 광고를 하지 않으며 계속해서 상품 재고 목록, 예컨대 다이아몬드 반지에서 보관함에 이르는 다양한 품목을 바꿈으로써, '유인을 위한 할인 상품'을 사람들이 발견하도록 한다. 이를 통해 소비자들이 애초 의도했던 것보다 더 많은 돈을 쓰게 한다(CNBC 2014).

경제적 집중이 게임의 규칙을 지배할 수 있는 권력이 되면서, 슈퍼마켓은 자신의 권력을 생산자, 공급자, 소비자와의 관계를 전환하는 데 사용해왔다. 이하에서는 이에 대해 검토한다.

농식품 공급사슬에서 슈퍼마켓의 권력

이윤 증대를 안정화하기 위해 슈퍼마켓은 농식품 공급사슬을 재편했는데, 이는 다양한 방식으로 진행됐다. 예전에는 다양한 구매자와 관계를 맺고 있는 복수의 중개인으로부터 상품을 공급받았는데, 이제 슈퍼마켓은 단 하나의 중개인과 계약을 맺거나 스스로 공급한다(Konefal et al. 2007). 게다가 슈퍼마켓의 거대한 규모는 상품의 대량 구입을 가능하게 했으며, 점점 대형화되는 공급자와의 협상을 통해 실제 대량으로 구입하는데, 이는 양측에 모두 규모의 경제를 제공한다. 이러한 대량 구매 관행을 통해 단위 가격을 낮출 수 있으며, 이는 상품의 가격 경쟁력을 높이고 매출액 증대로 이어진다. 공급자와의 추후 상담에서 더욱 낮은 가격을 요구하는 것이 슈퍼마켓 업계의 관행으로, 이는 소수의 구매자와 다수의 판매자가 존재하는 소위 구매독점oligopsony의 표현이라고 할 수 있다(Fuchs, Kalfagianni and Arentsen 2009). 크로거나 월마트 같은 회사는 도매 부문과 거래하는 것을 완전히 기피하고 가공기업과 직접 거래하는데, 이때 자신의 막강한 힘을 최저가격을 확보하는 데 활용한다. 가공기업은 다시 농민을 쥐어짬으로써, 농민이 손에 쥐는 금액과 슈퍼마켓에서 판매되는 가격 사이의 현격한 격차가 만들어진다(Carolan 2013). 이런 전략은 서구의 소비자에게 '값싼' 먹거리 공급을 가능하게 했으며, 또 실제 그렇게 공급한다. 앞에서 지적했듯이 이 과정에서 영세농이나 영세공급자는 주변화되거나 퇴출된다(Competition Commission 2000; McMichael and Friedmann 2007; Young 2012).

또 다른 조달 전략은 해외로부터 더 값싼 상품을 수입하는 것이다. 특히 과일이나 신선 채소의 지구적 조달은 개발도상국의 농민으로 하여금 자본의 지구적 순환 과정에 참여하도록 하여 국내 시장보다 더 비싼 가격을 받게 한다(Vorley, Fearne and Ray 2007). 슈퍼마켓의 입장에서는 계절의 제약 때문에 구할 수 없는 먹거리를 소비자에게 공급할 수 있는 것은 매력적인 카드다. 하지만 통조림 과일과 통조림 채소 같은 식품의 경우, 해외 조달은 제철이 아닌 먹거리를 공급하는 것과는 상관없다. 그것은 국내 공급자의 가격을 낮추기 위한 것으로, 이로 인해 지역 생산자는 소득이 줄어들고, 은행 빚에 더 의존하게 되며, 해당 부문으로부터 퇴출되고, 그 결과 농촌의 지역공동체가 약화된다(Dixon and Isaacs 2013; Richards, Bjorkhaug, Lawrence and Hickman 2013). 이민 농업 노동자에 대한 착취는 신선 과일과 채소를 값싸게 공급받는 데 중요한 요소다. 홈스(Holmes 2013)에 따르면, 미국의 이민 농업노동자는 뼛골 빠지게 힘든 노동에 시달릴 뿐 아니라 인종주의, 농약 중독, 일자리 불안정 사고가 빈번한 작업 환경 등의 비인간적인 처우를 받고 있다. 거텔과 시펠(Gertel and Sippel 2014)도 지중해 지역의 농업 노동자에 대한 착취에 대해 유사한 상황을 보고한다. 거텔과 시펠에 따르면, 산업형 농업에서 불안정한 계절 노동은 이윤을 남기기 위한 전제 조건이며, 유럽의 슈퍼마켓에 제철이 아닌 신선 과일 및 채소를 공급하기 위해서 이민 노동자는 공포, 스트레스, 고독감 등의 감정적인 고통과 경제적 종속을 경험한다. '신선하게 먹는 것'이 건강한 사회의 목표일 수 있으며 슈퍼마켓이 여러 가지 영양가 있는 신선 식품을 소비자에게 공급하는 매개지만, 거텔과 시펠의 저작은 농식품 세계화의 공간-시간적 동학에 대한 섬세한 분석을 통해 이민 농업 노동자가 겪는 심각한 사회적 불이익의 그늘을 설득력 있게 보여준다(Gertel and Sippel 2014).

자체 상표 혹은 '민간 라벨private label'은 식품 공급자에 대한 슈퍼마켓의 우월적 위치를 강화하는 또 다른 수단이다. 전통적으로 슈퍼마켓은 네슬레Nestlé, 하인츠Heinz, 나비스코Nabisco, 캠벨Campbell's, 유니레버Unilever 등 식품가공 '거인들'의 눈에 잘 띄는 상품들을 진열대에 쌓아놓았다. 그러나 1990년대 중반 이후 소매 부문 기업은 판매 상품들을 자신의 브랜드로 포장함으로써 이익을 남길 수 있다는 것을 인식했다. 처음에 자체 브랜드는 소비자에게 유명 브랜드 상품에 비해 값싼 대안을 제공하기 위해 도입되었다(Fox and Vorley 2004). 그것들은 대체로 "일반generic" 상품으로 슈퍼마켓 진열대의 유명 브랜드 제품에 비해 열등한 것으로 여겨졌다(Lawrence and Burch 2007). 이제는 더 이상 그렇지 않다. 진열 공간을 소유하고, 소비자에게 어떤 상품을 공급할지, 그리고 선반의 어디에 배열할지 등을 결정하는 것은 슈퍼마켓이다. 그들은 또한 가공식품을 조달하는 데도 엄청난 교섭력을 갖고 있다. 슈퍼마켓은 가격뿐 아니라 품질 면에서도 경쟁할 수 있는 자체 브랜드를 진열하며, 고품질의 식료품을 개발하기 위해 가공업자들과 협상을 시작했다(Busch and Bain 2004; Konefal et al. 2007). 그들은 또한 자신의 자체 브랜드 상품을 '건강', '자연', '유기농' 등 소비자가 원하는 속성에 따라 차별화하기 시작했다(Konefal et al. 2007: 278). 슈퍼마켓 자체 브랜드 상품을 구입하려면 당연히 슈퍼마켓에 들어서야 하며, 이는 소비자 충성도를 높이는 결과를 낳는다.

　기업에 의한 민간 기준의 등장은 자체 민간 라벨들의 성장과 함께 이뤄졌다. 수십 년 전만 해도 대부분의 서구 정부는 식품안전에 깊숙이 개입했다. 정부의 법과 규정들이 식품의 허용 기준을 정했으며 다양한 국가 부처가 이러한 표준들을 감독하기 위해 검사관들을 채용했다. 이후 민간 기업에 대한 정부의 규제를 제한하는 신자유주의 정책 속에서 슈퍼마켓은 자신의 고유한 기준을 개발하고, 부과해왔다. 이러한 기준은 예전에 정부가 요구했던 것보다 더 까다로운 것이었다. 슈퍼마켓이 이렇게 하는 데는 두 가지 중요한 이유가 있다. 첫째, 소비자에게 최고 품질의 상품을 제공하기 위해서이며, 둘째, 먹거리 사슬의 거버넌스에 대한 통제력을 증가하기 위해서이다(Burch, Dixon and Lawrence 2013; Clapp and Fuchs 2009; Davey and Richards 2013). 데이비와 리처즈(Davey and Richards 2013)는 민간 기업의 기준 요구에 따른 '감사 문화audit culture'의 확산을 강조하는데, 이는 공급자에게 추가적인 경제적 부담을 지운다. 톰슨과 로키(Thompson and Lockie 2013)에 따르면, 민간 기준은 '권력의 기술'로 잘 이해될 수 있는데, 이는 공급자에 대한 규율 체계가 만들어진다는 뜻이다. 농장에 대한 민간 표준의 작동은 푸코의 '파놉티콘panopticon'을 연상시키는데, 감사가 진행되지 않을 때도 슈퍼마켓에 의해 주도된 자기규율 체제가 농민에게 부과된다. 부시(Busch 2014: 42)는 민간 표준의 '폭발'을 새로운 형태의 식품 거버넌스로 묘사하는데, 개별 슈퍼마켓, 다수의 집단적 슈퍼마켓, 산업 결사체, 그리고 비정부조직(NGO) 등이 농식품 사슬을 따라 관련 행위자의 표준을 만들어낸다. 부시는 이러한 표준들이 종종 서로 충돌해서 생산자와 소비자 모두를 혼란스럽게 하며, 매우 제한적으로만 민주적인 방식으로 개발되고 실행된다고 지적한다(Busch 2014: 42). 버치, 딕슨, 로런스(Burch, Dixon and Lawrence 2013: 219)에 따르면,

> 슈퍼마켓의 지배적인 위상과 사적인 감사는 슈퍼마켓 소매 부문이 자신의 의지를 공급자에게 강요할 수 있는 거의 압도적인 위치에 있다는 뜻이다. 그리고 이러한 '강요된 순응'이 식품산업 전체를 소수의 소매상이 소수의 순응적 공급자와 거래하는 구조로 변화시키는 원인이다.

슈퍼마켓은 비용을 낮추고 이윤을 높이기 위해 다양한 전술을 활용해왔다. 공급자에게 슈퍼마켓 선반 상품 진열 비용을 지불케 하기, 특정 상품 매출 이윤이 기대 이하이면 공급자에게 보상을 요구하기, 미판매 물량을 공급자가 재구매하도록 강요하기, 상품 광고 비용을 공급자가 부담하도록 압박하기, 공급자들에게 상품대금 지불을 늦추기, 상품을 '판촉용' 할인가로 과잉 주문한 뒤 추후에 더 높은 소매가격으로 판매하기 등이 이러한 전술이다(Lawrence and Burch 2007; Towill 2005). 슈퍼마켓이 지닌 권력자로서의 지위 때문에 공급자는 어쩔 수 없이 슈퍼마켓의 요구를 수용하고, 동조하게 된다.

슈퍼마켓: 먹거리체계의 새로운 권위

지난 80년 동안 슈퍼마켓은 권위라는 사회학적 개념의 속성을 활용해왔다. 권위는 사회적 행위자로서 "언제나 일종의 우월한 것이며, 종종 복종해야 하며, 때로는 추종되고, 상의해야 하며, 주의를 기울여

야 하고, 모방해야 하거나 동조해야 하는 것"이다(Watt 1982: 7). 베버 Weber(1947)에 따르면, 권위는 세 가지 종류의 근거를 가진다. 전통적인 권위는 종종 세습된 사회적 신분 위치를 차지하며, 그 지배의 본질은 의문의 여지가 없는 윤리적 우월성에 기반을 두었다. 합리적-법적 권위는 사회적으로 동의되거나 규제되는 규정과 법을 실행하기 위해 등장했으며, 이는 물리적 폭력을 통해 실현될 수 있다. 카리스마적 권위는 다른 개인들이 숭배하는 희소한 자질을 가진 것으로 인식되는 개인에게서 발견된다.

처음부터 주요 슈퍼마켓 체인점은 울워스F. W. Woolworth나 세인즈베리John Sainsbury 같은 카리스마적 개인에 의해 주도되었다. 그들은 여론 홍보 기술을 일찌감치 받아들였으며, 새로운 소매 형식에 대한 흥분을 만들어내고 확산시키기 위해 대중매체를 활용했다. 하지만 각 가정의 세대주에게 슈퍼마켓의 식품 공급 방식이 더 우월하다고 설득하는 일은, 먹거리의 조달자로서 전통적인 가장의 권위를 포기하도록 하는 것이었다. 또한 사람들이 답답해하는 문화적 규범과 먹거리 조달에 올바른 단일한 방식이 있다는 전제에서 해방되어, 현대화된 시대에 맞는 쇼핑 방식을 수용하도록 만드는 것이었다. 그런 점에서 슈퍼마켓은 대중과 신뢰관계를 형성하는 데 성공했으며, 프리드버그Friedberg(2007)가 지적했듯이, 정부가 후원한 자기규제 과정은 슈퍼마켓에게 먹거리체계의 실질적인 정책 형성자 역할을 부여했다. 전통적 권위의 특정 양식 활용과 합리적-법적 권위의 실천을 통해 슈퍼마켓 소매 체인은 높은 평가를 받는 현대 사회 제도로서 자신의 입지를 다질 수 있었다(Dixon 2007).

최근 전세계에 퍼지게 된 슈퍼마켓 부문의 고도 집중화와 기업 간 치열한 경쟁 상황 속에서, 각 체인은 특정 '브랜드'에 대한 충성도를 높이기 위해 많은 공을 들여왔다. 이를 위해 여러 가지 방안이 활용되었는데, 예를 들면, 2+1 특판 상품, 특정 상품에서 손해를 감수하는 '미끼상품' 접근, 계열 기업 상품구입 할인권 제도, 동족 집단 주거지나 유태인의 유월절 같은 명절에 맞춘 상품 공급, 영양학자 같은 의료 관련 전문가와 공동으로 캠페인 벌이기, 다이어트 중인 사람이나 시간이 없는 사람을 위한 전문가 제공 음식 판매, 그리고 앞에서 언급했던 것 같은 '자체 브랜드' 상품의 진화 등이 있다.

슈퍼마켓은 점포 중심의 충성도 확보 전략뿐 아니라, 자신이 위치한 농촌과 교외 지역의 시설과 지역사회 서비스를 지원하는 데까지 활동을 넓히고 있다. 이런 점에서 그들은 중요한 지역조직으로 활동하고 있다. 어린 운동선수에게 소정의 지원금을 제공하고, 봉사단체의 모금을 위한 소시지 바비큐를 주최하기도 하며, 지역사회 게시판을 기부하기도 한다. 상징적 파트너 관계의 형성은 본질적으로 선전 홍보 활동이다. 이러한 활동은 주로 슈퍼마켓의 수입상품 공급과 착취적인 공급사슬 관계에 대한 소비자의 반발 때문에 등장했다(예를 들면, 아이작스와 딕슨Isaacs and Dixon의 근간을 볼 것).

슈퍼마켓 팽창의 정치경제

자본주의 발전의 현 국면은 지구화, 신자유주의화, 그리고 금융화의 과정을 굳건하게 포용하고 있으며, 이들은 먹거리가 생산되고, 유통되고 판매되는 방식에 영향을 끼친다(Bonanno 2014; Burch and Lawrence 2013; Fairbairn 이 책). 이념적으로 신자유주의는 개인의 자유를 찬양하며 기업가 정신을 지지한다. 신자유주의는 자유시장과 경제 활동에 대한 국가의 최소 개입이 모든 이에게 더 나은 세상을 만들어줄 것이라고 제안한다(Iba and Sakamoto 2014). 하지만 지구화된 형태의 신자유주의 는 민주적 과정을 위축시키고, 부유층의 정치경제적 입장을 뒷받침하 며, 많은 구조적 문제에 대해 개인화되고 대체로 효과적이지 않은 '자조 적' 해결책을 권장하는 것으로 보인다(Bonanno 2014). 첫째, 국가의 역 할은 팽창하는 자본 축적에 장애가 되는 것으로 보이는 규제를 제거하 는 것이다. 둘째, 초국적 자본에 호의적인 방식으로 재규제하는 것인데, 1980년대 이후의 소위 규제의 '복귀'와 이후 1990년대 이후 친기업적 규제의 복귀와 입법이 그 예이다(Peck and Tickell 2002).

식량체제론자들은 자본주의에 기반을 둔 두 개의 식량체제food regimes, 즉 1800년대부터 1930년대까지 존재했던 영국 중심 정착지-국가의 '외연적' 체제와 1950년대부터 1970년대까지 지속되었던 농업 산업 화와 '내구재적' 가공 식품에 기반을 둔 미국 중심의 '내포적' 식량체 제가 있었다고 주장한다(McMichael 2013: 5-6). 맥마이클(McMichael 2005; 2013)과 다른 학자들(Burch and Lawrence 2009; Friedmann 2005; Otero 2014)은 세 번째 식량체제가 등장하고 있다고 주장하는데, 이 새 로운 체제는 기업-환경 식량체제, 신자유주의 식량체제 또는 금융화 된 식량체제 등으로 다양하게 묘사된다. 비록 아직 그 모습이 불확정 적이기는 하지만 다음과 같은 몇 가지 특징이 관찰된다. 먹거리 공급사 슬의 전지구적 통합, 신선 식품을 1년 내내 공급하게 되었다는 점, 먹 거리 사슬에 대한 통제력이 식품제조업자로부터 슈퍼마켓으로 이전되 었다는 점, 식품소매상이 먹거리의 질과 안전을 더 의식하도록 하는 동 시에 지역 및 대안 먹거리 네트워크에 새로운 '공간'을 만들어내는 '질적 전환'과 관련되는 슈퍼마켓의 '녹색화', 세계무역기구(WTO)의 자유무 역 원리의 공고화, 그리고 전체 농식품체계의 금융화 등이다(Burch and

Lawrence 2009; Burch and Lawrence 2013; Carolan 2011; Fairbairn 이 책; McMichael 2013; Oosterveer and Sonnenfeld 2012).

금융화financialization는 새롭게 등장하고 있는 제3차 식량체제에 있어 특별히 중요한 의미를 지닌다. 전통적으로 토지에 대한 투자를 꺼렸던 금융 부문은, 양질의 농지와 수자원이 희소해지면서 식량 생산의 자원에서 투기 기회를 발견했다. 상승하는 먹거리가격에서 기회를 잡고 투기를 통해 이윤을 얻으려고, 상업은행들이 농지를 구입하고 있다(Burch and Lawrence 2009). 국부 펀드는, 기름 생산은 많지만 농지가 부족한 중동 국가들처럼 농산물을 수입하려고 해외 농지를 구입하기도 하지만, 최근에는 바이오연료를 생산하려고 해외 농지에 투자하고 있다(Burch and Lawrence 2009; McMichael 2013). 맥마이클McMichael(2013: 117)에 따르면, "먹거리, 에너지, 금융 위기의 결합으로 나타난 일반 축적 위기는 국제 자본시장을 상대적으로 장기적인 시간 틀에서 비교적 안전한 투자처로 여겨지는 농업으로 끌리도록 했고, 이는 '전지구적 농지 수탈'을 낳았다". 금융화는 신자유주의에 깊이 뿌리내리고 있으며 금융 거래를 통해 이윤이 만들어지는 금융 순환에 농지, 농식품산업, 그리고 슈퍼마켓을 더 깊이 통합시키고 있다(Burch and Lawrence 2013; McMichael 2013). 민간 투자회사와 헤지펀드 역시 소유자들에게 '주주 가치'를 제공하기 위한 수단으로 식품 제조회사 및 소매점을 구입하고 있는데, 이는 종종 회사 자산의 수탈을 낳기도 한다(Burch and Lawrence 2009; Fairbairn 2014).

신자유주의 세계화 속에서 슈퍼마켓 부문은 자신의 사업 영역과 영향력을 확대할 기회가 생겼다. 슈퍼마켓은 이제 보험과 금융 부문에 진출하고 있는데, 2009년에 개업한 테스코 은행은 유럽에서 가장 빠르게 성장하는 금융기업이 되었다(Tescopoly 2014). 슈퍼마켓은 자동차 정비

소를 소유하기도 하고, 주류 판매점을 운영하며, 책, 의류, 가구, 전자제품 등을 판매한다. 2013년에 테스코는 자체 브랜드 컴퓨터인 허들Hudl을 출시했다(CEO World Magazine 2014). 호주, 캐나다, 그리고 미국의 슈퍼마켓인 콜스Coles, 울워스Woolworths, 코스트코 등은 '묶어 팔기'의 일환으로 슈퍼마켓 고객에게 자동차 휘발유가격을 할인해주는 상품구입 할인권을 발행한다(Dixon 2007; Halsey 2013).

몇 년 전에 리글리와 로우(Wrigley and Lowe 1996)는 생산자-소비자 관계는 점점 더 소매자본에 의해 매개되고 있으며, 슈퍼마켓이 그 대표적인 예라고 주장했다. 부르디외Bourdieu(1984)의 자본 이론을 활용해 살펴보면, 슈퍼마켓이 매개자 혹은 보다 정확하게는 문화경제 행위자로 작동하는 것을 명백하게 알 수 있다. 슈퍼마켓은 먹거리체계와 사회 전체에 걸쳐 자신의 정당성을 공고히 하고 또 재생산하기 위해 경제·문화·사회·상징자본을 축적하고 전략적으로 활용한다. 슈퍼마켓은 이윤을 남기려고 상품을 생산하고 판매할 뿐 아니라, 그 상품을 기반으로 한 생활 방식을 판매한다. 이를 위해 슈퍼마켓 기업은 경제적 자본을 투자해서, 문화적 중개자 다수를 고용함으로써 상품 범주를 설정하려고 소비자 연구를 하며, 집밥 요리가 아니라 대용식을 데워 먹는 것과 같이 고정된 생활양식을 바꾸기 위한 캠페인을 고안한다. 또한 유명 요리사와 저명 인사를 활용하여 흥분과 카리스마를 유발하도록 하고, 충성심을 제고할 프로그램을 만들며, 특히 경쟁자나 농민과 갈등을 빚는 시기에는 규제자에게 로비를 하고 여론에 대한 선전 홍보에 열을 올린다(Burch, Lawrence and Hatersley 2013; Dixon 2007). 정보, 취향, 관습 등의 문화자본과 사회 연결망, 충성 프로그램 같은 집단 소속감의 자원에 기반을 둔 사회적 자본에 대한 투자는 슈퍼마켓의 지속적인 생존을 위해 공급사슬의 안전과 효율성의 근간이 되는 냉장유통 기술이나 다른 사회-기술적 체계에 대한 투자에 못지않게 중요하다. 이러한 '생활세계' 그리고 사회적 재생산 영역에 대한 식민화는 문화적 생산이 자본의 순환에 포섭될 때 가능하다. 하비Harvey(1996)에 따르면, 담론/언어, 권력, 신념/가치/욕망, 그리고 제도/의례 등을 자본이 동원하고 적응시킬 수 있는 '결정적인' 문화적 순간이 있다. 신자유주의적 제도로서 슈퍼마켓은 이제까지 '경제적 계산'의 일부가 아니었던 삶의 영역을 '경제화'하는 데 능숙해졌다(Lemke 2001).

이상에서 기술한 먹거리체계의 슈퍼마켓화는 대체로 헤게모니적이기는 하지만 늘 순조롭게 진행되지는 않는다. 식량체제론의 분석에 따르면 먹거리체계는 생산, 소비, 그리고 국가적 조절을 넘나드는 힘의 조율에 의해 안정화된다(Friedmann and McMichael 1989). 그러나 먹거리체계들은 혼란에 빠질 수도 있으며, 실제로 혼란에 빠지기도 한다. 먹거리체계에 더 많은 정치적 주권을 주입하기 위한 노력으로 일련의 저항 움직임이 있다(Johnston, Biro and MacKendrick 2009). 프리드먼(Friedmann 2005)과 캠벨(Campbell 2009)이 볼 때, 먹거리체계의 기업화와 슈퍼마켓화에 대한 저항은 슈퍼마켓이 의존하고 있는 농업의 산업화 모델이 더 이상 지속되기 어렵다는 점이 명백해지면서 주로 환경운동과 환경 그 자체에서 비롯되고 있다(Carolan 2011; Weis 2013). 이에 대해서는 아래에서 논의할 것이다.

전지구적 슈퍼마켓화에 대한 우려의 증가

슈퍼마켓들은 서구 소비자의 다양한 먹거리의 연중 소비 수요를 충족시키기 위해 먼 곳에서 식품을 구입한다. 먹거리를 장거리 이동시키기 위해 필요한 소위 푸드마일은 에너지를 소모하며 온실가스를 발생시킨다(Lang, Barling and Caraher 2009). 비록 슈퍼마켓이 자신의 점포에 농산물을 공급하는 농민에게 점점 더 까다로운 환경 규제를 요구하고 있지만, 산업적 농업 생산의 본질인 단작과 밀집형 사육시설을 통한 공장형 축산은 열악한 환경적 결과를 낳는다. 예를 들면, 가축 폐기물과 독성 농화학물질에 의한 하천의 오염, 토양 훼손, 유전자 오염, 생물다양성 감소, 그리고 온실가스인 메탄의 발생 등이 있다(Weis 2013). 공장형 축산시설의 환경오염 물질은 여러 가지 호흡기 질환의 원인이 되고 있으며, 최소한 전체 노동자의 25퍼센트에게 영향을 주고 있다(Carolan 2013: 115). 동물복지와 관련해서도 많은 우려를 낳고 있다. 부리 자르기, 발톱 자르기, 꼬리 자르기, 거세 등의 관행이 마취 없이 진행되고 있는 것이다(Oosterveer and Sonnenfeld 2012; Weis 2013: 121).

주요 슈퍼마켓이 환경적 도전에 반응하는 데 어느 정도 익숙해졌지만, 그들은 또 다른 비판에 직면하고 있다. 첫째, 슈퍼마켓은 일종의 녹색 세뇌 기술을 냉소적으로 활용할 뿐으로, 이는 또 다른 형태의 문화적 자본 동원이라고 할 수 있다. 현재의 소비 방식이 지속가능하지 않은 상황에서 과잉 소비를 억제해야 한다는 중요한 과제는 외면한다(Dixon and Banwell 2012). 둘째, 슈퍼마켓은 식품시장의 양극화를 심화하고 있으며, 이는 기존의 사회계층화를 재생산한다. 환경친화적인 상품은 소비자가 구입하기에는 더 비싸기 때문이다(Friedmann 2005). 슈퍼마켓화의 이러한 모순은 슈퍼마켓이 자신의 창조적이고 지속적인 성공의 기반 자체, 즉 낮은 가격과 다양한 상품 선택권이 올무가 되었기 때문에 발생한다.

음식쓰레기 문제 역시 심각한 비판의 대상이 되고 있다(Evans, Campbell and Murcott 2013). 전세계적으로 전체 먹거리의 30~50퍼센트 정도가 쓰레기로 버려진다고 추정된다(Government Office for Science 2011 :93). 이 가운데 상당 부분은 농장에 식품 창고가 부족하거나 냉장시설이 없는 곳에서 발생하겠지만 슈퍼마켓에 의해 먹거리체계가 지배되는 선진국에서도 많은 손실이 진행되고 있다(Carolan 2011; Evans, Campbell and Murcott 2013). 식품 손실은 여러 형태를 띤다. 첫째, 농민이 슈퍼마켓 진열대에 올릴 수 없다고 여기는 신선 과일과 채소가 버려진다. 그런데 이는 과일과 채소가 주로 외관상의 미학적 기준에 부합되지 않는다는 데 근거한다(Gunders 2012). 농민은 이 가운데 일부를 동물에게 사료로 먹이기도 하지만 상당량은 버린다. 둘째, 유효 기간이 경과한 먹거리를 폐기하는 것이다. 일부 슈퍼마켓은 현재 규칙적으로 그런 먹거리를 가난한 사람들과 노숙자들에게 나눠주는 자선단체에 기부하고, 에너지 생산에 사용하는 쓰레기관리회사에 공급하기도 하지만(Edwards and Mercer 2013), 여전히 많은 양이 매립되어 온실가스를 배출한다(Government Office for Science 2011; Gunders 2012). 슈퍼마켓 쓰레기의 세 번째 문제는 포장과 관련된다. 포장은 식품제조업체가 상품을 차별화함으로써 소비자에게 호감을 갖도록 하고 브랜드 충성도를 높이기 위해 채택한 마케팅 방법 중의 하나다(Hawkins 2013). 물론 포장은 식품을 오염이나 부패로부터 보호함으로써 보존 기간을 늘려주며, 이 때문에 플라스틱, 유리, 스티로폼, 종이, 박스 등이 식품 포장에 사용돼왔다. 하지만 호킨스(Hawkins 2013: 69-70)가 주장하듯이, 포장이 먹거리를 보호하여 폐기되는 식품을 줄이는 데는 기여할지 모르지만, 포장은 '이후 생애'에 심각한 폐기물관리 문제를 낳는다. 포장은 가정용 쓰레기의 가장 많은 부분을 차지하며, 특히 플라스틱 용기는 생물학적으로 분해되지 않기 때문에 심각한 환경오염과 관련된다(Hawkins 2013: 76).

또 다른 문제는 사람들의 건강이다. 새로운 공중보건 철학의 한 흐름은 산업/기업식품체계industrial/corporate food system가 건강에 도움을 줄 수 있는지에 관한 것이다. 현재 기업식품체계의 초점은 여러 영양적 요소를 다양한 식품을 통해 적절한 가격에 공급하는 것이 아니라 주로 값싼 가공식품을 통한 칼로리 공급에 맞춰져 있다(Monteiro and Cannon 202). '값싼 음식'은 국가 간에 또는 개별 국가 안에서 다양할 수 있는 상대적인 개념이다. 하지만 일반적으로 가구소득 가운데 여러 먹거리에 지출한 비율을 의미한다. 슈퍼마켓이 신선 재래시장을 대체하면서 소비자는 대량의 값싼 가공식품과 더 비싼 신선식품에 노출되었다(Banwell, Dixon, Seubsman, Pangsap, Kelly and Sleigh 2012; Reardon, Henson and Gulati 2010). 그 결과 가난한 사람은 미세영양학 측면에서는 영양 부족 상태이면서 비만이 될 위험이 높다(Wahlqvist, Mckay, Chang and Chiu 2012). "비만을 유발하는" 식습관과 관련된 건강, 사회, 그리고 경제적 결과는 심각하다(Friel and Lichacz 2010).

값싼 음식의 위험과 편익은 그저 가구 수준에서만 경험되는 것은 아니다. 한 국가를 소농 혹은 농업사회에서 산업 및 서비스 부문 경제로 변화시키는 국가 발전은 값싼 칼로리의 가용 여부에 있다(Friedmann and McMichael 1989; McMichael and Friedmann 2007; Timmer 2008). 값싼 식품은 공장과 서비스 부문 노동자의 임금을 낮출 수 있게 했고, 이에 따라 기업의 이윤과 새로운 부문으로의 투자가 가능했으며, 결과적으로 고용과 국가 수입의 성장을 이뤄냈다. 그러나 값싼 칼로리에 기반을 둔 국가 발전은 30억 명에 달하는 세계 농촌인구의 필요를 간과하는 것이다. 그리고 그 가운데 70퍼센트는 농업에 종사하고 있다. 농가는 값싼 식품에 의해 재정적으로 도움을 받겠지만, 동시에 도시로 흘러들어가 도시 빈민층이 되지 않고 농촌에 잔류하기 위해서는 농업 활동에서 적절하고 공정한 소득을 올릴 수 있어야 한다. 그리고 앞에서 제시했듯 국가 식량 공급의 핵심으로 값싼 가공식품을 선호하는 것은 규모의 경제와 효율성만을 추구하는 산업적 사슬에 의해 만들어지는 환경 외부성을 무시하는 것이다(Ingram, Ericksen and Liverman 2010).

토론 및 결론: 슈퍼마켓의 미래

소비자가 다양한 상품의 선택가능성, 소규모 소매상에 비해 낮은 가격, 그리고 '원스톱' 쇼핑의 편리함 때문에 슈퍼마켓에 끌린다는 것은 분명하다(Gardner 2013). 그러나 이제까지 주장한 바와 같이 먹거리 공급체계의 슈퍼마켓화는 환경, 농민, 농장 노동자, 그리고 소비자에게 부정적인 영향을 끼친다.

공공의 건강을 증진시키는 생태운동이 성장하면서 '건강한 시민을 위한 건강한 농업'에 대한 요구가 강해지고 있다(Dangour, Green, Hasler, Rushton, Shankar and Waage 2012; McMichael, Powles, Butler and Uauy 2007; Wahlqvist et al. 2012). 이러한 패러다임의 전환은 화석연료 기반의 투입재, 단작, 농자재 및 가격에 대한 기업 지배의 틀을 벗어나 농생태학적 원리, 식습관의 다양성, 그리고 '자유무역'이 아니라 '공정무역'으로의 전환을 수반한다. 이는 지속가능한 생물물리적 자원을 활용해 생산된 먹거리의 공급을 요청한다(Lang et al. 2009).

만약 슈퍼마켓이 자신의 영업 활동이 수반하는 공중보건 문제에 진지하다면, 그들은 물류 공급자와 더불어 자신이 지속가능성을 지지하며 쓰레기를 감축하고 있다는 점을 입증해야 한다. 즉 독립적 기관에 의한 감사를 받는 데 동의해야 할 것이다. 그들은 또한 소비자에게 다른 방식으로 소비하도록 권유해야 하는데, 이는 가공식품과 특히 붉은 색 육류의 소비 감축을 권장한다는 뜻이다. 더불어 슈퍼마켓은 상품 생산에 사용되는 환경자원과 운송비용을 자신의 가격 구조에 반영해야 하는데, 이는 먹거리가격의 인상을 뜻한다. 이런 식의 변화는 비록 매우 실현하기 어렵기는 하지만, 잠재적으로는 지속가능한 슈퍼마켓 혁명이 될 것이다!

최근 들어 쇼핑을 윤리적 실천으로 생각하는 도시민 사이에 슈퍼마켓에 대한 반감이 증가하고 있는 것 같다. 환경, 동물복지, 공정무역 등을 중요하게 여기는 소비자 사이에서 대안적 먹거리체계에 대한 관심이 높아지고 있는 것으로 보인다(Dowler, Kneafsey, Cox and Holloway 2009). 그러나 이러한 행동에 일종의 모순이 있다. 반 슈퍼마켓 소비자는 슈퍼마켓을 이용하지 않음으로써 산업화된 먹거리 공급사슬에서 벗어나고, 다수의 소규모 생산자에게 소득을 제공할 수 있다. 하지만 이렇게 되면 슈퍼마켓의 식품 조달과 판매 방식을 개선하라는 소비자의 압력 역시 약화된다. 증가하는 저소득층이 슈퍼마켓의 저가상품에 대해 절제할 수 없는 욕구를 가지고 있다는 점을 고려하면 이런 경향은 더욱 커진다.

슈퍼마켓에 대한 규제 문제는 수그러들지 않을 것이다. 하지만 슈퍼마켓화의 어떤 측면에 대한 규제가 필요한지 보다 명료하게 할 필요가 있다. 지구적 차원에서 보면, 자체 브랜드 확대의 맥락에서 식품 표준의 조화가 이뤄지고 있다. 슈퍼마켓이 식품가공업체와 함께 적극적으로 첨가물과 성분에 관련한 국제 식품 표준화를 적극적으로 추진하는 데 참여하고 있다. 이를 통해 자신의 상품을 국경을 넘어 교역할 수 있도록 하는 것이다(Henson and Humphery 2009). 동시에 음식 관련 질병에 우려를 가진 국가들 역시 세계보건기구(WHO)의 국제식품규격Codex

Alimentarius 같은 국제 표준화 시행 논의, 예컨대 소금, 트랜스 지방, 그리고 음식에 대한 항생제 사용 기준 표준화에 더 적극적일 것으로 예상된다. 슈퍼마켓에 대한 외국인 직접투자(FDI)의 증가는 또 다른 지구적 수준의 문제다. 그러나 현 단계에서는 단지 국내적 수준에서만 논의될 수 있다. 예를 들어, 태국은 2007년 경제 위기 이후 외국 슈퍼마켓 체인의 국내 진출을 규제하고 있으며(Banwell et al. 2012), 인도는 슈퍼마켓에 대한 외국인직접투자는 계속 금지하고 있다. 다만 소규모 상인에게 판매하는 도매업 부문에 대한 외국인직접투자는 허용하고 있으며 이 때문에 월마트는 영업을 하고 있다.

또 다른 국가 차원의 규제 관련 의제가 있다. 예를 들면, 슈퍼마켓의 무절제한 집중이다. 이 문제를 탐구한 10여 개에 달하는 국제적 연구는 많은 경우 시장권력의 남용 증거를 발견했다. 그 예로는 적절한 사전 통지 없이 농민과의 계약 내용을 변경하거나 위험을 공급자에게 전가하거나 혹은 감사 비용을 공급자에게 떠넘기는 일 등이 있다. 슈퍼마켓은 공급자에게 할인을 요구하고 요구에 불응하면 공급자 명부에서 제외하겠다고 위협할 수 있다(Gardner 2013). 이러한 관행 때문에 공급자는 '종속되고' 투명성 및 책임성이 부족한 상황에 있다고 느끼고 있다(Fox and Vorley 2004; Richards, Lawrence, Loong and Burch 2012). 하지만 이러한 우려가 슈퍼마켓 집중 상한을 낮추는 쪽으로 이어지지는 않았다. 슈퍼마켓의 힘, 그리고 보다 일반적으로 기업의 권력은 현재까지는 제한을 받고 있지 않다(Mercuro and Medema 2006).

캐나다의 브리티시컬럼비아주에서는 공중보건에 봉사하도록 설계된 먹거리체계를 만들기 위해 '규제 다원주의'를 채택해야 한다는 요구가 있었다. 규제 다원주의는 식품 교역, 식품안전, 공정 공급사슬 등과 관련된 국가의 강력한 보호가 필요하다는 점을 배제하지 않으며, 특히 지역의 먹거리 지속가능성과 관련해 시민사회 행위자에게 더 큰 역할을 부여한다(Seed, Lang and Caraher 2013). 이런 맥락에서 지역사회와 협동조합들이 관리하는 먹거리 허브에 대한 최근의 관심은 주목할 만하다. 이 먹거리 허브는 슈퍼마켓의 공급사슬에 대한 대안으로서 물류와 마케팅을 담당할 수 있다(Biggs, Ryan and Wiseman 2010). 이러한 먹거리 허브가 전략적으로 사회, 환경, 경제 계획의 일부로 등장할 때, 그것들은 슈퍼마켓에 기반을 두지 않은 먹거리체계를 더 많은 사람에게 확산하고 생산자, 환경, 그리고 공중의 영양에 공히 이익을 가져다줄 수 있는 잠재력을 갖게 될 것이다. 이것이 궁극적으로 슈퍼마켓의 지배를 종식하지는 않더라도 적어도 그것에 도전할 수 있는 하나의 급진적인 수단이 될 수 있을 것이다.

2장

금융과 먹거리체계

매들린 페어번 Madeleine Fairbairn
미국 위스콘신대학교(매디슨)University of Wisconsin-Madison에서 박사학위 취득
후, 가우처대학Goucher College에서 박사후 연구원. 식량주권운동과 정치생태학의
관점에서 세계 농식품체계 전환 과정을 연구하고 있다.

들어가며

지난 40년 동안 금융의 중요성과 권력은 점점 커지며 자본주의의 얼굴을 변형해왔다. 미국은 20세기 초반에 농업사회에서 산업사회로 이행했고, 1970년대에 이르러 금융시장을 중심으로 탈산업사회로 새롭게 전환하기 시작했다(Davis 2009). 금융적 명령들Financial imperatives이 우리가 세계를 보는 방식을 새롭게 하고 있다. 국가는 자국의 신용 등급을 걱정해야 하고, 기업의 건전성은 주식가격으로 평가되며, 인간의 기술과 관계는 각각 인적 자본과 사회적 자본이 된다. 이러한 일련의 과정을 우리는 금융화financialization라고 부른다.

금융을 향한 이러한 전면적 재조정은 농식품체계를 바꾸고 있다. 농식품 관련 기업들이 금융 활동을 이윤 증식의 수단으로 활용하고, 금융업자는 갈수록 먹거리체계에 대한 투자를 늘리며 높은 자본 수익을 기대한다. 이와 같이 늘어나는 금융 수익성에 대한 관심이 모든 사람에게 이로움을 주는 것은 아니다. 어떤 경우에는 먹거리 공급이라는 먹거리체계의 목적과 충돌하기도 한다.

이 장에서는 금융화의 개념을 간략히 검토한 다음, 금융이 어떻게 농식품체계의 세 가지 영역인 농업 파생상품시장, 식품소매, 농지 소유권을 재구성하는지 탐색할 것이다. 세 가지 사례에서 금융화는 다음과 같은 의미와 연관되어 있다. 파생상품 시장에서 금융 투기는 비싸고 불안정한 먹거리가격과 관련돼왔으며, 금융 투자자를 위해 최대 수익을 내는 슈퍼마켓 체인을 운영한다는 것은 노동자를 해고하고 이익이 없는 지점은 문을 닫는다는 뜻일 수 있으며, 마지막으로 농지에 대한 금융 투자는 토지가격의 급격한 상승에 영향을 끼칠 수 있다.

금융화란 무엇이고 왜 발생하는가

금융화는 1970년대에 시작된 다면적 과정이다. 엡스타인Epstein(2005: 3)은 포괄적으로 광범위하게 인용되는 금융화를 다음과 같이 정의했다. 금융화는 "국내 및 국제경제의 활동에서 금융적 동기, 금융시장, 금융 관계자, 금융 제도 등의 역할이 증대된다는 뜻이다". 보다 구체적이고 유용한 정의를 내린 크리프너Krippner(2011: 4)에 따르면, 금융화는 "경제에서 이윤을 추구하는 방식이 생산적 활동보다 금융 채널을 통해 이루어지는 경향"을 뜻한다. 달리 말하면, 상품 생산과 무역은 후퇴하거나 제자리에 머물러 있는 반면, 이자 수익, 배당, 자본 투자 이득의 형태로 이윤을 취하는 금융 대출과 투자 활동이 점점 더 확산되는 현상을 가리킨다.* 금융화는 경제의 다른 영역과 연관되는 금융 부문이 커지고, 비금융기업의 포트폴리오 소득 의존도가 높아지는 과정에서 발견할 수 있다(Krippner 2011).

---

* 크리프너는 아리기(Arrighi 1994)를 따라 금융화를 이렇게 정의한 것이다. 그의 설명에 따르면, 자본주의체계에서 상품은 일반적으로 자본을 더 많은 자본으로 생산하는 매개수단으로 기능하는데(마르크스가 MCM'으로 도식화한 자본증식 유형), 금융의 팽창기에는 이러한 자본증식 과정에서 상품이 제거되고 자본이 직접 더 많은 자본을 창출하는 데 이용된다(MM'). 스위지와 매그도프(Sweezy and Magdoff 1987)도 '금융 폭증'을 생산 활동으로부터 금융 행위로의 전환으로 규정한다.

금융화를 이해하는 다양한 방식이 있으나, 각기 다른 점을 강조함에도 불구하고 중요한 부분에서는 서로 중첩된다. 마르크스주의 학자들은 금융화를 자본주의의 구조적 문제들에서 기인하는 것으로 본다(Arrighi 1994; Harvey 2010; Sweezy and Magdoff 1987). 아리기 Arrighi(1994)는 금융화를 역사적으로 반복되는 현상으로 보고, '축적 주기'의 진행 과정에서 자본 축적이 상품생산과 무역에서 금융으로 초점이 전환된 것으로 설명한다.* 아리기는 미국 주도의 축적 주기가 20세기에 발생했고, 미국이 다른 국가와 경제적인 경쟁이 심해지던 1970년대 초기에 금융 확장 국면으로 전환되었다고 주장한다. 매그도프와 스위지(Magdoff and Sweezy 1987)도 금융화의 기원을 1970년대 경제적 문제들로부터 유래된 것으로 보았지만, 기업의 이윤이 감소한 이유는 국제적인 경쟁이 아니라 '독점자본주의'의 침체 경향 때문이라고 주장한다. 그들은 이러한 금융 확장을 본질적으로 장기 지속적인 경제 거품으로 설명하는데, 이렇게 팽창된 금융 부문은 생산 부문이 불황을 겪을 때에도 왕성한 이윤을 창출한다.

금융화를 해석하는 다른 관점들은 지난 수십 년간 금융시장의 규제 완화에 앞장섰던 국가의 역할을 강조한다. 1980년대와 1990년대에 등장한 신자유주의적 정치경제 사조는 금융시장에서 국가의 역할을 축소시키는 이데올로기적 정당성을 제공했다. 미국에서는 과거에 은행, 보험, 투자 활동을 하나의 회사에서 모두 할 수 없게 했던 중복 산업 활동 금지와 은행 합병에 대한 규제 조치들 그리고 신용카드와 이자율의

---

* 각각의 주기는 상이한 강대국에 의해 조직된다. 그가 논의하는 네 개의 축적 주기는 15세기부터 17세기 초까지는 도시국가 제노바가, 17세기부터 18세기는 네덜란드가, 18세기 후반부터 20세기 초까지는 영국이, 20세기 초에서 21세기 초까지는 미국이 주도했다. 개별 주기는 물적 팽창의 기간을 거쳐 높아진 경쟁과 낮아진 이윤에 직면하게 되고 마침내 기업들이 상품 생산과 무역으로부터 금융 활동으로 전환하는 금융 팽창의 시기로 이행하는 특징을 지닌다.

제한이 모두 폐지되었다(Tomaskovic-Devey and Lin 2011). 크리프너는 미국 경제의 금융화를 정부 정책에 기인한 것으로 해석하지만, 금융화가 신자유주의 의제의 한 부분이었다기보다는 의도하지 않은 결과로 본다. 그녀는 미국 정부가 1960년대와 1970년대의 경제 위기와 분배 갈등을 해결하려고 정치적으로 최적의 방안을 찾는 과정에서 의도하지 않게 금융 규제를 풀어주게 되었다고 주장한다.

금융화 과정에 대한 또 다른 주요 논의의 차원은 조직 이론가들이 강조하는 기업과 투자자 간의 관계 변화다. 1980년대에서 1990년에 걸쳐 연금, 헤지펀드, 보험회사와 같이 막대한 양의 자본을 운영하는 제도적 투자기관이 이전에는 상상할 수 없는 규모로 성장하면서, 투자 관련 권력이 갈수록 그들의 수중으로 집중되었다(Useem 1996). 이처럼 투자자권력이 강고해진 데 힘입어, 기업 지배구조에 대한 '주주 가치'의 접근이 보편화되기 시작했다. 이러한 접근 방식에 따라 기업의 성공을 평가하는 최종 판단기준은 투자자의 이익을 창출하는 능력이 되었고, 주주의 투자이익 극대화는 기업 경영자가 추구하는 최우선 가치가 되어야 했다. 회사의 가치는 이제 더 이상 회사의 규모나 고용자의 수, 또는 생산량으로 결정되지 않고, 자본시장에서의 역량으로 평가된다(Davis 2009; Fligstein 2001). 1980년대 기업의 인수합병 바람과 기업 임원에게 스톡옵션으로 보상하는 방식으로 바뀐 것도 기업이 이러한 흐름을 수용하도록 만드는 데 일조했다. 몇몇 연구자는, 실적에 대한 높은 압력과 주주 가치를 극대화하는 데 초점을 맞춘 커다란 변화들로 인해 기업들이 자칫 투자자의 단기 이익을 만족시키려고 생산 부문에서의 장기 투자를 희생시킬 수 있다는 점을 염려한다(Lazonick and O'Sullivan 2000).

2008년에 시작된 경제 위기는 월스트리트, 런던의 금융 중심지, 그리고 다른 금융 센터들이 주목받는 계기가 되었다. 금융수익 악화가 갑자기 문제시되었고, 늘어나는 금융상품에 대한 정부의 감독이 미흡하다는 점이 면밀한 조사의 도마 위에 올랐다. 그러나 높아진 금융의 중요성은 금융 부문 자체를 훨씬 넘어서는 영향력을 갖고 있었다. 금융의 영향은 농자재 무역부터 우리 밥상의 먹거리까지 농식품체계를 근본적으로 바꾸어놓고 있다.

금융과 농업 파생상품

세계 농식품체계에서 금융화의 영향은 농산물 파생금융상품시장에서 가장 명확하게 나타난다. 농산물 파생금융상품은 금융자산이며, 농산물가격을 기반으로 금융상품의 가격이 매겨진다. 농산품 파생금융상품은 농산물을 판매하는 농민과 농산물을 구입하는 무역업자 및 가공업자 양측이 모두 가격 불안정으로부터 자신을 보호하려고 출현했다. 밀 생산자는 수확하기 몇 달 전에 미리 밀을 통한 수입이 얼마인지 알고 싶어한다. 반면에 제분업자는 주로 밀 원자재에 의존해 사업을 하는 사람이니만큼 자신이 나중에 얼마를 지불해야 하는지 알고 싶을 것이다. 이들 양측은 가장 전형적인 농산물 파생금융상품인 '선물계약', 즉 현재 시점에서 향후 농산물을 양도할 가격에 합의하는 방안을 창출할 수 있다. 이는 모두에게 안도감을 준다. 농민은 밀가격의 하락으로부터 자신을 보호할 수 있고, 다른 한편 제분업자는 밀가격 상승으로부터 보호받을 수 있다(Clapp 2012).

농산물 파생금융상품은 새로운 것이 아니다. 최초의 농산물 거래소는 18세기 런던에서 설립되었고(Clapp 2012), 유명한 시카고선물거래소는 1848년에 설립되었다(Cronon 1992). 수년 동안, 단순(한) 선물계약은 '선물, 옵션, 스왑' 같은 이전보다 복잡하고 표준화된 양식의 파생상품으로 진화했다. 이러한 파생상품은 거래소에서 거래되며, 농민과 제분업자는 더 이상 쌍방 간 직접계약을 하지 않는다. 그러한 계약이 실제적인 양도보다는 현금으로 이루어질 수 있어서, 사람들이 밀을 실제로 사용할 필요가 없을지라도 밀 파생상품에 투자할 수 있게 되었다는 뜻이다(Clapp 2012). 파생금융상품으로 구입할 수 있는 상품의 숫자도 늘어났다. 귀리, 쌀, 콩 같은 주곡작물에 더해서 커피, 코코아, 오렌지주스, 설탕, 달걀, 쇠고기, 돼지고기 등등의 파생금융상품을 구매할 수 있다.

최근까지 농업 파생금융상품이 정교화돼왔는데도, 파생상품시장은 농민과 흔히 상업적 거래자로 알려진 식품산업 관계자가 사업 위험을 분산하거나 회피하기 위한 방법으로 존재했다. 최초의 파생금융상품 거래가 몇 세기 이전부터 발전해온 이래로, 파생금융상품시장에 참여하는 금융업자는 늘 존재해왔다. 이들 비상업적 거래자는 사업 활동의 위험으로부터 보호받기보다는 가격 변동에 따른 투기를 목적으로 농산물 파생금융상품에 투자한다. 사실 일부 제한된 투기는 두 가지 이유 때문에 일반적으로 긍정적인 것으로 간주되기도 한다. 첫째, 투기는 파생금융상품의 유동성을 높인다. 시장에서 농산물가격의 위험으로부터 자신을 보호하려는 상업적 거래자는 그러한 위험을 이윤의 잠재적 원천으로 여기는 투기자의 모습으로 파생금융상품의 요구에 직면한다. 둘째, 규제된 투기는 '가격 발견price discovery'을 지원한다. 파생금융상품의 가격은 미래의 수요와 공급에 관한 최적의 정보를 반영하기 때문에, 이를 통해 농민에게 무엇을 얼마나 많이 생산해야 할지 결정할 수 있게 해준다(Clapp and Helleiner 2012).

미국은 역사적으로 법률을 통해 상품시장 내의 투기 수위를 제한해왔다. 1922년 곡물선물법은 오로지 자격이 부여된 거래소에서만 거래가 이루어질 수 있고, 시장 조작을 방지할 수 있는 조치를 취해야 한다고 명시하고 있다. 1936년 상품거래소법은 연방 규제자들이 비상업적 거래자에게 '지위 제한position limits'을 부여해서 그들이 한 번에 계약할 수 있는 파생금융상품 계약의 수를 제한했다(Clapp and Helleiner 2012). 이러한 규제는 투기를 철폐하기 위해 고안된 것이 아니라, 그것의 보조적 역할을 유지하고 금융시장을 왜곡하지 않기 위한 것이다(Clapp and Helleiner 2012). 이러한 규제 덕분에 금융은 생산과 무역의 수요에 종속되었다.

그러나 1980년대와 1990년대의 급속한 금융 개혁과 규제 완화가 상품시장으로 확장되면서 이러한 상황은 변하기 시작했다. 1980년대에 은행은 '비상장(OTC)' 파생금융상품을 고객에게 팔기 시작했는데, 그것은 상품선물거래소를 우회한다는 뜻이었다. 새로운 비상장 투자상품 가운데 하나가 상품 인덱스펀드index fund*라 불리는 것이었다. 상품지수는 개별 기업의 주가가 아니라 다우존스 산업평균지수처럼 전체 시장 지수와 유사한 것으로, 농산물과 비농산물의 파생금융상품의 실적을 계산한다. 그러한 상품에는 옥수수에서부터 살아 있는 소, 원유, 알루미늄 등이 포함되는데, 이 중에서 농산품은 대략 15~30퍼센트를 차지한다(Clapp 2012). 인덱스펀드는 이제 특정 상품지수의 성과에 연동되

---

* 인덱스펀드指標價는 주가지표의 변동과 동일한 투자 성과의 실현을 목표로 구성된 포트폴리오다. KRX 100, 코스피200 지수와 같은 특정 주가지수에 속한 주식을 골고루 편입해 이들 지수와 같은 수익률을 올릴 수 있도록 운용하는 펀드. 증권시장의 장기적 성장 추세를 전제로 하여 주가지표의 움직임에 연동되게 펀드를 구성, 운용함으로써 시장의 평균 수익을 실현하는 것을 목표로 한다. 인덱스펀드는 초과 수익을 원하는 적극적인 투자 수단인 액티브 펀드active fund와 달리 위험 회피를 중시하는 보수적인 투자 방법의 하나다(출처: 두산백과, 한경경제용어사전). – 옮긴이

도록 고안된 파생금융상품으로 구성된다. 투자자는 은행을 통해 인덱스펀드를 직접 구매해, 이전에 요구되었던 금융 지식과 직접 참여 없이도 상품 선물시장에 진입하는 것이 가능해졌다(Clapp 2012).

인덱스펀드가 1980년대와 1990년대를 거치면서 인기가 높아지자 은행은 연방 규제기관인 상품선물거래위원회(CFTC)에 청원을 제출해 비상업적 거래자에게 적용되었던 지위 제한을 풀어달라고 요청했다. 1991년 CFTC는 첫 번째 지위 제한 예외를 허락했고 잇따라 수많은 예외를 허용했다. 지위 제한 면제는 비상업적 거래자부터 상업적 거래자에 이르기까지 상품시장에서 활동하는 은행을 재분류하였고, 투기자와 위험 분산자 간 경계를 무너뜨렸다. 2000년, 상품선물현대화법은 모든 비상장 파생금융상품 거래를 CFTC의 감독으로부터 제외해 탈규제를 공식화했다(Clapp 2012; Clapp and Helleiner 2012).

2000년대의 첫 10년 동안, 원자재 인덱스펀드commodity index fund는 특히 기관 투자자 사이에서 인기가 높았다. 이것은 부분적으로 대안 투자alternative investments*에서 발생한 일과 연관된다. 드 슈터De Schutter(2010)에 따르면, "다른 시장은 하나씩 매말라갔다. 닷컴기업은 2001년에 사라졌고, 주식시장도 곧 이를 뒤따랐으며, 2007년 8월에 미국 주택시장도 무너졌다. 각각의 거품 붕괴가 나타나면서, 거대 기관 투자자는 최근보다 전통적으로 더 안정적이라고 여겨졌던 다른 시장으로 이동했다." 원자재가격은 꾸준히 상승했으며, 인간의 생존에 필수적인 먹거리와 연료의 필요성 때문에 원자재시장은 위축되지 않을 것으로 보였다.

---

* 전통적 투자인 주식과 채권 이외의 상품에 투자해 수익을 얻는 투자. 대표적인 대안 투자 상품으로는 부동산, 선박, 금, 원자재 등 실물자산에 투자하는 펀드, 헤지펀드 등이 있다. – 옮긴이

인덱스펀드의 인기가 높아진 또 다른 큰 이유는 투자자 자신의 포트폴리오를 다변화하는 방안으로 원자재를 선호하기 시작했기 때문이다. 원자재의 변동은 포트폴리오의 대부분을 구성하는 주식과 채권의 변동과는 상대적으로 무관한 것으로 여겨진다. 따라서 원자재에 대한 투자는 포트폴리오의 전반적인 위험을 줄일 수 있는 방법으로 간주된다(De Schutter 2010). 기관 투자자가 자신의 막강한 재원을 바탕으로 원자재를 매수하면서, 원자재 인덱스펀드에 투자된 총액은 2003년 130억 달러에서 2008년 3,170억 달러로 치솟았다(Kaufman 2010).

원자재 파생금융상품에 대한 금융업자의 개입 증대가 파생금융상품 시장의 금융화를 보여주는 유일한 지표는 아니다. 금융화는 금융 부문의 확장뿐만 아니라 비금융기업 분야에서도 금융수익에 대한 의존도가 높아지는 현상을 포함한다(Krippner 2011). 이러한 금융화는 농산물 파생금융상품에서 명확하게 드러난다. 최근 들어, 소위 ABCD로 일컫는 ADM, 번기Bunge, 카길Cargill, 드레퓌스Dreyfus 같은 거대 곡물무역기업은 금융 활동으로 사업 영역을 점차 늘려가고 있다. 곡물무역회사는 대표적인 상업적 거래자로서, 자신의 사업이 갖는 위험의 회피 수단으로 원자재 파생금융상품시장을 활용해왔으나, 최근에는 원자재시장을 투기적 이윤을 창출하는 원천으로 본다. 이들 4대 메이저 곡물기업은 모두 금융 계열사를 만들어 제3의 고객에게 자산관리 서비스를 제공하고 있다(Murphy et al. 2012). 이들은 투기를 목적으로 공급 조건과 관련한 모기업의 내부 지식을 이용한다. 드레퓌스의 신생 헤지펀드인 알파펀드의 슬로건은 "우리의 전문지식을 돈으로!"다(Murphy et al. 2012). 요약하면, ABCD 곡물기업의 상업적 위험 회피 활동과 비상업적 투기 활동의 경계선은 점차 희미해지면서, 그러한 활동을 규제를 목적으로 '상업적'인 것과 '비상업적인'것으로 구분하는 것이 아직도 타당한지를 의문스럽게 하고 있다(Isakson 2014; Murphy et al. 2012).

2008년 먹거리 위기가 강타했을 때까지, 원래 상업적 위험분산 투자자commercial hedgers의 이익을 위해 창출되었던 금융시장에서, 위험 분산 투자자의 참여는 줄어드는 대신에 금융 투기자가 원자재 상품시장을 지배하였다. 2008년과 2011년에 다시 한 번 이러한 금융 투기가 먹거리가격 급등의 원인이라는 비난을 둘러싼 논쟁이 이어졌다. 많은 학자가 세계 곡물가격의 상승을 단순한 수요와 공급의 탓으로 돌리며, 바이오연료 보조금, 중국과 인도에서 육류 소비의 증대, 생산 부족과 연관된 기후 때문에 2007년과 2008년에 세계 곡물의 비축량이 매우 낮았다는 점을 강조했다(Bobenrieth and Wright 2009; Irwin and Sanders 2011; Krugman 2010).

그러나 다른 여러 학자는 투기꾼, 특히 인덱스펀드 투자자가 수요와 공급에 의해 정당화되는 수준 이상으로 먹거리가격을 폭등시켜 원자재 시장의 거품을 부채질했다고 주장한다(Ghosh 2009; Masters 2010; Wahl 2009; Wray 2008). 이들은 최근 원자재 시장에서 투기가 양적인 동시에 질적으로 변화했다고 주장한다. 원자재시장이 전례 없을 만큼 엄청난 양의 금융자본으로 넘쳐났을 뿐만 아니라, 인덱스펀드 투자자가 투자한 방식이 특히 문제를 발생시켰다는 것이다. 원자재시장의 전통적 투자자는 시장의 변동에 맞추어 파생상품을 매매하는 능동적인 접근 방식을 가졌던 반면, 인덱스펀드 투자자는 그보다 훨씬 소극적인 방식으로 거래한다는 것이다. 이들은 매우 장기적인 투자를 하는데, 시장의 변동과 상관없이 이전의 선물계약이 종료되면 팔지는 않고 더 많은 선물계약을 구입하는 방식으로 '굴리기roll over'만 계속한다(Masters and White 2008). 비판론자들의 주장에 따르면, 이러한 형태의 수동적 투자는 원자재 시장에서 적극적인 투자가 수행하는 긍정적 기능을 전혀 발

자료 : FAO(2013)

휘하지 못한다. 그것은 어떤 가격 발견 기능도 수행하지 못하면서 실제
로 시장의 유동성을 약화한다. 덧붙여서 적극적 투기자들이 낮은 가격
에 팔고 높은 가격에 매입한다면 시장 불안정을 다소 완화한다고 할 수
있지만, 인덱스펀드 투자자는 한 무리가 되어 같은 방향으로만 움직이
는 '모멘텀 기반 투기momentum-based speculation'를 하기 때문에 시장 불
안정을 가중할 뿐이다(De Schutter 2010). 불안정성은 투기자에게는 고
수익을 보장하지만, 농민과 소비자에게는 당장 생존과 생계를 위협하는
요소다.

금융과 식품유통

지난 수십 년 동안, 슈퍼마켓 체인은 규모 면에서 강화되고 성장하면서 이제 농식품 공급체계에서 여타 행위자를 압도하는 막강한 권력을 행사한다(Lawrence and Burch 2007). 그들은 다른 식품유통업자와 손을 잡고 생산자의 행위를 제약하는 민간 등급과 표준을 만든다(Busch and Bain 2004; Wiegel 2013). 다른 한편, 슈퍼마켓은 자신의 고유 브랜드 제품, 포장된 음식, 그리고 다양한 편의식품을 판매하면서 소비 영역에 대한 영향력을 확대하고 있다(Lawrence and Burch 2007). 선진국의 슈퍼마켓 체인은 1990년대부터 급속하게 라틴아메리카와 아시아로 영역을 확장하면서 큰 영향력을 지닌 초국적 기업으로 부상했으며, 이들 지역의 식습관을 서구화했다(Reardon and Berdegue 2002; Reardon et al. 2009).

이러한 '슈퍼마켓의 혁명'이 광범위한 결과를 초래하는 과정에서, 슈퍼마켓과 금융의 관계를 주목한 한 연구는 식품유통업자의 지배에 이의를 제기한다(Burch and Lawrence 2013). 버치와 로런스(Burch and Lawrence 2009; 2013)는 과거 영국의 슈퍼마켓 체인이었던 소머필드 Somerfield 사례 연구를 통해 금융자본이 유통자본에 영향력을 행사하는 방식을 탐구한다. 소머필드는 2005년 사모private equity 컨소시엄에 인수합병되었다. 사모 투자자는 개별 사적 자본을 모아 회사를 사들여 수익성을 높인 다음에 다시 그것을 판다. 버치와 로런스(2009; 2013)는 사적 자본을 활용한 기업 인수의 핵심 목적이 주주이익을 극대화하는 데 있기 때문에 그러한 인수합병이 초래하는 변화가 슈퍼마켓 서비스의 향상으로 이어지는 것이 아니라는 점을 강조한다. 새 지분 소유주들은 소머필드를 바꾸어놓았다. 이 슈퍼마켓 체인이 소유하고 있던 수

많은 상점을 매각하고, 슈퍼마켓에서 취급되던 상품 수를 거의 절반으로 줄이며, 피고용인을 해고하고, 회사의 IT 업무는 인도에 외주를 주었다. 새로운 사모 소유주들은 또한 해외 생산자의 최소노동 기준 준수를 위해 만들어진 윤리적 교역의 실천에서도 이탈했다. 마지막으로 이들은 소머필드 유통회사를 두 개의 독립법인으로 쪼개 소머필드의 상당한 부동산자산을 차입금으로 활용하여 투기에 사용했다. 하나는 슈퍼마켓을 계속 운영하는 회사였고, 다른 하나는 자산 회사로서 수많은 슈퍼마켓 체인점이 있는 부지를 소유하게 되었다. 이렇게 '운영회사/자산회사(opco/propco)'로의 분리를 통해 부동산 자산가치를 대규모 채권 판매의 담보물로 사용할 수 있게 되고, 이러한 구조조정은 새로운 금융자본 소유주들(사모 컨소시엄)에게 추가적인 주주이익을 '열어'주므로 또 다른 수익을 얻게 해주었다. 결국 이들은 소머필드를 처음 살 때 지불했던 액수의 두 배 가까운 가격으로 회사를 되팔 수 있었다(Burch and Lawrence, 2009; 2013).

이처럼 금융적 이윤을 최우선으로 중시하는 경향이 높아지는 것은 비단 금융 관계자에게만 일어나는 현상은 아니다. 거대 곡물회사처럼 주요 슈퍼마켓 체인인 월마트, 테스코, 카르푸, 크로거도 금융 투자자의 관심 대상이 되었으며, 자신만의 고유한 권리를 갖는 금융업자로 탈바꿈했다. 슈퍼마켓은 금융 서비스를 제공하는 자회사들을 설립하며, 은행 업무에서 신용카드, 보험상품, 가구 주택담보대출에 이르는 모든 금융 업무를 고객에게 제공하기 시작했다(Isakson 2014). 게다가 거대 유통업자는 더 많은 금융 투자를 하기 위해 부동산 소유재산을 줄여 나가기 시작했다. 바우드와 뒤랑(Baud and Durand, 2014)은 거대 슈퍼마켓 체인이 보유한 전체 자산 가운데 금융자산이 차지하는 비율이 1990년대 말부터 급격하게 늘어나는 것을 발견했다. 2000년대 초반 무렴, 많은 체인이 전체 자산의 4분의 1, 심지어 3분의 1 수준까지 금융자산의 비중을 늘리면서 그들이 금융이윤에 얼마나 많이 의존하는지 보여주고 있다.

슈퍼마켓 산업의 금융화는 투자자의 이윤은 확실히 증대하지만, 먹거리체계의 다른 행위자에게는 그만큼의 이득이 되지 않을 수 있다. 소머필드의 금융 투자자가 지점을 폐쇄하고, 소유 자산을 차입금으로 투기하고, 윤리적 약속을 위반하는 등의 변화는, 의심할 여지없이 유통업자의 서비스 개선보다는 회사 주주의 이익을 위한 것이다(Burch and Lawrence 2013). 아이작슨Isakson(2014)의 주장에 따르면, 노동의 재구조화와 향상된 재고 관리 덕분에 금융화의 압력이 슈퍼마켓의 효율성 향상을 이끌었으나, 이러한 효율성 향상은 주로 노동자, 농민, 소비자의 희생을 통해 얻어졌다. 그는 또한 슈퍼마켓의 새로운 금융 서비스가 초래한 영향에도 문제를 제기한다. "월마트와 테스코 같은 유통업자는 정부의 지원이 불충분하고 은행으로부터 도움도 받을 수 없는 층의 서민에게 금융 서비스를 제공함으로써 자신의 주도권을 지켜내며, …… 그런 과정에서 자신이 고객의 부채로부터 이윤을 창출한다는 사실을 경시하고 있다"(Isakson 2014: 6).

금융과 농지

최근까지 농식품체계의 금융화는 농장의 입구에 멈춰 서 있었던 것처럼 보인다. 그러나 2008년에 동시에 불어닥친 먹거리 위기와 금융 위기가 이러한 상황을 변화시켜, 갑자기 농지를 매력적인 투자 선택지로 바꾸어놓았다. 주식, 채권, 주택저당증권 같은 복합 파생금융상품시장

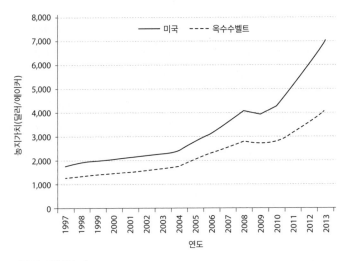

〈그림 2.2〉 미국 경작지 평균 가격. 1997-2013

자료 : USDA NASS (2013).

이 번성할 때, 금융 투자자는 비유동적이고 상대적으로 자본 회수율이 낮은 농지를 구입하는 데 거의 관심이 없었다. 그러나 기존의 투자 수익률이 급감하고 높은 곡물가격이 토지의 가치를 상승시키면서 농지는 갑자기 매우 매력적인 투자상품으로 보이기 시작했다.

투자자는 농지가격 상승으로 인한 자본이득에 추가해, 농지가 자신의 전반적인 포트폴리오에서 수행하는 역할을 좋아한다. 농지가치는 인플레이션과 높은 상관관계를 갖지만, 농산물과 마찬가지로 주식시장과는 연관성이 낮다. 농지는 따라서 어떤 투자자에게는 인플레이션의 위험으로부터 보호하고 투자 다변화를 통해 포트폴리오의 위험을 줄이는 데 매우 적합한 방법으로 여겨진다(HighQuest Partners 2010). 이러한 농지 관련 특성은 2008년 먹거리 위기 및 금융 불안정 이후에 갑자기 매력적인 것으로 떠올랐다. 새롭게 발견된 농지라는 투자처에 대한 투자자의 관심은 조지 소로스George Soros, 워런 버핏Warren Buffet, 로스 차일드Rothschild와 같이 대중의 관심을 많이 끄는 유명 투자자의 투자나(Crippen 2011; O'Keefe 2009), 주류 금융 언론에서 급부상하는 '새로운' 자산계급에 관한 이야기에서 발견할 수 있다(Gandel 2011). 농지에 대한 새로운 금융 투자는 캐나다(Magnan 2011)에서 사하라 이남 아프리카(Daniel 2012; Ducastel and Anseeuw 2013), 러시아와 과거 소비에트연방(Visser 2014)에 이르기까지 실로 전지구적 차원에서 일어난다.

  기관 투자자가 농지를 자신의 투자 포트폴리오에 포함하기 시작했다는 사실에서 농지의 금융화와 관련된 가장 중대한 변화를 발견할 수 있다. 예를 들어, 미국의 거대 연금인 '미국교직원연금기금(TIAA-CREF)'은 2007년부터 갑자기 농지를 구매하기 시작했다. 자산 규모 5조 달러 이상을 운영하는 이 투자 거물은 엄청난 규모의 농업 용지의 포트폴리오를 신속하게 취득할 수 있는 자본과 인적 자원을 갖고 있었다. 이 기관은 불과 5년 지난 2012년 미국, 호주, 브라질, 동유럽에 28억 달러 가치의 토지를 보유하였으며, 이는 세계에서 가장 큰 농지 소유 기관 중 한 곳이 되었다(Minaya and Ourso 2012). 이러한 자본을 바탕으로 총 24만 2,000헥타르가 넘는 400여 개 개별 농지자산을 보유하고 있다(TIAA-CREF 2012). 농지를 포트폴리오로 구매해 몇 년 동안 성공적인 수익을 내고 난 다음에, 이 기금은 농지에 관심 있는 다른 기관 투자자의 자산 관리자로도 활동하기 시작했다. 이들은 2012년 제3의 투자자로부터 모으기 시작한 새로운 펀드(TIAA-CREF Global Agriculture LLC)에 20억 달러가 채워져 마감한다고 밝혔다. 이 펀드는 2차 스웨덴 국민연금(AP2)와 브리티시컬럼비아 투자운용회사(bcIMC)를 포함한 다른 기관 투자자를 대표해 농지를 구매하고 관리한다(TIAA-CREF 2012).

농지에 대한 투자자의 관심이 높아지면서 새로운 농지 투자상품이 쏟아져나왔다. 사모펀드private equity funds*, 헤지펀드, 벤처펀드, 특화된 농지펀드가 이러한 투자 수단에 포함되는데, 이들은 보다 주류적인 자산관리 기관들에 의해 운용되었다. 그러나 대다수 새로운 수단은 사모펀드이거나(Daniel 2012) 최소한 사모펀드와 유사한 구조를 갖는 금융상품으로서, 그 목적이 농지 포트폴리오나 농지를 소유한 농기업을 취득해서 업그레이드한 다음 되파는 구조로 이루어진다. 대부분의 사모펀드와 유사하게, 새로운 투자상품은 보통 7년이나 10년으로 고정된 기간 동안 운용되고 난 후, 투자자의 자본 회수를 위해 일종의 '출구'를 모색해야 한다. 보통의 출구 전략은 모든 펀드를 주식시장에서 기업 공개를 통해 상장한 후 자산을 전략적 구매자에게 팔아치우거나 새로운 펀드로 전환하는 것이며, 이 경우에 투자자는 펀드의 기간이 만료된 후에 토지의 소유권을 보유한다(Daniel 2012; Fairbairn 2014). 추정치에 따르면, 농업과 농지 분야에서 대략 190개 사모펀드가 운영되고 있다(IIED 2012). 투자자는 이제 그 범위가 과거 소비에트연방과 발트해 국가들의 농지 70만 헥타르를 소유한 NCH 캐피탈펀드부터(Bergdolt and Mittal 2012) 사하라 이남 아프리카에 집중된 펀드까지 광범위한 옵션을 갖게 되었다(Daniel 2012).

새로운 유형의 또 다른 농지 투자 수단은 공개적으로 거래되는 농지 부동산투자신탁real estate investment trusts(REITs)이다. 이는 본질적으로 농지를 담보화하는 방법으로 주식시장과 유사하게 농지를 높은 유

---

* 사모펀드는 소수의 투자자로부터 자금을 모아 특정 기업의 주식이나 채권을 대량 인수해 경영에 참여하거나 지분 투자를 확보한 다음에 구조조정을 통해 기업가치를 높인 후 되파는 방식으로 수익을 창출하는 금융 투자 운용 기법이다. 불특정 다수의 일반 투자자를 대상으로 하는 공모펀드에 비해 소수의 고액 투자자를 대상으로 하며, 이 가운데 소수의 고액 투자자는 연기금이나 공공기관 또는 금융기관이 포함된다. – 옮긴이

동성과 거래가능한 금융 자산으로 만드는 것이다(Fairbairn 2014). 담보화는 채무액의 총액을 투자자가 구입할 수 있는 단일소득으로 바꾸는 방식이다. 이는 2008년 미국 주택시장을 강타해서 지금은 악명이 높은 모기지 기반 담보의 사례에서 확인할 수 있다. 농지 REITs의 소득은 대조적으로 농지 임차인이 여러 농지 자산에 대한 임대비를 묶어 일괄 제공하는 것으로부터 얻어진다. 주주들은 이러한 임대와 농장 판매를 통한 자본 이득에 기초해 정기적인 배당료 수익을 얻는다(Fairbairn 2014). 미국은 공개적으로 거래되는 몇 몇의 삼림 REITs를 이미 갖고 있는데(Gunnoe and Gellert 2011), 최초의 공개적 농지 REITs의 수익은 2013년 농지 중심의 부동산회사인 글래드스톤 토지회사가 공개되었을 때 이루어졌다. 2013년 무렵에 글래드스톤 토지회사는 캘리포니아, 플로리다, 미시간, 오리건 등에 790헥타르 면적의 14개 농장을 소유하였다(Gladstone Land 2014b). 이 회사는 농장 경영에는 참여하지 않은 채, 농장의 자산을 기업농과 자영농 임차인에게 임대하는 것으로 이윤을 챙겼다. 부분적으로 판매, 즉 설비 대부 거래를 통해서도 토지를 취득했는데, 농민은 농장 운영자로서 계속 존재하기 위해 장기 임대한 것을 갚을 목적으로 회사에 토지를 판다(Gladstone Land 2014a). 농지 REITs를 통해 이동이 불가능하고 이질적인 토지가 대체가능하며 유동적인 투자 대상이 된다. 이 점이 농지 금융화의 단면이다(Fairbairn 2014).

　그리고 또 한 번, 금융업자만이 토지를 매력적인 투자 수단으로 보기 시작한 것은 아니었다. 농지의 금융화는 농업 생산자의 변화된 행동에서도 감지할 수 있다. 농지는 생산적 자산인 동시에 금융자산이다. 그것은 작물을 재배해서 소득을 창출하는 것뿐만 아니라 시간이 지남에 따라 초기 투자의 자본이익을 발생시키면서 수익을 창출한다. 2008년 이후 생산적이고 비금융적인 회사도 토지가격 상승에서 발생하는 금융 수익에 점점 더 집중하게 되었다(Fairbairn 2014). 일부 거대 농업경영 회사는 자신의 농지 포트폴리오 일부를 분할해 농지 부동산에 집중하는 독립법인을 설립함으로써 고율의 농지가격 상승을 자본화하기로 결정했다(HighQuest Partners 2010). 예를 들면, 브라질의 상장 농기업인 SLC Agricola는 최근에 독립적인 농업자산기업인 SLC LandCo.를 설립했다. 이 회사의 설립을 위해 SLC는 보유한 20만 헥타르의 토지 포트폴리오 가운데 6만 헥타르를 영국 자산운용회사인 벌라이언스Valliance에 2억 4,000만 달러에 팔고, 그 자금으로 LandCo.의 지분 약 50퍼센트를 확보했다(SLC Agricola 2012). 이렇게 조성된 펀드는 급속한 토지가격 상승가능성이 있는 또 다른 농지를 구입하는 데 쓰인다.

이러한 전략은 바로 소머필드 슈퍼마켓 체인을 매입했던 사모펀드 컨소시엄이 추진했던 운영회사/자산회사opco/propco 전략과 매우 유사하다. 농지는 과거에는 주로 기업이 농업 생산 활동을 수행하는 데 필요한 자본자산으로 여겨졌는데, 이제는 자본 취득의 원천이 되었으며, 투자자로부터 부수적인 금융자본을 획득하는 수단이 되었다(Fairbairn 2014).

농지의 금융화는 아직 초기 단계여서 그것이 미치는 파괴력이 어떨지는 분명하지 않다. 그러나 기관 투자자본이 토지시장으로 몰려드는 것은 그 의도와는 상관없이 토지가격 상승과 투자자에게 우선적으로 농지를 매력적인 것으로 보이게 하는 투기 붐에 기름을 붓는 역할을 할 수 있다. 상승하는 토지가격은 소농이 토지를 소유하기 어렵게 하고, 소농은 수십억 달러를 보유한 금융기관보다 싸게 농지를 매입할 수는 없다. 또한 눈앞의 이익만 중시하는 금융의 단기주의short-termism적 특성이 토지시장에 유입될 가능성이 높다. 농지 사모펀드는 펀드 매니저가 보상을 받고 나면 출구가 필요한데, 그러한 출구는 보통 토지를 매각한다는 뜻이다. 이러한 다년 펀드는 위기 상황에서 주식을 팔고사는 데 익숙한 대부분의 금융 투자자에게는 장기적 위탁인 데 반해, 수십 년 또는 몇 세대에 걸쳐 토지 소유를 측정해왔던 대부분 농민의 관점에서는 단기적인 것이다. 비록 많은 사모펀드 매니저는 토지 소유주로서 되팔기를 통한 이윤 증대 수단으로 활용되는 단기간 보유가 토질이나 재산권 개선과 연관된다고 주장하지만, 이러한 단기적 관점은 불완전한 환경 거버넌스를 초래할 수 있다(Fairbairn 2014).

결론

세계 경제에서 금융의 집중성이 갈수록 높아지면서 세계 농식품체계의 다양한 측면을 변화시키고 있다. 농산물시장은 한때 식품 생산자, 가공업자, 무역업자에게 상업적 거래에서 위험을 회피하는 하나의 방편이었으나, 현재는 투기자본의 늪에 빠져 있다. 먹거리시장에서 금융 투기가 지난 몇 년간 먹거리가격 상승과 불안정에 영향을 끼쳤다고 할 수 있다. 슈퍼마켓 체인은 주주이익을 극대화하기 위한 압력 때문에 소비자에게 식품뿐만 아니라 금융서비스도 제공하고 있다. 한편, 농장은 금융 투자자에게 인기 있는 새로운 투자 대상이 되고 있다. 이러한 금융화의 발전 외에도, 금융의 영향은 농자재산업, 식품가공 연구개발(Isakson 2014), 심지어 소농의 먹거리불안food insecurity에 대한 투쟁을 포함할 정도로 먹거리체계 전반에 걸쳐 작동하고 있다(Breger Bush 2012). 전반적으로 금융업자가 농식품에서 이윤의 원천을 발견하고 먹거리체계의 행위자가 금융 서비스와 투기에 조금씩 빠져들면서, 금융 활동과 먹

거리 공급의 경계선이 매우 희미해졌다(Isakson 2014). 금융의 확장된
역할은 현재 세계 식량체제(Burch and Lawrence 2009; McMichael 2012)
에서 전개되고 있는 변화를 이해하는 핵심 요소다.

3장

농식품 부문
노동관계의 정치경제

알레산드로 보나노 Alessandro Bonanno

미국 샘휴스턴주립대학교Sam Houston State University 사회학과 교수. 경제와 사회
의 세계화, 특히 농식품 분야에 관심이 높으며, 최근에는 농식품 분야에서의 노동
관계 및 신자유주의의 위기에 관한 연구를 진행하고 있다.

들어가며

노동관계는 농업 및 먹거리와 사회적, 경제적, 정치적으로 밀접한 관련을 맺고 있는 만큼, 방대한 규모로 세계 곳곳에 걸쳐 다루어진 연구 주제 중 하나였다. 19세기와 20세기 전반부의 고전적인 연구들은 자본주의적 사회관계가 농업으로 침투하는 근본 현상 및 그 귀결로서 소농이 노동계급으로 탈바꿈하는 과정을 주로 분석했다. 후속 작업들에서는 토지의 수탈과 집중, 재분배의 실상을 면밀히 다루었다. 이들 과정으로부터 오늘날의 농업에서 자본가적 경영농과 독립 자영 가족농, 비전업 농가, 임금노동자가 창출됐다는 이유에서였다. 확실히 20세기 후반기 노동관계가 진화하는 과정에서 나타난 가장 두드러진 특징은 농촌에서 도시로의 대규모 이주였다. 이로써 농업의 노동력 규모가 크게 줄어드는 한편, 그와 나란히 도시기반 산업조직들의 팽창에 불가결한 노동을 충당할 수 있게 된 셈이다. 농업-농촌 부문 노동자의 탈농과 도시-산업적 노동으로의 변환은 자본주의의 생리상 그 진화의 필수 단계로 많은 연구자에게 해석되면서, 자본주의의 핵심 특성 중 하나이자 조사 연구의 중심이 됐다.

제2차 세계대전 이후 고도포디즘High Fordism* 노선 아래 노동관계

---

* 고도포디즘 시기는 1945년에서 1979년 사이의 시기를 가리킨다. 이 시기는 제1차 세계대전 기간과도 겹치는 연대를 그 기원으로 삼는 전체 포디즘 시기와 구별된다.

를 통제, 조절하는 한편, 성숙한 자본주의에서 불거진 여러 모순을 희석할 기제들이 제도화됐다(Antonio and Bonanno 2000). 농업 노동의 점진적 도시화와 나란히 가족농의 지속을 지지하는 조처들이 노동 생산성 및 농업 생산의 증대를 겨냥했던 생산주의적 정책들과 더불어 시행됐다. 전반적인 '경영-노동 협약'에 입각해, 농업 부문 노동에서는 국가 개입과 그 결과로 추진된 복지 지향적 사회 정책상의 혜택이 뒤따랐다(Bonanno and Cavalcanti 2014; Bonanno and Constance 2008). 이 시기를 특징짓는 자본 축적의 팽창과 사회 안정은 이처럼 고도로 조절된 노동관계를 발판으로 삼은 것이었다.

1970년대로 접어들면서 포디즘 모델은 최종적인 위기를 맞이했다. 이 모델에서 포괄하던 소득 재분배 및 복지 기반 관련 조처는 비교적 높은 국가 개입 방식과 함께, 지배적인 자본주의 계급에게는 참을 수 없이 '경직된 것들'로 다가왔다(Bonanno, Busch, Friedland, Gouveia, and Mingione 1994). 이런 경제와 사회의 잇따른 구조조정은 지구화 및 신자유주의가 발전하는 데 주축을 이루었다. 지구화는 초국적 기업이 지배하는 지구적 연결망의 출현과 나란히 생산 및 소비의 재조직화로 귀결됐다(Bonanno et al. 1994; Bonanno and Constance 2008; Brown and Dias-Bonilla 2008; Inglis and Gimlin 2009). 신자유주의는 사회 현안에 대한 국가 개입을 대폭 축소하는 데 집중하면서, 포디즘적인 사회관계를 탈규제의 이름으로 무효화하고 생산을 다시 규율하는 데 필요한 이론적·정치적 수단을 제공했다. 이 과정을 통해 계급 양극화, 기업권력의 성장, 인간 및 자연자원 착취의 증대가 초래됐다(Harvey 2005; Rosin, Stock, and Campbell 2012; Wolf and Bonanno 2014).

이 장에서는 정치경제학적 접근 틀을 채택, 오늘날의 농식품 부문에서 두드러진 특징을 분석한다. 먼저 포디즘 국면에서 보인 노동관계의 진화와 그 특징을 개략적으로 살피고, 신자유주의 지구화 국면에서 노동이 처한 조건과 그 용법에 관해 토론한다. 세부적으로는 노동 유연화 현상과 자본의 초유동성hypermobility, 산업예비군의 창출과 이주 노동, 여성화된 노동과 차별주의적 젠더 담론, 노동조합의 역할과 궤적, 3자 생산 전략, 계약생산 방식의 확산과 이에 맞서는 저항에 논의의 초점을 맞췄다. 결론에서는 신자유주의 정책과 세계적 경향으로 인한 주요 노동관계의 변화를 간략하게 살펴볼 것이다.

고도포디즘 국면 속 농식품 부문의 노동

농식품 관련 연구문헌에 따르면, 포디즘은 '경영-노동 협약'이 산업관계를 특징짓던 특정 시기와 맞물린다(Bonanno et al. 1994; Kenney, Lobao, Curry, and Coe 1989). 이 시기 사회 안정과 경제 성장은 '사회 협약'을 통해 이뤄졌다. 그 덕분에 노동자는 경제적·정치적 배당금을 획득하고 유지하는 한편, 지배계급은 팽창된 자본 축적과 평온해진 산업관계, 이를 뒷받침하는 국가의 개입으로 혜택을 받았다. 농식품 부문에서 포디즘은 생산과 생산성 위주의 사회 배치를 겨냥하면서 지구 남반부의 정치경제적 종속을 심화하는 한편으로, 초국적 기업들이 개발도상 권역 및 그 주민들을 한층 더 폭넓게 지배할 수 있도록 했다(Frank 1969). 또한 포디즘 아래서는 개입주의적 수단들로 농가소득 지지와 종신고용형 임노동이 가능해질 정책 배열도 이뤄졌다. 이는 기업법인에게 득이 되는 만큼이나 농촌 공동체와 중소 규모 자영농이 삶의 질을 높이는 데 공헌할 하부구조의 창출을 촉진했다(Bonanno and Constance 2008). 포디즘 담론에는 노동 관련 쟁점의 집단적이고 균형 잡힌 해결 없이 의미 있는 사회 안정과 발전은 불가능하다는 발상이 전제돼 있었다.

사회경제적 불평등과 계급 분할이 여전한 가운데서도, 노동계급을 주류 사회로 통합하려는 과정은 꾸준한 움직임 속에서 진전을 이루었다. 케인즈적 경제 정책을 운용하면서 중간계급이 팽창하고, 상대적 하위계급의 노동 및 생활 조건이 향상된 것이다. 가족농과 소농은 기록적인 규모로 농사를 접었다. 이와 유사하게 농업 노동자의 경우 집약적 기계화 과정으로 일자리를 크게 잠식당했다. 하지만, 이들 농업 노동력의 도시화는 안정된 도시 고용 및 중간계급에 다가가는 길목으로 곧잘 해석됐다. 확실히, 농업 노동이 포디즘적인 중간계급으로 탈바꿈한 것은 이 시기의 두드러진 측면 중 하나였다. 급속히 전환 중이던 농식품 부문에 잔류해 영농 활동에 종사한 노동은 국가 보조 프로그램 및 강력한 노조의 덕을 보기도 했다. 게다가 비전업 영농이 확산되면서, 농가소득이 적정선 아래인 데다 종종 하락 중이었다 해도 노동자는 농업 부문에 잔류할 수 있었다. 농업 노동자와 소농, 소규모 자영농은 통상 노동계급의 하층부를 구성했다지만 여타 부문에서의 고용기회와 노조 활동, 확장된 국가 후견 복지체계로부터 사회경제적 안정을 보장받았던 셈이다. 포디즘 시대에 걸쳐, 농업 노동은 조절된 노동 형태 중 가장 유연화된 편이었다. 농업 부문 노동은 여타 부문에서보다 덜 안정적이었다. 농장 노동이 농가소득상의 한계와 함께 계절별 편차가 크고 비공식적인 속성을 띤 탓이었다.

포디즘 국면에서 농업 노동의 역할은 이중적이었다. 첫째, 농업 노동은 영농상의 생산력이 팽창하는 데서 핵심 변수였다. 노동 생산성 증가로 값싼 먹거리가 대량으로 생산됐는데, 이는 제조업 및 도시 영역의 팽창을 떠받쳤다. 둘째, 농업 노동자는 산업/도시 부문의 발전에 불가결한 산업예비군을 대표했다. 이동 및 이농을 촉진하는 정치적 조치들을 통해, 농촌에서 밀려나온 농업 노동자는 제조업 성장의 필수 노동력을 공급했다. 더군다나 경제 침체기에는 영농 활동이 과잉 노동을 흡수해 사회적 안정을 유지하는 데 이바지했다. 노동자는 경제 성장이 재개되면, 결국 다시금 밀려나와 도시의 노동시장에 참여했다.

신자유주의 지구화 국면의 농식품 노동

1980년대 초반 무렵 부상한 신자유주의 지구화는 포디즘에 대한 계급적 대응 중 하나였다(Harvey 2005; Robinson 2004; Krugman 2013). 포디즘 시절 하위집단이 제각기 배당금을 챙긴 데 대한 반동으로 지배계급의 권력 복고가 이뤄졌던 것이다. 신자유주의 지구화는 사회 영역에 대한 국가 개입 여지를 크게 줄이고, 노조와 좌파 계열 정치집단의 힘을 위축시켰으며, 보다 저렴하고 유순한 노동력이 가용될 여건을 세계 도처에 창출하였다(Antonio and Bonanno 2000; Harvey 2005; Robinson 2004). 여러 구조 변동으로 자본 축적에 가장 크게 지장을 준 경직성 변수인 노동 비용과 노동자조직의 힘이 약화되면서, 결국 포디즘 시절 '경영-노동 협약'으로 허용되던 조건은 사실상 제거됐다(Bonanno and Constance 2008; Harvey 2005; Robinson 2004). 이와 동시에 신자유주의의 지지자들은 노동계급 및 빈곤계층을 겨냥한 국가 개입과 관련 프로그램을 낭비 및 비효율의 상성으로 규정했다. 이들 프로그램은 시장기반 기제들로 대체됐다. 이들 기제는 보다 상층에 위치한 계급에게 혜택을 주고 부의 상향 재분배를 이끄는 가운데 노동 및 중간계급의 사회경제적 조건을 악화시켰다(Harvey 2005; Gornick and Jantti 2013; Volscho and Kelly 2012; Krugman 2013; Stiglitz 2012). 포디즘 시절의 특징 중 하나인 노동 안정성은 불필요한 것으로 여겨졌다. 노동자의 직무완수 유인과 업무 효율을 낮춘다는 이유에서였다. 신자유주의 지구화는 능력주의와 개인주의, 자립의 중요성을 강조하면서, 노동조합의 집단행동이 오히려 노동자에게 불리하며 국가의 개입은 경제 발전과 사회 안정에 해악적이라고 주장하는 담론을 부추겼다. 거꾸로, 상층계급에 대한 더 많은 경제적 유인이 곧바로 투자와 고양된 경제 성장으로 이어지리라는 시각이 폭넓게 확산되었다.

노동의 유연화

신자유주의 지구화는 '노동의 유연화flexibilization of labor'를 촉진해 왔다. 이 과정에서 농식품 부문 노동자의 입지를 특징짓는 것으로는 임금 삭감, 고용 불안정, 착취 증대, 정치적 취약함이 있다(Bain 2010a; 2010b; Harrison 2011; Wolf and Bonanno 2014). 노동의 유연화는 상호 연관된 여러 측면으로 이뤄져 있다. 그것은 우선 '노동 시간의 유연화'와 연루돼 있다. 특정량의 시간 내지 기간 동안 끊임없이 일하도록 노동자가 요구받는다는 점에서 그렇다. 다음 측면으로는 '작업 활동의 유연화'가 있다. 노동자는 이로써 다양한 숙련도와 결부된 다수의 상이한 작업을 떠맡는다. 마지막 측면은 '고용 조건 및 고용 기간의 유연화'다. 이제 노동자는 경영진이 정한 생산 일정 및 요구에 맞춰 채용되고 자유롭게 해고당하게 되는 셈이다.*

---

* 노동 유연성을 다룬 문헌에서, 특정 진영에서는 이를 기업 및 사회 환경과 신자유주의적 정책의 도입 같은 외생적 사건들에 대한 적절하고도 성공적인 대응으로 본다. 가령 세계은행(2013)과 오어와 캐지스(Auer and Cazes 2003), 레일리(Reilly 2001)의 경우가 그렇다. 이 같은 시각에 반대하는 진영에서는 이들 변화와 노동 유연성이 그 본성상 사회적으로 구성된 것임을 강조하면서, 이들 변화를 노동에 대한 통제와 착취를 가중시키려는 용의주도한 기업 전략으로 본다. 가령 베르하르트 외(Berhhardt, Boushey, Dresser, and Tilly 2008)와 브라운 외(Brown, Eichengreen, and Reich 2010), 로스(Ross 2009), 자이틀린과 톨리데이(Zeitlin and Tolliday 1992)를 볼 것.

유연성은 또한 '단기고용 계약'의 도입을 포함한다. 이 계약을 통해 다양한 책무로 짜인 작업은 주 내지 월 단위로 이뤄진다. 여기서 노동자가 떠맡는 요구 사항은 법제상의 최소 노동 시간과 무관하게 수시로 달라질 수 있다. 생산계약과 3자계약 역시 이렇게 유연한 노동의 사용 및 통제를 장려한다(아래를 볼 것). 게다가 임금을 결정짓는 것은 작업 시간의 길이 내지 연공보다는 오히려 과업 수행의 지표다. 결국 작업 위치 사이를 오가는 노동자의 능력, 또는 유동성이 고용 및 지불 조건으로 채택되는 셈이다.

본질적으로, 신자유주의적 지구화 국면에서 농업 노동자는 전통적인 경작 영역을 뛰어넘는 다수의 새로운 일을 떠맡는다. 노동자는 이제 생산 과정상에서뿐 아니라 농작물이 농상품으로 탈바꿈하는 과정상의 여러 단면에 연루되도록 요구받는다. 이런 맥락에서 저임금은 21세기 노동관계의 주요 특징 중 하나다. 이런 조건 아래, 보다 정교화되고 특화된 내용에 바탕해 엄청난 양의 노동과 이뤄지는 가치 교환은 단일 표준으로 자리 잡는다. 농식품 부문의 임금은 여타 부문에서보다 낮다. 노동력의 가장자리를 이루는 농업 노동의 독특한 입지와 그 비공식화된 용법으로 임금이 깎이는 탓이다. 게다가 지배적인 반노동 풍조는 노동 억압 전략의 확산에 일조한다.*

자본의 초유동성과 산업예비군의 활성화

생산의 탈집중화와 작업장 재배치, 지구적 연결망의 창출을 통해 초

---

* 이 같은 정치적 분위기는 2014년 미국에서 최저임금 인상안을 놓고서 벌어진 논쟁에서 잘 드러난다. 여러 해에 걸쳐 최저임금이 동결되고 이로 인해 노동자와 그 가족이 빈곤선을 넘어서기 어려워지면서, 오바마 대통령이 최저임금 인상을 제안했을 때 이 제안은 다음과 같은 비판과 마주해야 했다. 이 비판인즉, 최저임금 인상은 기업이 벌이는 사업에 악영향을 끼치고 이에 따라 기업은 어쩔 수 없이 일자리를 줄이게 되리라는 것이다. 이런 비판 담론의 복판에는 노동자의 요구를 만족시키는 일은 기업의 건전성과 소비자 효용, 경제 팽창에 해롭다는 발상이 가로놓여 있다.

국적 기업은 지금껏 가장 바람직한 생산 변수들을 세계 규모에서 탐색할 수 있었다. 지구적 조달global sourcing은 기업 유동성을 높이는 근본 요소 중 하나로 출현한 것이었다. 이는 노동의 유동성이 공공연히 통제받는 것과는 첨예하게 대조를 이루는 대목이다. 자본의 초유동성으로 인해 원격화된 노동력의 저수지가 활성화되고 상호경쟁 관계로 에워싸이면서, 기존 노동 경쟁의 틀은 바뀌고 노동자의 권리 및 지위를 지켜주던 것으로 입증된 전략들은 그 효력을 잃는다(Bonanno and Cavalcanti 2011: 4-6; Gornick and Jantti 2013; Kubiszewski, Costanza, Franco, Lawn, Talberth, Jackson, and Aylmer 2013; Noah 2012; Volscho and Kelly 2012; Stiglitz 2012; Western and Rosenfeld 2011). 이윤이 늘어나고 노동 보상은 정체되면서, 여러 위기는 주로 실업으로 나타난다(Harvey 2010; Gornick and Jantti 2013; Vilscho and Kelly 2012; Krugman 2013; Stiglitz 2012).

신자유주의 지구화 아래서 커진 유동성 덕분에 초국적 기업은 노동력 중 취약한 부분을 지구적인 생산 네트워크로 통합하기가 용이해졌다. 초국적 기업은 임금이 낮으면서 유순하고 통제하기도 용이한 노동력을 사용하고자 지구 곳곳에 자리한 여성과 소수종족, 그 외 주변화된 집단을 찾는다. 이 과정은 상대적 저개발 국가 및 신흥 공업국에서 창출되는 엄청난 규모의 산업예비군에 의해 진행된다. 이제 이들 노동력은 소위 선진국에서 지불된 임금에 비하면 미미한 비용으로 지구화된 생산에 참여한다.

이렇게 생겨난 산업예비군은 그중 일부가 국지적으로나 여타 지역에서 추가로 가용되면서 임금의 성장을 막는 가공할 만한 장벽이 된다. 가령, 지구적 생산 네트워크에 값싼 노동이 통합된 대표적 사례인 중국에서 임금이 오르자 베트남같이 노동 비용이 비교적 싼 여타 국가로 생산의 재배치가 나란히 진행됐던 경우가 그렇다. 더군다나 이들 국가의 대규모 노동 예비군은 아직 갑문이 다 열리지 않은 비활성 상태로, 다시 말해 앞으로 임금 억제가 가중되리라는 주장에 힘을 실어주고 있다(Bellamy Foster and McChesney 2012).

이주 노동

산업예비군의 가용성은 이주 노동이 활성화되면서 한층 더 커진다(Mize and Swords 2011; Preibisch 2012; Roman and Arregui 2013). 포디즘 시기와 달리(Holmes 2013; Friedland, Barton, and Thomas 1981) 이주 노동은 오늘날 농식품 부문에서 실로 광범하게 채택되는 노동 형태 중 하나인데, 대개 다음과 같은 경제적인 이유로 정당화된다. 즉, 농사일을 원치 않는 해당 지역 노동자를 대신하기에 적합할 뿐만 아니라 저렴하다는 것이다(Roman and Arregui 2013; Mize and Swords 2011). 흔히 접하는 주장에 따르면, 보통은 갖기 힘든 취업의 기회가 이주 노동자에게 열리는 셈이다. 이런 가운데 이주 노동자의 일자리는 노동자의 구직 욕망과 기업의 저임 추구 전략을 모두 충족하는 만큼 모두에게 이로운 것으로 간주된다.

한편 이런 주장을 떠받치는 담론에서 이주 노동자는 '범법자'이자 여러 민주적 원칙에 위배되는 자들로, 그들의 이주 과정과 존재는 범죄화된다. 경제적 동기에서 비롯된 욕망과 이주자 채용의 이점은 따라서, 국가 안보와 사회 안정의 유지, 자국 노동자의 경제적 여건 보호의 이름 아래 군사/경찰력의 개입이 필요하다는 주장과 한패를 이룬다(Cornyn 2013).*

---

* 이 담론의 모순된 차원은 그 지지자들이 장려하는 분화된 목표들을 통해 뚜렷해진다. 정치적으로 보수파라는 꼬리표를 공유하면서, 이들 집단은 비싸지 않고 유순한 이주 노동의 흐름이 계속되길 요구하지만, 이와 동시에 이주 노동 흐름에 제한을 가하는 외국인혐오성 보호주의의 입지를 포용한다. 미국의 경우 (가령 애리조나와 텍사스 같은) 접경 주들에서 공통으로 나타나는 바, 보수주의자들의 정치 담론과 행동들이 바로 이렇다.

더군다나 이 담론에서는, 노동시장이 불편부당하다는 신자유주의적 교의에 바탕을 두고 낮은 임금을 지불하려는 기업의 바람이 시장 기제의 자연적 귀결이라고 가정한다. 이주자는 법제상의 미등록 상태를 두려워하고 그런 불안한 지위로써 규율되며 그 결과 적정한 임금과 노동조건, 고용을 기대할 수 없게 되는 것에 대한 증거가 이 담론에서는 부정당한다. 이런 가운데 이주 노동자의 부당한 사용은 과소평가되고, 이들에 대한 착취가 정당화된다.

이런 맥락에서, 이런 경향을 뒤바꿀 잠재역량이 지역 노동자의 저항 움직임에 있기에, 저렴한 데다 통제하기도 수월한 노동자의 활용도를 높일 사회적 장치들을 정비하려 한다(Holmes 2013; Roman and Arregui 2013; Preibisch 2012; Harrison 2014). 신자유주의 지구화 국면에서 이런 장치로는 여러 방문 노동자 프로그램 아래서 생기는 미등록 이주 및 임시 이주가 있다. 미등록 이주 노동이 고루 활용되는 상황은 오늘날 노동관계에서 나타나는 여러 역설 중 아주 첨예한 부분이기도 하다. 정치적·경제적·사회적 스펙트럼상의 위치와는 상관없이 실질적으로는 미등록 이주 노동의 근절을 하나같이 요구하고 있지만, 그에 걸맞게 이루어진 입법 조치는 거의 아무것도 없기 때문이다(Bonanno and Cavalcanti 2011: 5-6).

그러나 이런 역설은 다음과 같은 사실로 설명될 수 있다. 미등록 이주민의 흐름이 축소되면 노동 비용 및 노동의 힘이 커지게 되고, 이 경우 통상 반노동 세력의 반발을 산다는 사실이 바로 그것이다. 미국에서 이런 상황에 관한 아주 극명한 사례로는 수십 년도 더 전인 1986년 당시 레이건 정권 아래서 개정, 승인된 이래 존치되고 있는 이민법이 있다. 이 법안으로 국경이 군사화되고 국경 보안 지원을 약속하는 목소리가 뒤따랐는데도, 미등록 이주의 물결은 한층 더 불어났다. 2006년과

2007년의 연이은 법안 개혁 시도는 실패로 끝났다. 더 최근인 2013년에는 미국의회 상원에서 이민법 개혁안이 통과됐지만 하원에서는 여지껏 상정조차 되지 못했다. 이민법 개혁을 지지하기 어렵게 만드는 국내 현안들은* 일단 제쳐두더라도, 개혁 법안이 미국의회에서 승인될 공산은 희박하다. 그 개혁이 값싸고 유순한 노동의 가용성에 끼칠 여파 탓이다. 정치적으로 취약하고 경제적으로 저렴하게 취급받는 이주 노동자의 노동시장 잔류를 보장하도록 현상을 유지하는 쪽이 다른 해법보다 선호되고 있는 셈이다.

단기 이주 노동 프로그램은 많은 이들 사이에서 미등록 이주 노동의 바람직한 대안으로 알려져 있다. 그러나 이주 노동자는 이 프로그램으로 전과 다름없이 취약해지고 착취당하기 쉬운 처지에 있다. 한시적인 법적 지위와 특정 직업이 한데 묶임으로써, 이주 노동자는 고용이 종료되면 법적인 지위 또한 상실한다. 사정이 이렇다 보니, 이주 노동자는 노동 조건 및 보상에 관한 제 권리, 이를테면 파업과 분쟁이라든가 사실상 고용주에게 가지는 그 어떤 불만도 가질 수 없고 노동시장에서 좀 더 나은 다른 직업을 찾고자 움직일 수도 없다. 이들 권리는 자유로운 노동시장에서라면 노동자에게 당연히 주어지는 것인데도 말이다. 바꿔 말해, 단기 이주 노동 프로그램에서는 이들 권리가 부재한 탓에 모든 권력은 무슨 이유로든 고용을 종료할 수 있는 고용주의 수중으로 쏠린다. 해고된다는 건 거의 어쩔 수 없이 곧 송출국으로 강제 송환되거나 불법 이민자 신세로 전락한다는 뜻이다(Preibisch 2007; 2012; Harrison and Lloyd 2012; Sanderson 2012; Bonanno and Cavalcanti

---

* 이민(법) 개혁을 둘러싼 논쟁에 불이 붙는 건 종종 미국 내 정치 측면에서다. 이에 따라 논쟁은 대체로 민주당이나 공화당에 가져다줄 선거상의 이득이나 선거 결과상의 파급 효과 측면에서 다루어지게 마련이다.

2014). 통제하기 손쉽고 값싼 노동의 가용성은 본질적으로 이들 조건 아래서 끝없이 지속된다. 이는 대규모 산업예비군뿐 아니라 정치적·문화적·사회적 장치를 통해서도 생겨난다.

여성화된 노동과 차별주의적 젠더 담론

그 위치상 취약한 노동이 농식품 부문의 생산에 가용된다는 것은 여성을 노동력으로 활용하는 경우가 늘어났다는 말이기도 하다. 이주 노동의 경우처럼, 그간 여성 노동의 활용이 늘어난 이유는 여성이 낮은 임금으로도 고용가능하고, 정치적 저항에 나서기 힘들며, 통제가 쉽기 때문이다(Bonanno and Cavalcanti 2012; 2014). 이들 구조적 조건을 뒷받침하는 것은 낮은 보수와 불안정한 고용이 여성과 그가 속한 가족한테 '편리한' 것처럼 기술하는 이데올로기다. 이런 성차별주의적 이데올로기 아래서, 여성의 일은 남성의 일을 보완하는 것으로 간주된다. 남성은 가족을 먹여 살리는 생계 부양자지만, 여성의 일은 부차적인 것으로 가족 성원을 지원하는 데 있다는 것이다. 특히 한창 신장세에 있는 신선 과일 부문에서 요구되는 작업이 여성에게 안성맞춤이라고 하는데, 이 부문의 일은 여성만의 섬세함과 보살핌의 능력이 필요하기 때문이라고들 주장한다. 일과 가정을 양립시킬 수 있도록 해준다는 이유로, 이들 일자리는 지속적으로 열악한 임금 수준을 맴도는데도 여성적 속성을 남달리 인정한 만큼 바람직한 것으로까지 묘사됐다(Lara Flores 2010; Bendini and Pescio 1996; Cavalcanti, Mota, and da Silva 2002).*

---

* 이 같은 이데올로기의 힘은 이 이데올로기가 여성의 작업 조건 향상을 목표로 이뤄지는 분석에 쓰이는 데서 확인할 수 있다. 이들 분석에서 노동 유연성은 사회 발전의 귀결 중 하나이자 여성이 자신의 역할 수행을 위해 활용할 수 있고 또 활용해야 하는 것으로 간주한다(Gatta and McCabe 2005를 보라). 이들 유연화된 일자리가 '편리한' 것으로서 '개별적 선택' 대상이라 가정되는 데 대한 비판적 분석으로는 프레서(Presser 2005)를 볼 것.

여성이 생계 부양자로서 고된 일을 했다는 역사적 증거는 도외시된 가운데, 이동성의 부재와 근린 작업의 편리함을 부각하는 발언들이 설득력을 갖기도 한다. 가중된 착취를 유도할 모종의 분위기를 조성하기 위해서였다. 더군다나 노동 분업상 여성 노동이 갖고 있는 미덕에 대한 이런 방식의 이해는 남성의 작업에 관한 똑같이 성차별주의적인 시각과 나란히 한 짝을 이뤘다. 남성에게 부과된 일은 그저 남성한테만 적합한 것으로 여겨지는 근력과 기술적 전문성이 요구됐던 것이다. 이들 일자리는 여성에게 부과된 일자리보다 보수가 더 높았고 그 결과 남성은 해당 부문 노동조직에서 여성보다 직급이 더 높을 수 있었다. 하지만 이들 일자리는 그런 만큼이나 노동 착취를 가중시키는 것이기도 하다. 성별에 따라 분할된 노동조직 아래서 노동자는 상호분절되고 정치적으로 취약해지며, 보수와 작업 조건을 한층 더 악화시키는 구조조정 조치들을 쉽게 도입하도록 하기 때문이다(Bonanno and Cavalcanti 2012; Hirata 2002).

3자생산 전략: 계약 노동

3자생산계약은 농식품 부문 노동관계의 두드러진 현상 중 하나로 나타나고 확산됐다. 3자생산계약은 노동관계에서 제3자인 용역공급업체가 생산에 필요한 용역을 농식품기업에 제공하기로 약정하는 것이다. 이 장의 내용에 비춰보자면, 이때 말하는 3자계약이란 노동자를 공급하고 또 이를 책임지는 용역회사와 연루돼 있다. 이들 회사에서는 자체 고용과 감독, 지불을 통해 농식품기업에게 노동을 제공한 뒤 수수료를 챙긴다. 노동자는 용역회사에 고용된 이들로, 업무 보고는 이들 회사를 상대로 행해진다. 농식품기업은 이 과정을 거쳐 노동법제상의 요구 내지 3자인증 규약을 따를 책임에서 자유로워진다. 이들 규약을 지키는 일은 3자계약 고용업체의 책임이 되는 셈이다(Bain 2010a; Bonanno and Cavalcanti 2014). 뿐만 아니라 이들 계약고용업체를 활용함으로써, 농식품기업은 노동 관련 납세와 노동자에게 돌아갈 혜택에 대한 부담을 깔끔히 덜어낼 수 있다. 노동자의 요구와 쟁의 관리가 계약고용업체의 몫이 됨에 따라 노동자와의 원치 않는 약속들도 근절된다(Bain 2010a).

계약고용업체 활용으로 농식품기업은 득을 보지만, 노동자는 이로 인해 심각한 불이익을 겪는다. 이는 주로 농식품 부문에서 이들 계약업체는 종종 1인 또는 몇몇을 대표로 앞세워 비공식적으로 운용되고 고용, 관리 및 임금 지불 또한 이들에 의해 비공식적으로 이뤄지기 때문이다. 이 같은 노동 배치가 그 본성상 불안정을 부추기고 종종 비밀리에 이뤄지는 탓에, 3자계약 노동자도 이주 노동자의 불법화된 지위와 결부된 질 나쁜 노동 조건 중 다수에 마찬가지로 노출되기 십상이다. 계약고용업체의 권력에 맞서고 더 나은 임금 및 작업 조건에 관해 협상하며, 좀 더 안정된 고용 형태를 요구할 역량이 노동자로서는 실질적으로 전혀 발휘될 수 없다.*

노동조합

노동의 유연화 및 여성화, 착취의 전반적 강화에 따라 오늘날 농식품 부문에서 명백해진 조건 중 하나는, 노동조합의 역할과 힘이 쇠퇴했다는 사실이다. 자본주의 경제의 여타 영역에서 전형적인 경향을 따라, 노동조합은 가입 조합원 수와 정치적 힘 모두에서 그간 꾸준히 쇠락했다.

---

* 계약 노동은 아주 다양한 층위에서 활용된다. 어느 경우에서든, 노동에 대한 위험과 비용을 회피하려는 직접적인 시도가 있게 마련이다. 계약 노동이 농식품 부문 생산에 끼치는 파급효과에 관한 논의로는 보나노와 카발칸티(Bonanno and Cavalcanti 2014)를 보라.

이는 북미에서 특히 두드러졌다. 전통적으로 노조가 강세였던 유럽 및 라틴아메리카에서도 상황은 마찬가지다.* 노조의 세력 약화는 더욱이 노동자 계열 정당들의 입지가 그간 한층 더 중도주의적으로 바뀌는 과정과 나란히 이뤄졌다. 그 결과 정치·사회 영역에서 노동 의제가 가시화되고 그 타당성을 획득하는 일도 줄었다(Bonanno and Cavalcanti 2014; Roman and Arregui 2013). 상당수 사람들에 따르면, 이들 경향은 노동 관계가 훨씬 더 경쟁적이고 유연한 지구 경제의 제반 요구에 얼마나 긍정적으로 적응 중인지 보여준다. 포디즘적인 사회 편제와 이 편제 아래서 노동을 상대로 했던 값비싼 양보 조치들에 비해, 이들 경향은 훨씬 더 바람직하고 실용적이라는 것이다. 그 반대편의 해석에 따르면, 지금껏 벌어진 상황은 노동운동이 신자유주의 지구화의 지지 세력에게 '패배한' 결과다(Harvey 2005; Lichtenstein 2013; Robinson 2004).

노동조합의 전략과 비전이 가진 한계 또한 부각됐다. 이 주장에 따르면, 노조로는 기업 중심적인 보호주의의 입지를 지금껏 넘어설 수 없었는데, 이들 입지로부터 창출됐던 국내와 국외 노동자 간, 조합원 노동자와 비조합원 노동자 간 분할은 노조 틀로 개선하기도 어렵다(Roman and Arregui 2013). 더군다나 노조에서는 노동자가 누려야 할 삶의 질을 이윤 및 회사의 성장에 복속시키는 강력한 기업주의 담론을 수용해왔다. 이 담론에 따르면, 수익성과 회사 규모의 팽창은, 임금 인상으로 귀결되는 행동들과 새롭고 '더 나은' 일자리의 창출을 꾀하기에 앞서 이룩돼야 할 필수조건이 된다(Brady, Baker, and Finnigan 2013; Roman

---

* 라틴아메리카에서의 노조 위기를 다룬 논의로는 안투네스(Antunes 2000)와 호만과 아레기(Roman and Arregui 2013)의 작업을 보라. 또한 미국에서의 노조에 관한 논의로는 플레처와 개퍼신(Fletcher and Gapasin 2008)과 브래디, 베이커, 피니건(Brady, Baker and Finnigan 2013)을, 유럽의 사례는 업처치와 테일러, 매더스(Upchurch, Taylor and Mathers 2012)를 볼 것.

and Arregui 2013). 이런 입지를 취함으로써 노조는 종종 회사의 경쟁력 및 생산성 향상이 곧바로 임금과 작업 조건, 고용 양보를 뜻하는 곤경을 자초한 셈이다. 그에 따른 일자리 상실과 나란히 진행된 새로운 저임금 불안정 노동군의 창출과 계속된 자본 도피의 결과, 고립무원 상태인 노동계급에게 노조가 가진 호소력과 노조의 힘은 갈수록 약화됐다. 생산의 지구화가 지속되고 원격화된 노동 형태로 창출되는 산업예비군의 한계지대들이 노동시장에 빨려 들어오는 한, 노동자를 대표, 보호하는 노조의 역량은 지속적으로 줄어들 것이다.

저항

노조가 그 취약함을 드러냈다 해도 지배적인 농식품체계에 대한 저항은 진행 중이다. 그러나 이 저항은 포디즘 시절을 특징짓던 노동 기반의 투쟁 형태들에서 벗어나 있다. 앞선 노동 기반의 투쟁 전략은 취약하고 실효적이지 못한 것으로 비쳤다. 신자유주의 지구화가 파업과 노동의 정치적 협상 역량에 맞섰던 강력한 수단 중 하나였기 때문이다. 이런 맥락에서 크게 두 가지 측면에 대해 간략하게나마 토론이 필요하다. 먼저, 저항의 주축이 생산 영역에서 소비 영역으로 전환된 측면이다. 역사적으로 지배적 노동관계에 대한 저항이 가장 먼저, 가장 중요하게 생겨난 곳은 생산의 장소였다. '공상적 사회주의'에 대한 마르크스의 고전적 비판을 따라 노동운동계 내부에서는 노동 착취가 생산 속에서 벌어지고, 기업들에게 가장 취약한 길목은 생산 영역인 만큼 노동자의 정치적 역량은 결국 생산과 연계된 결사행동들로부터 더 커지리라는 점이 널리 받아들여졌다. 이에 따라 자본주의적 사회관계에 대한 반대는 생산이 조직되는 방식과 그 구조를 겨냥했고, 투쟁은 주로 공장과 산지를 무대로 벌어졌다.

탈집중화된 생산과 산업예비군의 강도 높은 활용에 바탕해 노동 및 노동친화적인 포디즘 사회 편제를 겨냥했던 신자유주의 지구화의 공격으로 말미암아, 생산 영역에서 전통적으로 벌어지던 저항은 그 실효성을 제약당했다. 이에 따라 대립은 다른 곳으로 옮겨지고, 소비자 주도의 비판적 행동이 기업권력과 맞서기에 바람직한 승부수로 부상했다. 이런 맥락에서 농식품 부문은 이런 유형의 저항이 지금껏 유난히 두드러진 부문 중 하나가 됐다. 농식품 부문이 교환 영역에 위치를 차지하고 있기 때문에 소비자 기반의 반대 행동은 주로 이를테면 보다 양질의 먹거리와 농산물을 요구하는 것처럼 상품의 질을 향상시킨다. 이를테면 노동 및 유통 관련 현행법을 준수하고 자연자원 및 환경의 보호를 요구하는 것처럼 공식적 생산 및 교환 과정상의 공정함을 높이는 데 주안점을 두었다. 그만큼 소비자행동이 임금과 고용 기간 및 고용 안정성, 고용 증대에 끼친 효과는 아주 제한적이었다. 더군다나 노동 의제와 결부된 소비자의 우려와 관심사는 작업 조건과 노동권, 노동의 사용에 관한 기성 표준들의 준수 및 이행 요구 등에 머물렀다. 결국 소비자행동을 통한 저항은 이처럼 방어적인 데다가 구조화된 지배적 조건에 도전하지 않는 개인주의적이면서 생산주의적인 입지, 그리고 이들 입지와 공명하는 신자유주의적 이데올로기를 공유하는 것으로 여겨졌다(Johnston and Szabo 2011; DuPuis and Goodman 2005; Guthman 2003).

노동 기반 저항과 격리된 상황과 관련해 토론할 두 번째 측면은 대안적 생산 형태를 발전시키려는 다변화된 노력과 결부돼 있다. 주지하다시피, 시민농업과 농민장터, 유기농업, 로컬푸드 같은 구상은 새로운 저항 형태로 인기리에 부상 중이다. 이들 구상은 지금껏 의미심장한 성장을 이뤄왔고 상당수 지역의 경우에는 전체 농식품 생산에서 차지하는 비중 또한 크다. 그러나 미국을 포함해 다수의 여타 국가에서 대안적 생산 유형들이 지금껏 기여한 바는 여전히 단편적이다. 이들 유형에서 보이는 새롭고 판이한 차원이 상찬받기는 하지만, 이들 구상 속에서는 지배적인 농식품 조직을 바꿔내려는 시도가 보이지 않는다. 이들 구상이 제공하는 것은 오히려 자본주의적 생산관계와 평행하는 생산체계다. 이 체계 아래서 자발적 행동과 지역적 배태성, 호혜성, 연대로부터 중시되는 근본 특성 중 상당수는 주류 속 대안으로 여겨질 법한 것들이다. 기성 사회관계에 도전하지 않기에 이들 구상은 기업권력에 그 어떤 영향도 끼치지 못할뿐더러, 그중 아주 많은 경우는 이들 구상이 애초 반대하려던 바로 그 기업들한테 포획된 상태다. 이들 구상이 현행 사회의 취약계층에게 가질 실효성이 여전히 매우 한정돼 있다는 점 역시 아주 중요하게 짚어봐야 할 대목이다. 농식품 부문의 대안적 생산 형태들은 이렇듯 노동계급의 이해관계를 대변하지도 못하거니와 더욱이 노동계급의 관심사와 맞닿은 것도 아니라는 점에서 '엘리트주의' 아니냐는 혐의를 받고 있다(Bonanno and Cavalcanti 2014).

결론

고도포디즘 국면 및 신자유주의 지구화 국면에서 두드러진 농식품 부문 노동관계상의 특징을 앞서 개관하면서 분명해진 것은 1980년대 초반 이래 실질적인 변화가 일어났다는 점이다. 오늘날 농식품 부문 노동관계의 특징은 노동의 유연화가 크게 늘고 노동 착취가 늘어났다는 점이다. 그 밖에도 이 부문에서 두드러졌던 변화로는 이주 노동자와 여성 같은 주변화된 노동력의 사용 폭이 커지고 대규모 산업예비군이 활성화됐으며, 노동조합이 위기를 겪었다는 점을 들 수 있다. 생산의 탈집중화와 자본 및 노동의 유동성을 촉진한 신자유주의적 정책들이 시행되는 가운데, 기업권력 및 통제가 강화되는 특정 부문의 발전이 탄력을 받았다. 신자유주의적 정책들이 오늘날의 사회에서 지배적 영향력을 행사한 것은 신자유주의 이데올로기로 이루어낸 높은 수준의 정당화가 뒷받침됐기 때문이기도 하다. 그 결과 심지어는 저항운동들마저 그간 신자유주의적 개인주의와 시장 기제에 대한 의존을 암묵적으로 지지할 정도였다. 이런 분위기 아래서, 노동 조건 및 노동의 용법을 단기에 바꾸려는 중요한 움직임들은 여러 문제를 겪을 것으로 보인다. 더군다나 '신자유주의가 폭넓게 수용되고 이 이데올로기에서 영감을 받은 정책이 시행 중인 상황은, 현행 노동관계를 철저히 바꾸려는 움직임이 중기적으로도 펼쳐지기 어려우리라는 점을 시사한다. 사실이 그러하게 보이는데, 현행 사회관계상의 모순들이 버젓이 실재하고 노동자의 악화된 조건들이 빤히 눈에 보인다 해도 그렇다.

4장

이탈리아 대안농업의 정치경제

마리아 폰테 Maria Fonte
이탈리아 나폴리대학교(페데리코 II)University of Naples Federico II 농업경제학과
교수. 농업의 정치경제학, 농촌개발, 지역 농업, 농식품체계 등을 연구, 강의하고
있다.

이반 쿠코 Ivan Cucco
이탈리아 나폴리대학교(페데리코 II)University of Naples Federico II 박사후 연구원.
기술 혁신과 불평등 문제와 함께 농촌개발, 세계 농식품체계의 변화 및 대안적 네
트워크에 대한 관심이 높다.

들어가며

이탈리아의 경제와 농업의 근대화는 제2차 세계대전 이후 급격하면서도 독특한 방식으로 전개되어왔다. 다른 지중해 국가처럼 농업은 오랫동안 발전이 더딘 후진적인 부문으로 간주되어왔다. 지역적 편차가 크기는 하지만 농가는 대개 소규모이고 가족농 논리에 의거해 운영되어왔는데, 이는 미국 농부의 경제적 합리성보다는 소농 모델에 가까운 것이었다. 1980년대까지만 해도 농가의 소규모성은 여전히 농업 근대화 및 현대적 농식품·유통체계 조직화에서 뛰어넘을 수 없는 장애물로 간주되었다.

1990년대 들어 포스트근대화 시대에 접어들면서 유럽에서 새로운 패러다임이 농업과 농촌 발전의 표준이 되기 시작했다. 그러면서 먹거리 체계의 많은 행위자에 의해 농식품 산업화의 격차는 이제 자산으로 전환되었다. 지역의 농업과 먹거리의 다양성을 가늠하는 지표로서 '이탈리아산'은 고품질 브랜드로 구성되었고, 관행적 이해관계와 대안적 이해관계 간에 '품질로의 전환에 대한 합의'가 이루어지는 기반이 되었다 (Brunori, Malandrin and Rossi 2013).

같은 시기 글로벌 수준에서는 일련의 변화로 인해 지배적인 식량체제food regime가 포디즘 시대에서 지구화 시대로 전환되었다(Friedmann and McMichael 1989). 농식품체계 속에서 공급사슬의 지구화는 품질 표준과 인증체계에 기반한 새로운 거버넌스 형태를 가져왔다. 글로벌 시장의 규제를 둘러싼 폭넓은 투쟁은 글로벌 무역에서의 권력과 자원의 재협상을 틀 지우면서, 민간 행위자의 손을 들어주며 공적 기구의 역할을 훼손하였다(Marsden, Flynn and Harrison 2000).

이러한 새로운 맥락에서 사회운동 역시 성격이 바뀌었고 전략도 바뀌었다. 포디즘 시대에는 국가와 자본주의 경제에 대항하여 생산관계의 변화를 목적으로, 주로 노동운동으로, 또는 노동운동과의 연대를 통해 조직되었다. 1970년대와 1980년대부터 신자유주의와 글로벌 경제가 경제와 정치의 지배적인 조직력으로 나서면서, 신사회운동은 국가에서 점차 초국적 기업과 시장으로 관심을 이동하였다. 노동이나 계급 기반 운동이 아닌 시장과 소비 기반 운동은 소비자의 관심을 포착하여 기존의 지구화와 그 부정적 영향에 도전하고자 했다. 공정무역, 불매운동, 지역공동체지원농업(CSA), 대안 먹거리 네트워크 등은 모두 생산에서 소비로 관심이 전환되고 있음을 함의한다(Murray and Raynolds 2007: 7).

이렇게 변화하는 풍경의 복잡성을 포착하기 위한 필연적인 단계로서 새로운 개념적 도구들이 제기되었다. 새로운 사회적 행위자와 객체가 포스트포디즘 시대의 먹거리경제 내에 등록되었다. 즉, 농민, 노동자, 농장뿐만 아니라 농촌 지역이 새롭게 만들어지는 네트워크의 구성원이 되었다. 생물다양성, 환경, 자연자원, 다기능성, 공급사슬, 고품질 먹거리, 건강, 표준과 인증, (도시)소비자와 도시 지역 등이 모두 적절한 주제와 핵심 행위자가 되었다. 부시와 주스카(Busch and Juska 1997)는 행위자-네트워크 이론(ANT)을 이용하여, 정치경제학의 한계(행위자의 물신화와 물질 구조의 결정론)를 극복하고 지구화 과정에 대한 이해를 증진해야 한다는 목적을 제기했다. 또한 ANT는 "사람, 사물, 제도, 아이디어 간의 관계가 시간이 흐르면서 어떻게 창출, 유지, 변화되는지" 분석함으로써(1997: 701), 새로운 "행동의 경로"(1997: 690)를 열어준다는 것이었다. ANT와 정치경제학 간의 의미 있는 통합은 프리드먼에 의해서도 구상되었다(Friedmann 2009).

사회기술적 체제의 이행이라는 시각을 갖는 또 다른 시도는 '대안'과 '관행' 영역의 관계에 주목한다(Geels, 2004 and 2010; Geels and Schot 2007 and 2010). 영국의 유기농 먹거리의 사례에서 스미스가 보여주었듯이(Smith 2006), 그러한 관계가 항상 대치적인 것만은 아니다. 원래는 지속가능성을 증진하는 쪽으로 주류 체제의 급진적 전환을 추구했던 틈새운동이 상이한 이해관계와 가치를 갖는 행위자들에 의해 선별적으로 전유되고 재해석되면서 분열의 과정을 겪을 수 있다. 가장 급진적인 경우에는 '대안성'과 지배 체제와의 관계를 재조직하면서, '적대적인 관계'에서 '양립가능한 관계'로 궤적이 진화한다. 그 목적이 반드시 그 시스템의 변화를 위해 반대하는 것만은 아닐 수도 있다. 생산과 사회자원의 시너지에 기반하고 먹거리민주주의와 사회정의 같은 가치를 중심으로, 아래에서부터의 자율적인 경제적 시도에서 시작해서 새로운 시스템을 구축하는 것일 수도 있다(HInrichs and Lyson 2008; Hinrichs 2014; Furman et al. 2014).

이러한 복잡하고 진화하는 시나리오 속에서 이탈리아의 대안농업을 정의하는 것은 매우 도전적인 일이다. 실제로 그 누구도 산업화된 농업 발전 모델, 산물의 동질화, 농업 관행의 표준화, 재료 수급과 맛의 지구화를 옹호하지 않는 듯 보인다. 그 대신 모두가 농업과 먹거리에 있어서 지역의 농생태적 다양성을 가치화하는 새로운 농촌개발 패러다임에 동의할 것이다. 이러한 진화의 결과, '대안'과 '관행'의 사회 세력은 상당 부분 서로 만나고 중첩된다.

이 장에서 우리는 이탈리아 대안농업의 흐릿한 경계지대로 들어가는 진입지점으로서 가장 대표적인 '품질로의 전환' 옹호자의 역사와 전략을 살펴봄으로써, 관행적 농식품체계와의 관계가 어떻게 변화해왔는지 추적한다. 우리는 1970년대에서 1990년대 사이에 상이한 단계에서 등장한 다양한 경험과 조직 형태를 대표하는 행위자에 초점을 맞춘다. 유기농운동, 콜디레티Coldiretti(이탈리아 최대 농민조합)가 장려한 캄파냐 아미카(CA) 재단, 슬로푸드, 연대구매그룹(GAS) 등이다. 이들의 대안적 성격은 지배적 농식품체계를 특징지우는 '생명과학'과 '분해가능성 decomposability' 패러다임에 대한 반대와 동일시되었다(Levidow 2014). 검토된 모든 조직은 정도와 수단의 차이는 있지만, 농업과 먹거리가 갖는 고유한 종합적 품질—생산 과정, 산물의 특징, 영역적 특수성, 대안적 생산자-소비자 관계 모델 —을 가치화하고자 하는 '농생태학' 접근 방식과 '통합적 산물 정체성' 패러다임의 지지자로 입증되었다(Levidow 2014). 물론 새로운 모델이 어떻게 유지되며 어떤 전략이 이를 유지하는 데 가장 적합한지는 논쟁점으로 남아 있다.

이탈리아 대안농업의 정치경제에 대한 상이한 전략이 갖는 실질적, 잠재적 함의를 밝히기 위해 우리는 절충주의적 입장을 취하여 서로 다른 접근법이 주는 통찰을 결합해보고자 한다. 식량체제의 정치경제학, 사회기술적 이행(STT) 패러다임, ANT, 사회적 실천 이론 등은 얼마간 유용한 변수를 제공하면서, 선정한 조직들의 역사와 전략을 탐색하는 길을 지도할 잠재력을 갖고 있다.

지배체제의 요소와 틈새운동 간의 진화하는 관계를 해석하는 데 준거점이 되는 것은, 사회기술적 이행(STT) 문헌과 다수준적 시각multilevel perspective(MLP)이다. 틈새와 체제의 구조화 정도가 반드시 안정적인 것은 아니다. 어떤 체제의 구조화 정도는 상이하며, 시간이 흐를수록 틈새의 구조화 정도가 증가하면서 지배체제에 대한 경쟁적 대안으로 성장할 수 있다. 사회기술적 체제의 구조화 수준은 '제도화의 정도'로 평가될 수 있다(Fuenfschilling and Truffer 2014). 즉, 지속 기간, 확산의 규모와 범위, 혁신과 논쟁에 대한 탄력성, 제도적 틀로의 뿌리내림 정도, 그리고 주변 구조와의 정합성 등이다(위의 책: 774-775). 이 장에서 우리는 제도적 안정성과 조직의 네트워크 구조를 대상의 구조화를 보여주는 수준의 지표로 간주하고자 한다.

이 장에서 검토하는 모든 운동이 포스트포디즘 환경 속에서 작동하고 있다고 한다면, 각 주체가 제기하는 생산자-유통자-소비자 관계의 상이한 구조는 단지 농식품체계에서의 축적회로를 재편하려는 시도로 비춰질 뿐만 아니라, 사적 수요, 공적 규범, 새로운 소비관행의 상이한 묶음을 담지하는 것으로 볼 수 있다. 새로운 사회적 관행으로의 이행을 위해서는 새로운 집단적 주체성의 구성을 통한 동기 부여와 행위 능력의 재편성이 필요할 뿐만 아니라, 새로운 문화적·가치적 구조, 그리고 새로운 물질적 인프라도 필요하다(Reckwitz 2002; Shove, Pantzar and Watson). 상이한 행위자가 시행하는 라벨링 프로그램에 대한 분석에서, 우리는 자발적 먹거리 라벨링에 대한 구스먼(Guthman 2007)의 유형화와 비판에 근거하여, '통합적 산물 정체성'과 관련된 가치의 전유와 배분을 위해 적용되는 메커니즘을 서로 구분한다. 구스먼은 자발적 먹거리 라벨링 프로그램과 신자유주의 간의 관계 속에서 "중요한 이론적 긴장"을 탐지하였다(Guthman 2007: 457). 폴라니적 관점에서, 라벨링 프로그램은 자율 규제 시장의 혼란으로부터 토지, 노동, 자연자원을 '보호'할 수 있다. 다른 한편, 자발적 먹거리 라벨들은 그 자체가 신자유주의적 거버넌스 양식의 표출로 비춰질 수 있다. 이들이 시장을 규제의 핵심으로 선택하고는, 의제적으로 상품화되는 장소나 노동 기반 가치, 능력, 윤리적 행동을 위한 사실상 새로운 시장(과 재산권)을 창출하기 때문이다.

　이탈리아 농업의 '품질로의 전환'에 수반된 행위자들을 소개하기 전에, 다음 절에서는 독자에게 이탈리아 농업 근대화 과정의 독특함을 소개하고자 한다. 다음으로 앞서 언급한 이탈리아 운동과 조직—캄파냐 아미카, 유기농업운동, 슬로푸드, 연대구매그룹—에 대한 분석을 제기할 것이다. 고려된 상이한 차원이 어떻게 이탈리아에서 대안적 농업을 형성하고 있는지는 결론에서 정리할 것이다.

불완전한 근대화에서 새로운 농업으로: 이탈리아 사례

　1960년대 유럽 공동농업정책(CAP)이 근대화의 방향을 추진하고 있을 때, 이탈리아 농업은 여전히 소농과 대규모 자본가 농장* 간의 구조적 이분법으로 대표되고 있었다(Fabiani 1978; Gorgoni 1978; Pugliese and Rossi 1978). 가장 활발한 토론의 하나가 자본주의 경제의 맥락에서 레닌주의의 '농민층 분해와 프롤레타리아화' 테제에 대한 카우츠키Kautsky의 농민층 온존과 적응(겸업을 통한) 테제였다(Bolaffi and Varotti 1978; Calza Bini 1978). 연구자들에 따르면 소농화와 근대화 정책 모두가 이탈리아 경제의 산업적 발전에 기능하였다는 것이다(Mottura and Pugliese 1975). 농업 노동력은 산업예비군으로 기능하였고, 산업 노동 수요가 증가하면서 농촌 지역의 실업자는 이농할 수 있었다.

　1980년대에는 이러한 논쟁이 더 이상 농업 부문의 현실을 반영하

---

* 일반적으로 50헥타르 이상의 농장이 자본가 농장으로 간주되었다.

지 않게 되었다. 토지의 집중, 생산의 전문화, 기계/화학적 혁신의 채택을 통해 이탈리아 농업의 근대화 과정은 이미 달성되었다. 농업 경영주의 농장이 퇴행적 생산체계와 개념적으로 결부되어 있던 소농의 농장을 대체하면서 이탈리아 농업의 근간이 되었다. 농민은 '경영자'로 온전히 정당성을 획득하였고, 평균 규모는 (5헥타르 미만으로) 작지만 표출되는 행동은 자본주의적 기업과 유사했다(Cosention and De Bebedictis 1978). 이는 집약화와 전문화의 증대로 이어졌고, 또한 먹거리체계의 재구조화와 농가 자율성의 상실이 점차 진행되었다(van der Ploeg 2008; Fonte and Salvioni 2013).

농업의 먹거리체계로의 통합은 처음(1970~80년대)에는 노동시장과 겸업농의 안정화를 통해, 이후(1980~90년대)에는 식품가공산업과 유통체계와의 상업적 관계 심화를 통해 진행되었다. 가공산업과 유통체계의 근대화는 농업의 발전과 나란히 진행되면서, 21세기 초반 들어 집중화가 가속화되었다(Brasili, Fanfani and Meccarini 2001; Viviano 2012). 농가는 과점적인 투입재산업과 점차 집중화된 가공/유통산업 가운데 끼여 압박을 받으면서 경영과 금융의 자율성을 상실했다. 그로 인해 먹거리의 최종 부가가치 중 농민소득으로 돌아오는 몫은 일부분에 불과했다(Sereni [1947]1971; van der Ploeg 2008).

이러한 과정이 전면적으로, 또한 동질적으로 진행된 것은 아니었다. "우리가 흔히 알고 있는 지중해 지역에 대한 묘사"는 전통적 관행과 생산주의적 관행 간의 상이한 혼합 방식에 근거한 농업·농촌의 발전 경로들을 은폐한 것이다(Ortiz-Miranda, Moragues-Faus and Arnalte-Alegre 2013). 이탈리아의 사례도 이와 비슷하다. 농가의 유형과 위치한 지역에 따라 농업 근대화 과정은 불완전하거나 선별적으로 진행되었다. 이탈리아에서 얼마나 많은 '농가'가 있는지, 그리고 그중 어느 정도의 비율이

'경영자'적인지에 대한 합의는 아직까지도 이루어지지 않고 있다(Sotte 2006; Sotte and Arzeni 2013). 이는 풀기 어려운 해묵은 논쟁이다.*

이탈리아 농업은 해당 지역의 농생태학적 특징, 그리고 농가 경영의 차이를 함축하는 문화적 차이와 여전히 긴밀하게 묶여 있다. 북부 지역은 '전문적인' 경영자적 농장이 낙농과 종축에 종사하며 안정적 노동력을 고용할 수 있지만, 중남부 지역은 소농이 혼작과 다년작을 시행하며 계절적 노동의 성격으로 인해 겸업과 다각화가 흔히 나타난다.

1970년대 후반 이탈리아 농업 구조 논쟁이 한창일 때, 한 연구자가 독자적인 목소리를 내면서 이탈리아 농업 부문의 고유성과 '장인적' 생산 형태가 이탈리아 먹거리의 품질 기반을 구성한다고 지적했다(Barberis 1978). 그의 견해는 선견지명이었던 것으로 입증되었다. 1990년대 들어 소위 품질로의 전환에 근거한 다른 패러다임이 농업 발전의 경로를 뒤바꾸기 시작했던 것이다(Goodman 2003). 이러한 전환은 유럽에서 1980년대 유럽 공동농업정책(CAP)의 미래에 대한 논쟁을 거치면서 예견되었던 것이다. 이 시기 들어 산업적 집약농업 관련 일련의 스캔들로 환경 담론의 등장이 가속화되었다(Fonte 2002). 이탈리아에서 가장 심각했던 사건은 1986년 발생한 '메탄올 와인 사건'이었다. 사망 23명에 수십 명이 중독되어 상해를 입음으로써 이탈리아 와인시장이 괴멸 상태에 빠졌다. 같은 해에 포강 유역 대수층의 아트라진 오염 문제가 발생했고, 국제적으로는 1986년 체르노빌 사고와 몇 해 뒤

---

* 유로스탯Eurostat에 따르면, 2010년 이탈리아에는 160만 3,710개의 '농업 경영체'가 평균 7헥타르의 규모로 운영되고 있었다(Sotte and Arzeni, 2013). 이들 경영체의 64퍼센트만이 시장에 상품을 판매했다. 인구와 국토면적이 매우 비슷한 영국의 경우에는 18만 6,800개의 경영체가 있다. (영국, 이탈리아와 인구규모는 비슷하지만 국토면적은 두 배로 큰) 프랑스는 51만 6,000개였다. 비교를 위해서는 지중해 국가(스페인, 그리스, 포르투갈)나 동유럽 국가(폴란드, 루마니아)를 살펴봐야 한다.

의 광우병 사건으로 이어지면서 먹거리체계는 심대한 영향을 받았다 (Ansell and Vogel 2006). 그리고 GMO(유전자변형 농산물) 확산을 둘러싼 논쟁이 있었다. 이러한 사건들은 먹거리안전과 건강이라는 주제 (Jaillette 2001; Fonte 2002 and 2004; Petrini and Padovani 2005)에 대한 유럽 소비자의 성찰적 행위를 촉발하였다(Beck, Giddens and Lash 1994).

　GMO는 유럽 전역의 소비자로부터 환대받지 못했는데, 독성, 알레르기, 인간 면역체계의 교란이라는 공통적인 공포와는 별개로 유럽 각국은 신기술에 대한 저항과 거부를 위한 자국만의 추가적인 논리를 발전시켰다. 가령, 덴마크는 지하수 오염 문제를 강조했고, 오스트리아는 유기농 보호에 관심이 있었고, 이탈리아에서는 GMO가 대부분의 전통 산물(Camara dei Deputati 1997; Fonte 2004)과 '이탈리아산'의 품질에 대한 가장 큰 위협으로 인식되었다(Brunori, Malandrin and Rossi 2013).

　이탈리아 먹거리의 안전과 품질에 대한 위협을 중심으로 1990년대 후반 '관행'과 '대안' 세력의 연합이 형성되었다. GMO에 반대하는 슬로푸드, 레감비엔테Legambiente(국가적인 환경보호 연합체), 그린피스, 이탈리아유기농연합(AIAB) 등의 대안 세력이 보다 '관행적인' 주체인 콜디레티, 콘파르티자나토Confartigianato(소규모 장인기업연합), 다수의 소비자 연합, 대부분의 핵심 슈퍼마켓 체인(쿱 이탈리아, Auchan-SMA, 카르푸) 등과 연대를 형성하였다.* 안전성이 국내 생산과 개념적으로 연결되기 시작하면서,** '이탈리아산'에 대한 합의가 발전되었고 농식품 부문의 광

---

* 'GMO로부터의 해방Liberi da OGM' 연대를 보라(http://www.liberidaogm.org). 유통기업이 GMO 반대 연대체에 이름을 올리는 일은 유럽 특유의 일이다. 미국에서는 그런 일이 없었다.
** 국내 생산과 안전성 간의 연상 작용은 이탈리아 특유의 일은 아니다. 사례로는 Nygård and Stordtad(1998)를 보라.

범위한 이해관계 연합이 만들어지기 시작했다. 국내 생산이 품질을 보증하는 것으로 비춰지게 되었을 뿐 아니라 소비자의 먹거리불안에 대응하는 좋은 마케팅 전략이 되었다(Brunori, Malandrin and Rossi 2013).

이탈리아에서 발생한 변화는 CAP 개혁이라는 상위의 맥락 속에서 일어난 것이었다. 유럽연합(EU)은 근대화 프레임을 통해 '품질로의 전환'을 안전성 규범의 관리를 통한 산업적 생산의 합리화와 통제의 강화로 해석하였다. 먹거리경제에서 EU의 규제 역할을 재편하는 데 국제적인 압박—WTO 협상이 농업 보조금의 축소와 시장 접근의 자유화 정책 쪽으로 흘러가고 있는 상황—을 고려하지 않을 수 없었다(Majone 1996; Marsden, Flynn and Harrison 2000).

CAP 개혁(1992), 그리고 한편으로는 CAP가 생산성 중심의 기존 정책의 자유화를 지향하는 정책으로 전환한 맥락, 다른 한편으로는 식품 안전 기준 개선, 품질과 환경보호 강화의 맥락에서, EU의 GMO에 대한 바이오안전성 규제(사전 예방 원칙에 의거), 위생법률(1991~1993), '추적가능성' 규제(2002)가 만들어졌다. 또한 CAP 개혁은 농업 부문에 대한 강조에서 벗어나 다기능적 농촌개발 개념으로의 변화를 수반하였다. 가격지지 수준의 감축과 농민소득 지지를 위한 보조금 개혁을 목표로 한 1992년 맥셰리MacSharry 개혁은 농생태학적 조치(친환경적 유기농법에 대한 보조금 제공, 지리적 표시 보호를 위한 규제)를 통해 '품질로의 전환'을 가져왔다. CAP의 새로운 방향성과 특히 제2기둥(농촌개발 정책)의 확립은 '품질로의 전환'에 의해 수반된 먹거리 품질로의 전환을 강화하면서, 농식품체계 내 주요 주체 간에 기회와 합의를 창출했다. 바로 이 시기에 생산성, 전문화, 표준화가 아니라 차이와 품질의 가치화를 기반으로 삼는 유럽식 농업 발전 모델 개념이 등장했다.

'품질로의 전환'과 그것이 EU 정책으로 연결되는 방식은 이탈리아 농업 주체 간에 긴장관계를 만들어냈다. CAP 시절 근대화 전략의 지지자였던 콜디레티는 재빨리 변화의 기운을 감지하고는, "점차 근대화 담론과 CAP 가격지지에 대한 조합주의적 방어를 버리고 다기능성과 신농업 정책에 기반한 새로운 비즈니스 모델을 제안함으로써 스스로 환골탈태하였다. 전통, 지역성, 가족농이 콜디레티 품질 개념의 공통적 요소가 되었다"(Brunori, Malandrin and Rossi 2013: 23). 또한 콜디레티는 자유화에 대해 모호한 입장을 채택하였다. 이를 통해 보호주의적 성향을 띠면서 '이탈리아산' 산물의 방어를 중심으로 연대를 구축하는 주된 행위자로 등장했다. 지역적으로 배태된 품질을 인정하고 보호하려는 EU의 정책 틀은 슬로푸드로서는 분명 환영할 만한 발전이었다. 뿐만 아니라 EU의 위생법으로 인해 위협받게 된 전통 산물을 보호하려는 싸움 속에서 이탈리아 정부를 자신의 후원자 명단에 올릴 수 있었다. 새로 만들어진 전통 산물 등록부 관련 규정을 통해, EU의 위생 규제를 무시하고 전통 산물을 생산, 가공할 수 있게 되었다.[*]

먹거리, 건강, 안전, 환경과 생산 관행 간 관계에 대한 관심의 증대가 큰 변화를 가져오는 중요한 요인이었다. 그리고 이는 먹거리의 수요 측면에도 변화를 가져왔다. 소비자가 대안 먹거리경제를 위험과 걱정을 회피할 방법으로 바라보기 시작했다. 이는 대안적 먹거리 네트워크—특히 유기농과 생산자-소비자 간 긴밀한 관계에 기반한 네트워크—에 힘을 불어넣었다. 새로운 EU 정책 틀 속에서 유기농 생산에 주어지는 지원이 늘어난 것이 이 부문의 팽창에 크게 기여했다. 그 결과 사업체의 규모 확대와 대규모 유통체계와의 긴밀한 연결로 인한 긴장관계도 생겨

---

[*] 등록부의 14번째 개정 당시(2014년 6월), 4,813개 산물이 등재되어 있었다(http://www.politicheagricole.it).

났다.

이러한 맥락에서 대안적 농업의 핵심 주체들이 존재감을 보이게 되었고, 전략을 갈고 닦았으며, 지배적인 먹거리체계와 경쟁하거나 공생하면서 활동을 이어나갔다.

캄파냐아미카와 콜디레티: "모두 이탈리아 공급사슬로"

150만 명의 회원을 보유하고 있는 콜디레티는 스스로를 "이탈리아뿐만 아니라 유럽에서 가장 큰 농민조직"이라고 부른다. 콜디레티는 1944년 파올로 보노미Paolo Bonomi에 의해 창립되었는데, 창립자가 1980년까지 대표직을 유지했다. 콜디레티는 보노미가 역시 대표를 맡았던 페데르콘소르지Federconsorzi*에 대한 통제력을 통해, 유럽 CAP 시행 이전에 농업 정책에 투여된 공적 자금의 상당한 지분을 차지했다.

이 두 단체는 1990년대 중반까지 이탈리아 농촌의 경제적, 정치적 권력의 중심이었다. 즉, 농촌 지역에서 기독민주당(당시 여당)의 정치적 수족이었다. 60석 이상의 의원이 콜디레티의 영향력을 통해 의회에 입성했다. 지역 수준에서는 수천 명의 선출직 공무원이 이 조직의 지지를 받아 당선되었으며, "권력과 사회적 통제력의 촘촘한 그물망"을 형성하

---

* 페데르콘소르지는 전국 콘소르지아그라리Consorzi Agrari 연맹으로, 농업 컨소시엄(콘소르지아그라리)들을 연결하는 2차 협동조합이다. 19세기 말의 농업 위기에 대응해 1892년 창립된 이 조직은 비료와 농기계 공동구매 조직으로 받아들여졌지만, 이 조직의 기능은 곧 농산물의 공동 마케팅과 농민에 대한 농촌지도 서비스와 기술 지원을 제공하는 데까지 확대되었다. 파시스트 집권 시기에는 정권의 비축 정책 시행자이자 농업금융 제공자가 되었다. 활동의 범위는 2차 세계대전 이후 시기에도 굉장히 광범위했다.

였다(Fanfani 2004: 10).

콜디레티는 1944년 제정된 강령을 통해 "기독교 사회학교의 역사와 원칙의 영감을 받는" 것으로 되어 있었다. 이 조직의 목적은 "농업 생산의 증대와 가족농의 역량 강화를 통해 농촌 주민을 보호하고, 사회적, 경제적으로 농민계급의 지위를 향상"하는 것이었다(Occhetta and Primavera 2010: 15에서 재인용). 콜디레티의 지도 원칙은 "소농의 이해관계, 필요, 문제는 대농(대지주 조직인 콘파그리콜투라Confagricoltura)이나 노동계급과는 다르다"는 것이었다(1st Coldiretti National Congress 1946, Occhetta and Primavera 2010: 15에서 재인용). 따라서 콜디레티는 이데올로기적, 정치적으로 노동자조직과는 구분되었고, 대지주를 대표하는 결사체인 콘파그리콜투라와도 구분되었다.

하지만 현실은 이러한 이데올로기적 거리보다 훨씬 더 복잡했다. '농촌계급'의 이해관계는 실제로는 콜디레티에 의해 농촌주의적 '녹색전선' 전략의 일환으로 동원되었다. 이는 시장 지향적 자본주의 발전이 가져오는 부정적 영향으로부터 농업 부문 전체(대지주를 포함)를 보호하는 것이 목적이었다(Mottura 1987). 이러한 조합주의적 접근 방식으로 인해 콜디레티는 진정으로 중소농을 보호하려는 농업 발전 모델을 제기하는 데 실패하였다. CAP이 발효되자 콜디레티는 재빨리 농업 근대화와 기술혁신 채택에 기반한 생산주의적 논리를 포용하였다. 새로운 접근 방식은 이 시기에 농기계와 중간 투입재의 상업화를 국가적으로 이끌었던 페데르콘소르지의 경제적 이해관계와 부합하였다.

1990년대가 시작되자 콜디레티는 정당성의 커다란 위기에 직면하였다. 이탈리아의 역대 은행파산 사례 중 손꼽을 만한 사례인 1991년 페데르콘소르지의 파산 및 청산이 발생하면서, 콜디레티의 정치적 역할과 경제적 역할 간의 이해관계 갈등이 공공의 의심을 받게 되었다.

검찰 수사를 통해 (대부분 공적) 기금의 사용에서 투명성이 부족했다는 점이 밝혀졌다. 이와 동시에 검찰의 '깨끗한 손(마니풀리테)' 캠페인으로 인해 이탈리아의 전후 정당체계가 뒤흔들렸다. 콜디레티의 정치적 후원자였던 기독민주당이 연속되는 스캔들로 심각한 타격을 입고 1994년에 해산된 것이다. 1980년대 초반부터 만성적 과잉 생산의 근원으로 여겨졌던 CAP에 대한 급진적 개혁 요구가 점점 더 강해졌다. 이탈리아에서 콜디레티와 CAP 간 긴밀한 연관관계는 콜디레티의 위기에 기여하였다.

이와 같은 일련의 사건으로 콜디레티는 심대한 재혁신 과정에 들어가게 되었다. 스스로를 품질로의 전환을 부르짖는 옹호자로 재창출한 것이다. '소비자와의 협약(2000)'*을 통해 '100퍼센트 이탈리아산all-Italian agricultural filière' 마니페스토를 출범하면서, 진정한 '이탈리아산' 산물의 옹호자가 되었다. 하지만 2011년 채택된 새로운 강령은 기존의 생산주의적 접근과 분명한 담론적 단절을 보여준다. 콜디레티는 핵심 테마로 농업 경영체의 다기능성, 지역적 다양성의 표출로서의 품질 개념, 농촌 관광, 환경 서비스, 지역과 경관의 보호, 대중 인식 증진 캠페인 등을 택했다(Coldiretti 2011).

가장 혁신적인 신정책 의제 영역은 '캄파냐아미카Campagna Amica(친근한 농촌) 재단'에게 부여되었다. 2008년 설립된 CA는 농업의 다기능적 역할에 대한 대중 인식 증진, 지속가능 발전의 증진, 농촌-도시 지역 간 관계와 생산자-소비자 간 관계 확립을 위한 의사소통 캠페인을 담당하는 역할을 맡았다. 설립 1년도 되기 전에 캄파냐아미카(CA)는 신뢰가능한 산물에 대한 소비자 수요 증대에 부응하려고 자발적으로 확대되었

---

* http://www.edizionitellus.it/patto.html을 보라.

던 직판 노력의 육성과 조율을 위한 국가 수준의 프로그램으로 전환되었다.

CA 캠페인의 핵심 요소는 자발적 표시를 통한 행동 규범을 준수하는 생산자를 인증하는 프로그램이다. 로고는 재단이 소유하고, 인증 절차는 외부 기관에 위탁하였다.* 라벨링 메커니즘은 '100퍼센트 이탈리아산 마니페스토'에서 표명된 가이드라인을 시행하고 전달했다. 농민은 자신의 생산물만 판매하며 이 산물은 '이탈리아의 특정 지역에서 생산된 농산물'이라는 것을 보증한다. 농민은 직판 규범에 근거한 행동 규칙을 준수하며, (농민장터의 경우) 가격은 슈퍼마켓보다 저렴하다.**

CA 경험의 새로움은 콜디레티의 엄청난 조직력을 동원하여 CA 재단이 직접 관리하는 거대한 유통 네트워크를 창출함으로써 라벨링 체계를 구축한 데 있다. 인증받은 생산자는 믿을 만한 마케팅 채널에 접근 가능해졌고, 재단은 판매처의 디자인, 집단 활동의 스케줄화, 인증 로고와 가치의 홍보 등의 서비스를 제공했다. 이 모델의 핵심에는 CA 농민장터가 있다. CA가 인증하는 농민이 자신의 산물을 직접 도시 소비자에게 판매하는데, 판매 산물의 원천에 관한 규정은 매우 엄격하다. 대부분의 경우 농민은 자신의 생산물만 판매가능하며, 직접 생산하지 않은 모든 농자재는 판매가 이루어지는 주와 동일한 주에서 만들어진 산

---

* CA 생산자의 인증은 농식품 전문 민간 인증·검사기업인 CSQA로 위임되었다. CSQA는 원산지 등록 생산물의 모니터링 업무를 담당한 농업부 최초의 인가 기업이었다.
** CA 규제하에서 CA 농민장터에서 판매되는 비유기농 신선 식품은 지역 기준가격 대비 최소 30퍼센트는 저렴하게 가격이 책정되어야 한다. 지역 기준가격은 경쟁 산물 가격 중 가장 낮은 가격으로, ① 최소 3곳 이상의 판매처에서 관찰된 지역 슈퍼마켓의 가격, ② SMS 소비자 서비스(농업부-ISMEA-몇몇 소비자 단체가 공동으로 운영)가 제공하는 기준가격이다. SMS 소비자 서비스는 매일 3개 권역(북부, 중부, 남부)에서 84개 농산물 품목(도소매)의 평균가격을 모니터링한다. 이 글을 집필하던 시점에는 SMS 소비자 서비스가 중단된 상태이어서, CA 지역 기준가격은 현재로서는 지역 슈퍼마켓 가격만으로만 산정되고 있다.

물이어야 한다.* 이 네트워크가 갖고 있는 다른 판로로는 농가 직판(농
업 관광), 이탈리아산이라는 원산지를 추적가능한 CA 산물만 판매하는
이탈리아 매장, CA 산물과 CA 도시 과수원 산물만 사용하는 식당 등
이 있다. 또한 CA는 연대구매그룹을 비롯한 공동구매 그룹 네트워크의
조직화도 지원하고 있다.

　따라서 CA 네트워크는 직업 농민과 비직업적 생산자, 식당, 시민 그
룹, 구매자 그룹 등으로 구성되어 있다. 다른 대안 먹거리 네트워크와
는 달리, 특화된 틈새시장(유기농, 바이오다이나믹, 로하스 등)만이 아니
라 모든 소비자 그룹을 위한 식사 제공을 목표로 하는 모델을 채택
했다. 2014년 4월 현재 CA 네트워크는 유럽에서 가장 큰 직판 조직으
로, 7,000개소 이상의 판매처를 보유하고 있다(Di Iacovo, Fonte and
Galasso 2014: 32-33). CA 판매처들은 판매 활동뿐만 아니라 다양한 지
속가능한 발전 노력도 시도하기 시작했다. 즉, 생산자와 소비자 관계를
활용하기 시작한 것이다. 또한 CA 판매처들은 사회적 환경 속에 군건히
뿌리내리고 있다. 가령, 주변화된 도시나 근교 지역의 재활성화를 위한
중심지 역할을 하게 된 것이다.

　CA는 직판 네트워크의 발전 노력과는 별개로, 슈퍼마켓 매장으로 향
하는 대량 물류를 보내는 관행 유통 채널을 통해 100퍼센트 이탈리아
산 상품을 보호하고 증진하려 노력하고 있다. 이를 위해 CA는 '피르마
토 아그리콜토리 이탈리아니Firmato Agricoltori Italiani(이탈리아 농부가 서명
한)' 마크를 개발하였다. 이는 콜디레티와 CA에 참여하는 중대농 생산

자를 겨냥한 것이다. 피르마토 아그리콜토리 이탈리아니(FAI) 인증은 오일, 육류, 살라미, 과일, 채소, 쌀, 파스타 등을 커버한다. 핵심적인 인증 요건은 모든 재료가 엄격하게 이탈리아산이어야 한다는 점으로, 공정한 마진을 생산자에게 환원한다는 취지를 갖고 있다.* FAI 인증 상품은 카르푸, 쿱, 코나드Conad, 데스파르Despar, 이페르Iper 등 주요 슈퍼마켓 체인에 공급한다. 또한 CA는 이페르, 쿱 등 대형 유통 네트워크와 협력하여 100퍼센트 이탈리아산 제품을 개발하여 PB 상품**으로도 공급하고 있다.

CA 재단은 공식적인 창립이 2008년이었다는 점에서 신생 조직에 불과하지만, 지금까지 6년간의 성과는 성공적이었다고 평가할 수 있을 것이다. 즉, 이는 가장 오랜 조직인 콜디레티를 중심으로 하는 사회적, 경제적 네트워크의 확장과 안정성에 기여했다. 또한 콜디레티가 중대한 정당성의 위기 속에서도 되살아나 이탈리아의 '품질로의 전환' 시기에 주요 주체로 재등장할 수 있게끔 해주었다. 주변 제도적 환경과의 관계에서는 항상 강력한 견인력을 발휘했다. 성공의 징표 중 하나는 국가 및 EU 수준의 정책에 대한 개입이다. 주류 농식품체계의 주요 기업 행위자와 우호적인 협약을 맺어온 역사도 빼놓을 수 없다. CA 재단은 고도로 구조화된 사회기술적 형태를 대표한다. CA 모델은 구스먼의 분류법에 의하면 장소에 기반한 민간 라벨링 시스템private place-based labelling system—농민장터나 FAI에서처럼 산물의 로컬주의가 특징—이다. 또한

---

* 수익 배분의 '공정성'은 대부분 농민과 유통업자 간 중간 단계의 축소에 근거한다. 또한 CA와 FAI가 대규모 물량을 취급함으로써 농민에게 더 좋은 조건으로 협상할 수 있다는 점에 근거한 것이다.
** CA가 개입하여 만들어진 100퍼센트 이탈리아산 제품군의 브랜드가 이페르 네트워크의 'VOI(이탈리아산의 가치Valore Origine Italiana)'다. 그리고 쿱 슈퍼마켓에서 판매되는 이탈리아산 파스타의 브랜드는 '100% 이탈리아Italia'다.

CA 시스템 속에는 재분배적 요소도 있다. 인증체계는 생산자가 더 높은 가격을 책정하는 것이 아니라 중간 상인을 없애고 보호받는 시장 공간을 창출함으로써 적정 가치를 추구할 수 있게 하였다.

이탈리아의 유기농운동: 흙과 표준의 정치경제

이탈리아의 유기농운동 스토리는 파편적이다. 즉, 슬로푸드의 카를로 페트리니Carlo Petrini에 비견될 만한 중심 인물이 없다. 유기농업의 발전은 잘 알려지지 않은 지역 차원의 여러 주체가 일구어냈다. 사회기술적 이행론(Smith, 2006)의 시각에서 보면, 이탈리아 유기농업 스토리는 틈새 혁신의 진화로 볼 수 있다. 1970년대와 1980년대 초의 개척기를 거쳐 1980년대 지역의 주체들이 생산, 유통, 소비의 대안적 규범을 만들어나가면서 '제도화'되기 시작하였다. 1990년대는 국가와 EU 수준의 규제에 의해 지원을 받은 제도화를 통한 안정화의 시기다(Fonte and Salvioni 2013).

유기농운동의 선구자들은 상이한 배경에서 등장하였다. 급진좌파, 생태운동, 대안운동 등이다. 급진좌파 그룹은 히피 반문화의 영향을 받은 '농업 코뮌'의 경험을 통해 성장하였다. 생태운동 그룹은 보다 명시적으로 환경 이슈에 초점을 맞추었다. 대안운동 그룹은 근대성의 스트레스와 불편함에 관심을 두면서, 루돌프 슈타이너Rudolf Steiner의 가르침에 따라 자연에 따르는 전통적 가치와 생활 양식의 회복을 제안했다. 이러한 근원의 이질성으로 인해, 신규 귀농자와 소비자에게 어필할 능력이 지속적으로 성장했는데도 통일적인 국가적 대표체로 발전하지는 못했다.

초창기에는 광역 수준에서 서로 독자적으로 이루어진 다양한 선구적 노력이 특징적이다. 최초의 이탈리아 유기농 단체는 1969년 토리노에서 화학물질 사용에 반대하는 의사, 농학자, 농민이 설립한 '흙과 건강Suolo e Salute'이었다. 이들의 목적은 흙의 건강과 소비자의 건강을 화해시키는 것이었다. 초대 대표는 의사인 프란체스코 가로팔로Francesco Garofalo로, 그는 유기농업에 대한 과학적 접근의 선구자였다. 많은 유사한 노력이 같은 시기 다른 지역에서 시작되었지만,* 1970년대 동안에는 지역을 넘나드는 협력의 정도는 낮았다.

1980년대 초반까지도 유기농업에 대한 공식적인 규제가 존재하지 않았다. 지역적인 수준에서만 그런 규칙이 있었다(Ca Verde 2014). 즉, 유기농의 '제도화'가 막 시작된 시기라고 할 수 있다. 1982년 소비자조직인 'AAM 테라누오바AAM Tera Nuova'가 광역 조직들을 결합하여 전국위원회('유기농이란 무엇인가')를 설립하였다.** 위원회에서는 소비자 대표와 광역 조직들이 유기농 생산 규범을 일치시키기 위한 논쟁을 진행했다.

1986년 위원회는 최초로 전국 수준의 규범(유기농 생산자가 준수해야 할 규범)을 승인했다. AAM 테라누오바가 만든 이 책자는 〈붉은 소책자: 상업적 행위규범〉이라 불리는데, 상업 지향의 유기농 생산자가 준수해야 할 표준과 근본적인 윤리적 가치를 제시했다(La Primavera Coop 2014). 1988년 AAM 테라누오바와 많은 지역의 소비자 및 생산자 단체

---

* 가령, 이탈리아 중부 마르케주에서는 화학농업으로 전환하기 거부한 농민이 1980년대에 '마르케 유기농업 연합(AMAB)'을 설립했다. AMAB는 점차 이탈리아 전역으로 확대되었고, 결국 1996년 '지중해 유기농업 연합'으로 개칭되었다(AMAB 2013). 농업 생산자, 기술자, 학생의 그룹들에 의해 몇몇 유기농 및 바이오다이나믹 협동조합이 같은 시기를 즈음해서 북동부 베네토주에서 등장했다.
** 'AAM 테라누오바'는 1977년 볼로냐에서 창립되었다. 이 조직은 유기농 먹거리와 농업과 관련한 주제를 다루는 동명의 잡지를 발간한다.

가 위원회의 경험을 살려 광역 조직들의 연합체인 이탈리아유기농연합 (AIAB)을 설립했다. 운동의 제도화 추세 속에서 1989년 최초로 전국 자연식품 축제를 개최했고, 1990년 AIAB는 유기농업만을 다루는 최초의 전국 잡지 《바이오농업BioAgricoltura》을 출간했다. 이는 농촌 지도사, 연구자, 생산자를 위한 중요한 홍보와 의사소통의 도구가 되었다(Fonte and Salvioni, 2013).

유기농업의 제도적 안착은 1990년대 들어 EU의 규제가 발표되면서 완전히 이루어졌다. 이를 통해 유기농업은 주류 사회기술적 체제 속에서 혁신적 틈새로부터 시작해 시장의 한 부문으로 전환되었다. 1991년 유기농 생산과 인증 관련 규제인 CEE 2092/91이 확정되었다. 다음 해에는 이탈리아 농림부가 6개 전국적 인증 단체를 인정했다(AIAB, CCPB, 데메테르Demeter, 흙과 건강, AMAB, BioAgriCoop. 1993년에는 AgriEcoBio가 추가되었다). 같은 해 가장 중요한 유기농업 조직이 '이탈리아 유기농업 연합'(FIAO, 후에 FEDERBIO로 개칭)을 설립했다. 이 단체가 이탈리아 유기농업을 대표하는 통일조직이 되었다. 생산 규약을 정함으로써 유기농 틈새시장의 차별화 전략에 필요한 조건을 확립하였다. 이후에 새로운 CAP의 농업환경 조치에 의거하여 가능해진 금전적 인센티브 덕분에 유기농 농가가 급속하게 확산되고 이탈리아 전역에 유기농업이 확산되었다(Salvioni 1999; Fonte and Salvioni 2013). 2010년 유기농 농가 수는 4만 5,000을 넘어섰으며, 유기농 면적은 총 이용 농지의 9.7퍼센트에 달했다(약 125만 헥타르)(Rete Rurale Nazionale 2013).

유기농 부문의 성장을 더욱 자극한 것은 1980년대와 1990년대의 식품 사고와 스캔들이었다. 이는 유기농 먹거리에 대한 수요를 엄청나게 증가시켰다. 최초의 대규모 생산 및 유통 시도가 이 시기에 시작되었다(Santucci, 2009). 1986년 낙농 생산 전문조직 파토리아 스칼다솔레

Fattoria Scaldasole가 설립되었다. 1987년에는 소비자협동조합이 유기농 전문 유통기업인 Gea로 개편 설립되었다. 이 기업은 1998년 Ecor가 되었고 2009년 현재 EcorNaturaSi로 개명하였는데, 유기농 판매에서 가장 중요한 전국적 슈퍼마켓 체인이다.*

하지만 시장의 팽창에 따른 대가도 수반되었다. 유기농 부문의 주류 시스템(특히 대규모 슈퍼마켓)으로의 강력한 편입과 유기농 기업 및 농장 규모의 성장은 '관행화'를 가져왔다. 유기농업은 관행적 사회기술적 체제와 공생관계를 갖게 되었고, 그로 인해 유기농운동의 기원이 되었던 가치와 이상의 점진적인 훼손이 발생하였다.

정치경제학적 측면에서는, 농식품 체제의 이와 같은 변화는 분명 농민(과 소비자)과 자연—특히 흙— 간의 새로운 관계에 기인한 것이다. 유기농업이 증진한 새로운 기술의 핵심에는 토양의 건강성과 소비자의 건강이 있다. 사회기술적 수준에서는 새로운 기술자계급이 농민과 자연과 소비자 간의 관계를 매개하였고, 이들이 민간과 공공 농촌 지도사들의 '산업적 기반의' 지식과는 다른 새로운 형태의 지식을 확산시키는 데 기여했다. 유기농업의 야심은 전통적 농업과 전통적 지식의 원칙을 재확인하는 것이다. 이를 통해 그러한 원칙을 과학적 지식으로 고정하고 이를 표준화시켜 소비자와의 의사소통을 돕게 한다.

유기농운동이 콜디레티나 슬로푸드 경험과 다른 점은, 유기농 먹거리의 '통합적' 품질을 인증하는 데 대한 접근 방식 때문이다. 유기농 인증체계는 국가적이고 초국가적인 법률 속에 자리 잡고 있다. 인증 기구에 대한 승인은 국가에 의해 법적으로 인가되는데, 이는 콜디레티나 슬로푸드 같은 민간의 자발적인 라벨링 성격과 대조적이며, 신자유주의

* http://www.ecornaturasi.it을 보라

적 거버넌스 양식의 표출이라고 볼 수도 있다(Guthman 2007). 그 과정에서 표준을 정의하는 것이 유기농의 정체성을 둘러싼 갈등의 전장이된다. 표준을 규정하는 것이 보다 관행적이거나 보다 '대안적인' 식량체제를 구성하는 한 부분인 유기농운동의 정체성을 중심으로 벌어지는전투의 장이 되었다는 점이 중요하다.

하지만 가장 첨예한 갈등은 주류 먹거리체계와의 관계 속에서 발생한다. 특히 유기농 부문이 슈퍼마켓 유통을 활용하여 규모를 키우는 데서 그러하다. 몇몇 옹호자는 슈퍼마켓이 필수 불가결한 동맹이라고 생각하는 반면, 다른 논자들은 건강, 생태, 공정성, 보살핌 등 같은 유기농운동의 원칙과 양립할 수 없다고 본다.

슬로푸드와 즐거움의 정치경제

슬로푸드는 이탈리아의 먹거리정치에 있어서 큰 영향력을 끼치고 있는 복잡한 조직이자 사회운동이다. 많은 국제적인 연구 문헌이 존재한다는 점이 슬로푸드운동의 성공을 가늠하는 지표다(Leitch 2003 and 2005; Fonte 2006; Andrews 2008; Walter 2009; Sasatelli and Davolio 2010). 그러나 이 글에서는 엘리트주의적 성격에 대한 비판(Sasatelli and Davolio 2010)보다는 1990년대 이탈리아 농업의 '품질로의 전환'에서 슬로푸드의 역할에 초점을 맞출 것이다.

슬로푸드운동은 이탈리아의 우수 먹거리 지역 중 하나인 랑게Langhe 지역*의 전통 음식과 와인문화에서 기원했다는 지식을 빼놓고는 이해

---

* 피에몬테주의 일부 지역. – 옮긴이

할 수 없다. 바롤로Barolo 와인*과 알바Alba 송로버섯**은 이 지역의 정체성과 연결되어 있는 다양한 먹거리 산물 중에서 국제적으로 가장 잘 알려진 품목일 뿐이다. 슬로푸드운동의 시작은 또한 1970년대와 1980년대 이탈리아의 정치와 문화, 그리고 글로벌 경제 속에서 발생한 변화의 맥락 속에서 찾아볼 수 있다(Andrews 2008).

지구화와 자유화는 후기 근대 자본주의를 바꾸어놓았다. 포스트구조주의 이론에 따르면, 포스트 물질주의 사회의 등장을 이끈 과정 속에서 계급은 사회조직을 설명하고 정치 투쟁을 조직하는 틀로서의 중심적 개념의 지위를 상실하였다. '생산의 세계'에서 '소비의 세계'로의 전환 속에서, (생산·노동계급보다는) 문화와 소비자가 사회 변혁의 주체로 비춰졌다(Baudrillard 1981; Miller 1995; 1997; 2012; Miele 2001; Ritzer and Jungerson 2010). 새로운 글로벌 경제가 '기호의 경제'(Lash and Urry 1994)로 개념화되면서, 문화가 새로운 집합적 행위 형태를 이해하는 토대(Eder 1993)이자, 가치화되고 상품화되는 자산이 되었다(Ray 1998). 자유민주주의 사회에서 소비주의적 정체성 생산 형태가 성장하면서, 소비자 정치의 새로운 가능성 역시 커지게 되었으며, 그 속에서 문화가 정치적 동원에 있어서 선호되는 단어가 되었다(Leitch 2003: 443).

이러한 변화가 일어나면서, 이탈리아에서는 정당, 노조, 가톨릭교회처럼 전통적으로 집합적 이해관계를 정치적으로 대표하던 조직의 문화적 영향력이 상당 정도로 위축되었다. 이는 새로운 시민 참여의 공간을 열어주었고, 그곳에서 새로운 집합적 행위 형태—신사회운동과 독립

---

* 와인의 왕이라는 별칭을 갖고 있는 이탈리아의 대표적 와인으로, 피에몬테 주 바롤로에서 생산된다. - 옮긴이
** 송로버섯 중에서 프랑스의 페리고르Perigord 지역에서 나는 검은 송로버섯과 이탈리아의 알바 지역에서 나는 흰 송로버섯을 최고로 친다. - 옮긴이

적 비영리 부문—가 등장하였다. 문화의 상품화와 탈산업적 자본주의 추세는 또한 이탈리아의 좌파운동을 바꾸었다. 간소함을 중시하는 공산당의 전통은 약화되었다. 많은 지식인은 음악, 영화, 스포츠 같은 대중문화의 측면을 변혁적 문화정치의 형태로 재규정하였다(Leitch 2003: 451).* 이 시기에 급진좌파 신문인 〈일 마니페스토〉가 미식을 다루는 8면짜리 생활지 〈감베로 로소〉를 발간하기 시작했는데, 카를로 페트리니가 그 첫 멤버 중 한 명이었다.

따라서 슬로푸드운동이 진공 상태에서 탄생한 것이 아니라는 점을 강조할 필요가 있다. 슬로푸드운동의 태동기인 1986년경은 맥도날드의 로마 매장 오픈에 다양한 지식인—유명한 건축가 포르토게시와 콘스탄티노 다르니, 도시계획가(브루노 제비), 사회학자(페라로티), 언론인과 정치인(안토넬로 트롬바도리) 등—이 반감을 표명하던 시기였다. 페트리니가 미식학에서 자신에게 가장 큰 영향을 끼친 인물로 인정한 저술가 베로넬리Veronelli는 1964년 《잃어버린 먹거리를 찾아서》라는 책을 저술하였다. 그는 당시 사라져가는 작은 포도밭을 살리고 기법과 맛의 동질화 추세로부터 지역 와인을 보호하려 시도하였다. 또한, 두 곳의 사회센터 Centrini Sociali**(베로나주의 La Chimica 및 브레시카주의 Il Magazzino 47)를 장악한 청년 급진운동***과 연대하여 2003년에는 '크리티컬 와인'이

---

* 이탈리아 좌파가 문화—특히 대중문화—에 가진 새로운 관심은 1976년부터 1985년 사이에 건축가이자 좌파 지지체 시의원이었던 레나토 니콜리니가 조직한 '로마의 여름'에서 상징적으로 나타났다.

** 1960년대와 1970년대 정치운동이 위기를 맞은 상황에서 1980년대에 자주관리 사회센터가 이탈리아 전역으로 확산되었다. 젊은이들이 주로 대도시 근교 지역의 버려진 건물을 점거하고는 이를 문화·정치·여가활동을 벌이는 청년들의 센터로 바꾼 것이다.

*** 공산주의자, 아나키스트, 히피족, 해커, 예술가들이 거대한 버려진 공장, 요새, 군사시설, 창고, 차고, 폐쇄된 학교나 교회 등을 점거하여 영화관, 콘서트 홀, 바, 쉼터, 서점, 라디오 방송국, 예술 갤러리 등으로 이루어진 복합 공간으로 개조한 것이다. 현재 150여 개가 있는 것으로 알려지고 있다(윤수종, 2008, 〈이탈리아의 사회센터운동〉, 《지중해지역연구》, 10(2) 참조). - 옮긴이

라는 단체를 창립하였고, 지역의 자가 인증 생산물을 직판하는 '테라 Terra 농민장터'를 만드는 데 영감을 주었다(Terra e Liberta/Critical Wine 2004; Veronelli and Echaurren 2005). 그는 1998년 EU 위생법이 이탈리아에 맹목적으로 적용되는 데 반발하여 글을 기고했다. "우리가 희망을 투사했던 유럽공동체가 장기적인 어떠한 위험도 발생시키지 않는 전통 절임류, 소스, 치즈, 육류를 내쫓을 목적으로 산업계에 유리한 잘못된 위생주의적 규범을 확립하였다"(Rota and Stefi 2012: 19-20). 이러한 견해가 슬로푸드의 플랫폼을 만드는 데 큰 영향력을 끼쳤다.

슬로푸드의 파리 마니페스토는 1989년에 출범했다. 최초의 '살로네 델 구스토(맛의 축제)'는 1996년에 시작되었다. 그런데 이 두 해는 모두 유럽에서 큰 먹거리 스캔들이 일어난 해였다. 슬로푸드는 1980년대와 1990년대의 유럽의 먹거리와 관련한 사회적 논란을 산업적 표준화, 동질화, 세계화에 기반을 둔 먹거리체계 근대화 모델의 위기가 표출되는 것으로 해석하였다. 이 위기에 대해 먹거리를 집단적 국가정체성의 상징으로서 정치적으로 재전유함으로써, 위협받는 먹거리와 문화적 경관의 다양성을 보호해야 할 필요성을 역설하였다(Leitch 2003: 441).

슬로푸드는 탄생 때부터 스스로를 신사회운동으로 규정하였다. 콘비비아convivia—식사, 음식, 와인 맛보기 이벤트와 홍보 캠페인을 벌이는 지역적 결사체(지부)—를 통해 실현되는 즐거움의 정치는 슬로푸드운동을 비판적 소비주의의 영역으로 자리매김한다. 그러나 슬로푸드운동의 독창성은 탈쾌락주의적인 새로운 형태의 '즐거움의 정치politics of pleasure'에 있다. 즉, 느림slowness이 장소의 정치(지역 문화유산, 경관, 생산의 물질문화뿐만 아니라 국제적인 생물다양성과 코스모폴리타니즘)를 표상하는 은유가 된다(Leitch 2003: 453).

슬로푸드는 문화적 다양성을 증진하는 동시에, 소비자로 하여금 지역에서 위협받는 먹거리를 구매하도록 장려하는 마케팅 전략을 발전시켰다. 그러한 전략은 식품산업계나 자본과 반대되지 않는다. 소비자의 미각을 교육하는 데 목적을 두면서, 교육받은 소비자라면 품질을 인정하면서 일관된 시장 행동을 통해 지지하리라 신뢰한다. 소비자에게 전달되는 정보에 반응하여 개별적인 행동의 변화가 먹거리체계 전체를 바꾸리라 본다.

먹거리의 품질은 무엇보다도 출처place of origin에서 출발한다(Slow Food 2014). 지역미식학enogastronomy은 생태미식학eco-gastronomy으로 전환되며, 운동의 궤적은 소비에서 생산의 세계로 향한다. 위협받는 먹거리와 생물다양성의 (프레시디아Presidia를 통한) 보호는 체계적으로 즐거움의 정치와 통합된다(Fonte 2006).

슬로푸드는 명시적으로는 반자본주의적이지도 반기업적이지도 않다(Leitch, 2003). 슬로푸드의 미션은 틈새 먹거리 생산자를 비롯한 소수 문화의 구성원이 서로 연계해 번성하며, 그 속에서 산업계의 행동이 슬로푸드 전략과 일맥상통하는 따뜻한 지구화를 증진하는 것이다. "우리의 목표는 식품산업계가 장인적 먹거리 생산을 포기하는 것이 아니라 지원해야 할 필요성을 이해시키는 것이다. 장인적 먹거리의 품질이 식품산업계에 긍정적인 결과를 가져온다는 것이다"(Sasatelli and Davolio 2010: 22). 그러한 전략이 현실에서 성공한 사례를, 슬로푸드의 지원으로 성장한 글로벌 슈퍼마켓 체인인 EATALY에서 볼 수 있다(Venturini 2008). EATALY는 매장에서 슬로푸드 프레시디아가 목록을 만든 '사라져가는 먹거리'를 판촉한다. 이를 통해 유통기업과 소규모 장인적 농민 간 힘의 불균형이 좋은 먹거리와 생물다양성을 보호하는 장애물이 되지 않을 수 있는 상황을 보여주고자 한다.

물론 "이탈리아 영토에서 활동하는 다양한 슬로푸드 지부를 보다 명시적으로 윤리적이면서도 정치적인 전망을 갖도록 전환하기 위해 중앙 집중적으로 노력을 기울이는 전망"과, 여전히 미적 향유와 시장 지향에 대한 전통적 견해를 고수하는 지역운동의 전망 사이에서 균열을 발견할 수도 있다(Sasatelli and Davolio 2010).

슬로푸드 프레시디아를 중심으로 하는 슬로푸드 인증체계는 분명 사적인 성격을 갖고 있다. 구스먼(Guthman 2007)이 제안한 분류에 따르면, 슬로푸드 프레시디아는 노동 과정의 검증을 통해 전통적 미각과 전통적 생산 방식을 보호하려는 '장소 기반 라벨링 시스템'이다. 먹거리의 특징이 어떠하고 어떻게 생산되었는지 부가적인 정보를 제공하는 슬로푸드의 자발적 라벨링 시스템과 '스토리 라벨링'*은 '통합적 산물 품질'을 통해 부가가치를 창출하려는 시장 기반의 메커니즘을 제공하며, 산물의 품질을 생산자의 노동과 역량 속에서 구현한다.

콜디레티의 사례처럼 라벨링 프로그램은 효과적인 마케팅 메커니즘의 창출과 함께 결합되었다. 하지만 소비자 측면에서 발생한 문화적 전환이 갖는 재분배 효과에 대한 의존과는 별개로, 생산된 가치가 생산자에게 남겨질 수 있도록 보장하는 메커니즘은 만들어지지 못했다.

포스트 유기농운동과 시민 먹거리 네트워크
: 생산자-소비자 간 새로운 윤리적 관계의 정치경제

유기농의 제도화와 관행화에 대한 불만족으로 인해, 먹거리 경제의 전일적 지속가능성을 증진하고자 하는 몇 가지 풀뿌리운동이 등장하

---

* http://www.fondazioneslowfood.com/en/what-we-do/what-is-the-narrative-label을 보라.

였다. 이데올로기적으로는 좌파적이고, 다른 한편으로는 가톨릭영성의 영향을 받긴 했지만 이는 새로운 시도이며, 전통적인 정당이나 가톨릭교회와의 어떠한 연계도 거부하는 신사회운동을 가져온 물결의 일부다.

국제적인 연구 문헌에서는 이러한 시도들이 '로컬푸드 네트워크'로 인식되어왔다. 먹거리경제의 재지역화에 초점을 두고 있기 때문이다. 하지만 오랫동안 많은 비판적 논쟁을 거치면서(Hinrichs 2000 and 2003; Allen et al. 2003; Ilbery and Maye 2005; Kirwan 2004; Allen and Guthman 2006; Kloppenburg and Hassanein 2006; Holloway et al. 2007; Fonte and Papadopoulos 2010; Goodman DuPuis and Goodman 2012), 최근에는 '시민 먹거리 네트워크civic food network'로 정의되는 것이 낫다는 견해가 많다(Renting, Schermer and Rossi 2012; Furman et al. 2014). '시민 먹거리 네트워크'의 핵심적인 관심은 산물의 품질(지역적인, 전통적인, 위협받는, 좋은, 먹거리)보다는 산물 속에 배태된 사회적 관계(먹거리 시민권, 먹거리민주주의, 식량주권)에 놓여 있다. 이탈리아의 대표적 형태는 농민장터, 도시텃밭, 사회적(복지) 농업, 연대구매그룹(GAS)이 있는데, 이들 중에서 GAS가 분명 가장 혁신적인 경험을 대표한다.

GAS는 윤리적 원칙(연대)에 의해 먹거리나 다른 재화의 구매를 조정하는 가구 그룹(30~80가구)을 뜻한다. 먹거리 공급은 자발적 '조정자'에 의해 조직되고, 주문은 보통 인터넷을 통해 관리된다. 그룹의 모든 구성원 간 개인적 관계의 구축과 유지가 대부분의 GAS에서 가장 중요한 일로 여겨진다. GAS가 너무 커지면 다른 그룹을 조직하는 것이 일반적이다. 어떤 경우에는 기존 GAS의 감독하에 새로운 GAS가 조직되기도 한다.

최초의 그룹이 피덴차(파르마주)에서 1994년 시작된 이래 급속하게 확산되었는데, 2014년 3월 현재 1,000개에 육박하는 GAS가 전국 GAS 네트워크(retegas.org)에 등록되어 있고, 14개의 광역 네트워크가 활동하고 있다. GAS운동의 경제적 적절성을 평가하기가 어렵기는 하지만, 로마의 GAS 네트워크에 대한 심층 연구를 통해 수집된 데이터로 얼마간 함의를 얻을 수는 있다(Fonte 2013). 로마의 13개 GAS의 경우 가구당 평균 구매액이 연간 700유로 상당이었다. 이 수치를 확장하면 광역 단위로는 2010년 구매액을 800만 유로로 추정할 수 있다. 이는 분명 먹거리체계 속에서 '틈새'에 불과한 수치다.

GAS는 생산자와의 직접적인 접촉을 통해 새로운 '관계와 장소의 경제'를 확립하고자 하며, 다른 먹거리 공급 방식(그리고 일반적인 재화의 공급)을 시행하고 있다. 이들의 목적은 단순히 친환경 농업 관행의 증진뿐만 아니라 운송의 온실가스 배출 저감, 제철 로컬푸드의 재평가, 지역 먹거리경제의 재활성화, 노동자 권리 증진과 공평한 보상, 먹거리 사슬의 민주주의 회복, 생산자와 소비자를 위한 식량주권 증진 등까지 포함한다.

GAS운동은 세계사회포럼과 반세계화운동의 환경 속에서 등장하였다. 이탈리아에서는 가톨릭 '정의의 예산Bilanci di Giustizia' 운동*이 선구자(가정의 소비지출을 공정한 여건 속에서 제조된 지속가능하고 공정한 산물의 구매에 사용하자는 운동) 중 하나다. 이탈리아 GAS의 목적과 조직 형태가 다양한 것은 좌파 정당, 스카우트운동, 가톨릭영성 그룹, 공정무역 매장, 사회센터 등에서 기인한 서로 다른 유산이 공존하기 때문

---

* '정의의 예산'은 이탈리아 북부에서 가톨릭교회 단체들을 중심으로 1993년부터 시작되었다. 기본 아이디어는 가정의 소비 구조를 바꾸어서, 1) 개도국에게 공정한 소비 모델을 확립하고, 2) 삶의 질을 증진하며, 3) 에너지 절감 및 재생가능 자원에 기반한 소비 모델을 지향하는 것이다 (http://www.bilancidigiustizia.it).

이다.

GAS의 고유한 특성은 아마도 이처럼 기원이 단일하지 않다는 점에 기인할 것이다. GAS는 이탈리아에서 등장한 몇몇 새로운 대안 먹거리 네트워크 가운데서도 가장 분산적인 형태다. 여기에는 중앙 조직이 없고, 수직적이지 않고 수평적인 성격을 갖는 국가적 네트워크와 몇몇 광역적 네트워크를 통해 다양한 수준에서 자신의 활동을 조율한다. GAS는 국가나 민간 기업으로부터 어떠한 금전적 인센티브 없이 시민사회에 의해 증진된다. 대부분의 GAS는 민주주의와 정치적 의식에 기여하는 요인으로서 회원의 능동적인 참여를 강조한다.

GAS에서는 생산자와 소비자의 관계가 핵심적이다. 생산자에 대한 정보는 개인적 접촉, 지역적 탐색, 다른 GAS와의 정보 교환 등을 통해 수집된다. GAS는 지역의 소규모 유기농 생산자로부터의 구매를 선호한다. 유기농 생산 인증이 필요조건은 아니다. 지역 생산자로부터의 구매는 생태적으로 건전한 생산과 유통 방식을 증진한다. 이와 동시에 생산자와 직접적이고 빈번한 접촉을 확립해 지역 경제, 지역 산물, 생물다양성을 지속가능하게 한다는, 보다 근본적인 목적에 기여한다. 생산자(지역 농민)와의 직접적인 관계를 확립해 각각의 GAS는 '생산자-시민'과 '소비자-시민' 간의 네트워크를 창출한다. 여기서는 먹거리뿐만 아니라 의미와 관계를 먹거리 사슬의 각 단계마다 공동 생산하며, 농업과 먹거리는 상품 생산을 뛰어넘어 사회적·정치적 가치를 갖는다. 교환관계가 사회관계 속에 재배태되면서, 먹거리의 공동 생산과 사회적 가치(신뢰·환경 존중·연대)를 결합한다(Di Iacovo, Fonte and Galasso 2014). 이러한 접근 방식을 유지하는 데 먹거리에 대한 표준과 인증은 운동 전략에서 중요한 요소가 아니며, 먹거리 사슬에서 가치를 유통시키는 주된 메커니즘 역시 아니다.

GAS 담론에서 핵심적인 지속가능성 요소는 연대다. 연대는 GAS 회원 간에 실천되지만, 또한 회원-생산자-농업 노동자 간에도 실천된다. 생산자가 어려움을 극복하게 도움을 주는 GAS 사례가 다수 있다. 가령, 선구매를 통해 생산자의 금전 문제를 해결해주는 것이다.

소비자-시민과 생산자-시민 간의 연대는 '공정 가격'이라는 개념 속에서 경제적으로 표출된다. GAS의 목적은 최저 가격 지불이 아니라, 환경 비용과 공정 임금을 포함한 모든 생산 비용을 포괄할 수 있는 공정 가격 지불이다. 그러나 가격은 또한 소비자에게 '공정'해야 한다. 사회적, 환경적, 생태적으로 지속가능한 산물만이 지속가능한 농식품체계로의 이행을 달성할 수 있는 대부분의 시민이 이용할 수 있기 때문이다. GAS가 그리는 비전 속에서 보다 지속가능하고 공정한 먹거리체계로의 이행을 위한 핵심 개념은 '지속가능한 먹거리에 대한 접근성'이다.[*] 지속가능한 먹거리에 대한 접근성의 제약—먹거리의 부족 같은 물리적인 것이든, 너무 비싼 유기농 같은 경제적인 것이든—은 지속가능성에 대한 매우 심각한 장애물이 되고 있다. 따라서 GAS의 에너지는 대안적 먹거리 공급체계를 건설하고, 지속가능한 먹거리에 대한 물리적·경제적 접근성을 보장할 수 있는 대안적 소비 실천을 건설하는 데 쏟아지고 있다 (Fonte 2013).

짧은 먹거리 사슬과 생산자-소비자 간 재연결이 이러한 노력의 핵심 요소다. 짧은 먹거리 사슬은 경제적 목적을 위한 조직적 수단일 뿐만 아니라, 지속가능한 자급적 지역 경제를 창출하고 지속하며 먹거리민주

---

[*] 여기서 우리는 아마르티아 센의 '먹거리접근성' 개념과, 그것이 먹거리보장에서 갖는 중요성에 대한 재해석을 찾아볼 수 있다. GAS의 비전 속에서 '지속가능한 먹거리에 대한 접근성'이 지속가능하고 공정한 먹거리체계—즉 식량주권—로의 이행에서 중요하게 간주된다(Crisci and Fonte 2014). 이는 고품질 먹거리와 위협받는 먹거리를 지지하려고 소비자가 더 높은 가격을 지불해야 한다는 슬로푸드의 비전과는 극명한 대비를 보인다.

주의와 식량주권의 시민적 가치를 보장하는 수단이기도 하다.

결론

이 장에서는 이탈리아 대안농업에서 가장 중요하다고 생각된 행위자들의 전략을 제시하고 분석하였다. 대안 먹거리 네트워크에 대한 국제적 연구가 워낙에 풍성한 탓에, 무엇이 '대안' 농업인지 정의하기는 어렵다. 여기서 '대안'은 전문화, 생산의 집중, 표준화, 세계화에 기반을 둔 농식품 부문의 주류 모델과는 다른 무언가를 함축하려는 의도일 것이다. 때로는 '대안'은 무경운 농업 같은 단일한 농업적 실천에 적용되기도 한다(Goulet 2013). 여기서는 이러한 것은 제외하면서, 농생태적 접근 방식에 부합하면서 '통합적 산물 정체성' 패러다임(Levidow 2014)을 지지하는 농식품 발전의 전체적 모델의 전환을 수반하는—때로는 모순에 빠지기도 하지만— 전략과 개념만 고려하였다.

이탈리아의 농업과 농식품체계는 고유한 지중해적 특징으로 인해, 산업적 발전 방식에 적용하려고 고투해왔다. 차별화되고 다양한 생산체계와 먹거리 전통의 풍부한 다양성이 유지되어온 탓에, 1990년대의 '품질로의 전환'은 유리한 여건에서 진행되었다. 게다가, 1990년대 이탈리아의 정치적·사회적·경제적 맥락이 급격하게 바뀌면서, 한편으로는 새로운 먹거리 사회운동이 등장할 수 있는 길을 열어주었고, 다른 한편으로는 콜디레티 같은 기존 조직의 전략을 개편하도록 하였다.

우리는 콜디레티를 대안과 주류의 중간에 서 있는 '경계' 조직으로 바라본다. 2차 세계대전 후에 소농의 이익을 대표하려고 설립된 전통적인 농업조직인 콜디레티는 90년대 이탈리아의 정당체제와 콜디레티 스스로가 겪은 심각한 위기 이후 전략을 새롭게 만들었다. 농식품 전략은 이제 '100퍼센트 이탈리아산'에 대한 수요를 중심으로 맞춰졌다. 농업에서의 도둑질에 맞서 싸우고 모든 식품 원료의 국내산을 보증하는 라벨링 시스템의 증진을 위해서다. 이러한 전략은 과거 농촌주의적 정책의 연장이라고 볼 수 있다. 즉, 농식품 부문 내에서 서로 상충하는 이해관계(대농과 소농, 대규모 유통산업과 직판) 속에서 차별화하는 데 실패하였다. 하지만 새로운 콜디레티의 먹거리정치에는 매우 혁신적인 요소들도 들어 있으며, 이는 별도 재단인 캄파냐아미카(CA) 조직으로 넘겨졌다. 지지는 이제 직판과 새로운 생산자-소비자 연대에 기반한 다기능적 농업 발전 모델로 확장되었다. 생산자에게 공정한 소득을 보장하고 소비자에게는 품질과 투명성을 보장한다. 다만, 농업 관행의 환경적 지속가능성은 불행히도 전혀 강조하지 않는다는 한계가 있다.

슬로푸드 역시 '경계' 조직으로 간주될 수 있을 것이다. 생물문화적 다양성의 보호를 위한 수단으로서 다양한 농업과 농식품 문화를 가치화하고 '미식학'을 재정립하려는 혁신적인 즐거움의 정치라는 점에서, '대안'운동 속에 슬로푸드를 포함시키는 데 이러한 특징이 기여하고 있다. 하지만 개별 소비자의 행동을 변화시키려고 지배적인 주체(초국적 식품기업)의 선의에 의존하면서 장소 기반 농식품체계 모델을 증진한다는 점에서는 신자유주의적 특징도 지니고 있다.

대안운동이지만 점차 관행화되고 있는 유기농운동의 모순은 많은 논쟁이 벌어진 주제다. 유기농운동의 대안적 성격은 근대화 시대의 화학농법에 맞서 농업의 자연자원 기반을 존중하는 지속가능한 농업 관행을 증진하는 비전 속에 역사적으로 뿌리를 두고 있다. 이는 또한 지배적인 농촌 지도 서비스(공공이든 민간이든)와는 달리 지역적, 전통적 지식을 가치화한다는 점에서도 명백하다. 국가 및 EU 수준에서 민간 표준 정립의 공세에 맞서 공적이고 보다 민주적인 표준을 증진하려는 투쟁 속에서도 유기농운동은 여전히 두드러진다. 이탈리아와 국제사회에서 시민 먹거리 네트워크와 식량주권을 지지하는 데 유기농운동은 중요하게 동원되는 자원이다. '대안성'의 한계는 EU 규제 속에서 표준화되는 현상과, 무엇보다도 유기농 먹거리를 증진하고자 하는 대중 시장과 대형 유통업계의 결의 속에서 찾아볼 수 있다. 유기농운동의 관행화는 그 자체가 성공과 제도화의 징표이기도 하다. 또한 주류 모델은 유기농운동이 지닌 덜 급진적인 요소를 포섭하는 과정(Smith 2006)에서 새로운 방향 설정이 이루어진 부분도 있다.

이탈리아의 GAS는 다른 대안적 노력과는 달리 산물의 특정한 품질(이탈리아산, 위협받는, 유기농)이나 새로운 문화적 가치, 기법에 초점을 맞추지 않고, 먹거리를 중심으로 하는 사회적 관계에 초점을 맞춘다. 이것이 바로 유럽 전역에서 번창하고 있는 시민 먹거리 네트워크를 구성하는 부분으로 인정받는 이유다. GAS는 주체성과 주체, 사회문화적 가치·규범, 물질적 공급체계의 전환을 수반하는 '먹거리 소비의 새로운 실천'을 구축하고자 한다. 여기서 다룬 다른 운동들이 하나의 측면에 주로 역점을 둔다면(가령 CA는 먹거리의 지역적 근원에, 슬로푸드는 먹거리의 문화적 가치에, 유기농운동은 농업 관행의 지속가능성에), GAS는 다양한 요소를 모두 포함하는 먹거리체계 전체에 역점을 둔다. 지배적인 체제에 대한 GAS의 도전은 먹거리 생산과 소비의 새로운 실천을 확립하는 데 근거한다. 소비자와 생산자의 힘이 강화되고, 먹거리에 대한 사회문화적 규범이 전환되며, 먹거리 생산과 유통의 기능적 구조가 전환되는 것이다. 생산자와 소비자는 상호간의 새로운 연결과 지배적 체제로부터의 해방을 통해 힘을 얻는다. 가령, 사회문화적 가치는 '좋은 먹거리'와 '공정한 가격'에 대한 재규정을 수반한다. 먹거리 생산과 유통의 전환은 먹거리의 공동 생산, 지속가능성과 연대를 중심으로 하는 새로운 가치, 그리고 새로운 노동 분업과 역량을 뜻한다.

그런 점에서, GAS 운동은 관행화 문제(특히 유기농운동)에 대한 사회운동의 가장 최신의 변증법적 대응으로 볼 수 있다. 다수준적 이행 이론에 따르면, 캄파냐아미카, 슬로푸드, 유기농운동이 잘 구조화되고 제도화된 틈새가 되었다면 GAS는 아직도 제도화 초창기에 있다. 네트워크의 구조화가 강화되는 경로를 따라가면서 앞으로 덜 급진적인 요소(가령, 짧은 먹거리 사슬)는 지배적 시스템에 의해 전유될 것이지만, GAS는 수평적 보충성subsidiarity, 생산자-소비자 간 연대, 재화와 가치의 공동 생산에 기반하면서 먹거리체계 전체를 목표로 삼는, 지배적 식량체제와는 상이한 조직 모델을 상정하고 있다는 점에서 주목할 만하다.

5장

동물복지
: 유럽 공동법제의 실행을 위한 과제

마라 밀레 Mara Miele
영국 카디프대학교Cardiff University 강사. 동물복지와 관련한 과학기술의 역할에
관심이 많으며, 학제적 네트워크를 통하여 동물사육과 동물복지에 관련한 공적인
활동에 참여하고 있다.

베티나 보크 Bettina Bock
네덜란드 와게닝겐대학교Wageningen University 사회과학과 교수. 사회이론, 지속
가능한 발전, 먹거리정책 등을 강의하고 있으며, 동물복지, 농촌개발, 농촌의 젠더
관계 등을 연구하고 있다.

루미나 홀링스 Lummina Horlings
네덜란드 와게닝겐대학교Wageningen University 농촌사회학과 교수. 관심 영역은
지속가능한 리더십, 농촌 전환의 사회학적 이론, 지속가능한 농업 생산 등이다.

들어가며

유럽연합(EU)의 28개 회원국은 조직화된 절차나 성과 측면에서 EU 동물복지 법규의 실행 수준이 모두 다르다(Evans and Milel 2007; Milel and Lever 2014). 몇몇 유력한 동물복지 시민단체가 폭로한 것처럼 최근 몇몇 국가는 점점 더 관련 법규와 멀어지고 있다.* EU규정은 모든 회원국에서 즉각 실행되어야 하지만 EU지침의 경우 국내법으로의 이관transposition과 후속사항 실행을 각국 정부가 책임진다.** 동물복지라는 이슈가 각 회원국의 정치 의제에서 주목을 받아온 수준은 매우 상이하다. 일부 나라에서는 이미 갖춰져 있던 국가적 동물복지 정책에 EU법규가 통합된 반면, 동물복지 정책이라고는 전혀 없는 나라도 있다. 중앙정부나 지방정부가 EU규정의 실행을 논의하고 준비할 때 농민, 가공업자, 소매업자, NGO 같은 민간 행위자가 동참하는 정도도 매우 다르다. 또 그 결과 중앙이나 지방에서 EU지침을 망라

---

* 예를 들어 2012년 초 유럽위원회는 'EU지침European Directive 1999/74/EC'의 실행과 관련하여 비준수국가들에게 경고를 보냈다. 그 지침은 2012년 1월 1일을 기해 EU 내 모든 산란계에 대한 배터리 케이지 사육을 금지한다(http://eurogroupforanimals.org/files/publications/downloads/Animals_in_Europe_-_issue_n%C2%B025_-_final.pdf).

** EU법규에는 세 가지 형태가 있다. 첫째, 규정regulations은 모든 회원국에서 법률적인 조항으로 그대로 받아들여야 한다. 둘째, 지침directives은 각 회원국의 법률에 의무적으로 삽입되어야 한다. 셋째, 위원회 결의Commission decision는 기존의 규정이나 지침의 부수 조항 및 세부 사항의 변경을 지시한다. ─옮긴이

하는 수준도 천차만별이다. 최근 연구들에 따르면, 전국적인 동물복지 정책의 존재 여부는 그 나라에서 동물복지가 공적 관심사로 자리 잡은 수준과 그 실현을 위해 체계적으로 노력하겠다는 정치적 의지의 수준을 반영한다(Kjærnes 2012; Miele and Lever 2014를 보라). 물론 국가적 동물복지 정책 자체가 법규의 효율적 실행을 보장하는 것은 아니다. 이 장은 동물복지에 필요한 투자를 장려하는 동물복지의 상업화 수준이 법규 실행에 중요한 역할을 한다는 것을 보여주고자 한다.

상업화는 동물복지 법규의 개발과 실행에서 민간 행위자의 관여를 증진한다. 그렇다고 정치적 규제당국인 국가가 대체되는 것은 아니다. 국가는 책임을 공유할 민간의 이해당사자stakeholder를 의식적으로 선택한다. 이는 농업 부문에서 NGO나 소매업체 같은 새로운 파트너의 참여로 잘 알려진 전형적인 신조합주의적neo-corporatist 협력 형태와는 다른 것이다. 더욱 엄격한 동물복지 법규가 야기할 다양한 문제의 해법 개발에서 그것은 '구래舊來의 적들' 간 협력을 촉진한다. 그것은 사회의 경제화, 즉 이 책의 서론에서 보나노와 부시가 묘사한 신자유주의화 과정이라는 아이디어에 잘 들어맞는 협력 형태다. 동시에 그것은 문제의 정치화가 어떻게 민간 행위자로 하여금 "그 문제에 더 다가서도록"(Bonanno and Busch, 이 책) 강제하여 결국에는 그 해결 책임을 스스로 맡게 하는지(Bain, Ransom and Higgins 2013)를 보여준다. 그리고 그 과정에서 국가, 시장, 시민사회가 협력하는 새로운 정치경제가 형성된다. 정치의 경제화가 윤리적 쟁점의 병합을 촉진함으로써 정치인뿐만 아니라 농업인, 가공업자, 소매업자, 과학자, 그리고 무엇보다 소비자를 아우르는 모든 새로운 당파들 사이에서 책임과 의무가 재분배되는 것이다.

우리가 여기서 제시하는 자료는 EUWelNet*이라는 프로젝트에 기반을 두고 있다. DG Sanco**의 재정 지원으로 2013년부터 이뤄진 이 프로젝트는 EU 동물복지 법규 실행에서 정부당국과 이해당사자를 돕는 네트워크의 실행가능성과 유용성을 평가하기 위한 것이다.*** 경험적 자료는 이탈리아, 프랑스, 독일, 네덜란드, 폴란드, 루마니아, 슬로바키아, 스페인, 스웨덴 그리고 영국을 포함한 10개 EU 회원국에서 수집되었다. 연구는 우선 이 10개국에서 채택된 실행 과정의 조직화 양상을 개관하는 것으로 시작하여, 거기 관여하는 공공·민간 부문의 주요 행위자와 기구를 확인하고 또 성취 수준을 검토했다. 이어서 이론적 연구를 진행하되, 각국 주무 부처와 실행한 몇 건의 인터뷰로 그것을 보충했다. 다음으로 이탈리아, 네덜란드, 폴란드, 루마니아, 스페인, 영국의 6개국에 대해서는 정부 측 인사뿐 아니라 공급연쇄상의 업체 및 유관 NGO 대표자와도 면담하여 상황을 좀 더 면밀하게 분석했다. 이들 6개 나라는 EU 내 주요 세 지역을 대표할 뿐만 아니라 법규의 실행 수준이나 실행 노력에서 매우 큰 차이를 보이기에 각별히 주목할 만하다. 인터뷰는 실행, 강제, 교정책 마련 등의 과정에서 병목이 되는 지점을 밝히는 데 집중되었으며, 지식 격차, 지식 이전의 유관성 및 제도적 배치에 특히 주목했다.

이 장은 다음과 같이 구성된다. 첫째, 조사 대상 10개국에서 당면하고 있는 EU 동물복지 규정 실행상의 주요 과제를 개관한다. 둘째, 가

---

* EUWelNet 프로젝트에 관한 더 많은 정보는 http://www.euwelnet.eu를 보라. 이 장에서 제시된 자료는 Bettina Bock, Nick Hacking, Mara Miele가 편집한 Deliverable 4 보고서에서 나왔다.
** DG Sanco는 보건소비자총국Direcorate-General for Health and Consuemrs으로 EU 내 식품과 소비재의 안전 그리고 EU 대내 시장이 소비자 위주로 돌아가도록 보증하는 것이 임무다.
*** 이 프로젝트에 대한 더 많은 정보는 http://www.euwelnet.eu/euwelnet에서 볼 수 있다.

장 성공적인 실행 사례로서 네덜란드가 보인 '최고의 방법best practice'을 제시한다. 이 나라에서는 동물복지 이슈를 둘러싸고 새로운 '통치성governmentality'이 출현하여 새롭게 형성된 '민-관 전문가 그룹'으로 구현되었다. 마지막으로, EU 동물복지 규정의 실행을 일치화하는 작업에 숨은 난제와 기회를 성찰하며 결론을 맺는다.

EU 동물복지 규정 실행의 과제

EU 동물복지 규정의 효과적인 이관과 실행에 영향을 끼치는 주요 요소 중 하나는 농장동물의 복지 증진과 감독을 위한 국내법령과 정책의 존재 여부다. 조사 대상 10개국의 국내 관련 법규는 모두 상이한데 〈표 5.3〉이 그 특징을 일별하고 있다. EU규정이 회원국 내부로 옮겨질 때 사회경제적 맥락의 차이도 중요하다. 국가별 축산animal production 부문 조직 방식의 차이가 결정적인데, 공급연쇄의 수직통합 정도가 대표적이다. 축산 계열화는 일반적으로 육계 부문에서 활발하고 양돈 부문은 그보다 덜하지만, 그 구체적인 정도는 나라마다 큰 차이가 있다. 수출용 생산이나 수입 수준, 또 민간인증제private certification schemes 유무도 차이가 크다. 〈표 5.1〉과 〈표 5.2〉가 보여주듯이, 예컨대 영국에는 인증제가 일곱 가지나 있지만 슬로바키아, 스페인, 루마니아에는 하나도 없다. 동물복지의 상업화 수준 차이는 특히 중요하다. 여기서 상업화란 동물복지 이슈가 소비자와의 커뮤니케이션에서 품질로 활용되는 것을 말한다. 다른 많은 윤리적 쟁점과 마찬가지로(Barnett, Cloke and Malpass 2005; Barnett, Cloke, Clarke and Malpass 2011), 보다 오랜 회원국에서 동물복지는 포장이나 전용 라벨을 통해 점점 제품의 질로 소통된다(Miele and Evans 2010; Evans and Miele 2012).

동물복지의 상업화는 시장 내 동물성 제품을 차별화하는 인증제에 기초하며 애초의 시장 진입 요건을 나타내기도 한다. 예컨대 거대 슈퍼마켓 체인은 자사에 납품되는 상품이 처음부터 특정 동물복지 기준을 달성하도록 의무화하거나(Miele, Murdoch and Roe 2005; Bock, Hacking and Miele 2014; Buller and Roe 2014), 고품질 또는 유기농 제품에 동물복지 지표를 명시해 프리미엄 가격을 받는 전략을 취한다. 품질인증제의 등장은 그것이 요구하는 복지 내용의 타당성이나 해당 사안을 다루는 시장의 투명성과 관련한 쟁점을 제기한다(Blokhuis, Jones, Geers, Miele and Veissier 2003; Blokhuis, Miele, Veissier and Jones 2013; Miele 2011을 보라). 그럼에도 인증제는 동물복지에 관한 소비자의 점증하는 관심에 대응하면서 농장동물복지 운동을 확산시키는 데 중요한 역할을 한다. 또한 그것은 생산자나 시장 운영자가 자사 제품을 차별화하고자 할 때 그들이 동물복지에 각별한 '중요성'을 부여한다는 신호도 전달한다. 그러나 〈표 5.2〉와 〈표 5.3〉이 보여주듯이 동물복지는 아직은 논란 중인 이슈로서 영국이나 네덜란드 같은 일부 나라에서만 유효한 '시장 진입 요건'으로 작용할 뿐(Miele and Lever 2014; Miele et al. 2005; Freidberg 2004를 보라), 다른 나라에서는 시장 차별화에 어떤 역할도 못하고 있다. 그런 나라의 생산자나 식품산업계는 동물복지를 기껏해야 EU가 부과하는 '규제 세트'로 인지한다.

밀레와 레버Miele & Lever(2014)는 동물성 식품 시장 전반을 이처럼 '윤리적으로' 분할하는 특정한 조건이 있다고 주장했다. 축산 방식 전반에 관해 소비자가 얼마나 정보를 얻을 수 있는지, 현재 축산체계에서 동물복지가 실제 얼마나 장애물인지, 또 먹거리가격이 상대적으로 얼마나 낮고 정치적 또는 윤리적 가치와 선호에 따라 행동할 수 있는 충분

〈표 5.1〉 각국 육계업 현황 비교

국가	특징	소매 부문의 전반적 구조	연간 1인당 소비량 (kg)	민간 사육 보증제	유기농 기획의 유무와 중요성
프랑스	9,550개의 고도통합 농장. 서부에 집중. 자급률 100%. 유럽, 동지중해권 수출.	4개의 초국적 업체가 지배	15.2	3	'Bio' 기획이 생산의 1% 차지.
독일	4,532개의 고도통합 농장. 북서부와 남동부 집중. 자급률 108%. 유럽, 남아프리카, 우크라이나에 수출.	4개의 초국적 업체가 지배.	11.5	4	자체 브랜드 보유한 몇 개 유기농연합이 있음. 육류 매출의 1.8%가 유기농.
이탈리아	2,830개(100마리 이상 사육)의 고도통합 농장. 북부에 집중. 자급률 107%. 유럽 수출.	3개의 협동조합과 2개의 초국적 업체가 지배.	18.5	2	국내 육류 생산의 1% 미만.
네덜란드	650개 농장. 통합 없음. 남·북·동부에 농장군집. 닭고기 자급률은 약 200%.	3개의 초국적 업체가 지배.	18.5	3	'Beterleven' 복지기획 있음. 유기축산물은 SKAL에서 인증받지만 시장 점유율은 미미(1% 미만).
폴란드	전체 9만 4,082개 농장 중 97.4%는 500마리 미만 사육. 2,444개 농장 (3,000마리 이상)은 점점 수직통합. 공간적 집중은 없음. 자급률 147%. 유럽, 사우디아라비아, 홍콩, 중국에 수출.	4개의 초국적 업체가 지배.	26	2	Ekoland 기획이 있으나 유기축산물 생산은 매우 작음.
루마니아	250개 회사 중 40개가 고도로 수직통합. 공간적 집중은 없음. 자급률 72%. 유럽과 그 주변으로 수출.	5개의 초국적 업체가 지배.	19	0	'Agricultură ecologică' 기획. 유기인증제 있음. 유기축산물 비중은 0.1% 미만이나 시장의 연간성장률은 20~30%.
슬로바키아	3개 회사 아래 10,430개 농장. 중간 수준의 수직통합. 남서부와 동부에 집중. 자급률 50%. 수출시장 없음.	6개의 초국적 업체가 지배.	19.9	0	없음.
스페인	8,826개의 고도통합 농장. 북서·북동·남서·남동부에 집중. 자급률 98%. 수출시장 없음.	4개의 초국적 업체가 지배.	14.5	0	54개의 인증된 유기계육농장(전체 유기농장은 6,074개). 일부 인증. 수요 낮음.

스웨덴	120개의 중간수준 통합 농장. 남부에 집중. 자급률 70%. 수출시장 없음.	4개의 초국적 업체가 지배.	18	2	유기농(KRAV 또는 EU유기농) 계육은 0.1% 미만. 유기축산물은 식품소매 총액의 1.4%.
영국	2,567개의 고도통합 생산자. 남서·서·동부에 집중. 자급률 88%.	4개의 초국적 업체가 지배.	27	7	Soil Association의 유기식품 기획 - 영국 내 유기식품 매출은 4년간의 수축기를 거치고 난 2013년 2.8% 성장. 영국 유기농 시장의 가치는 매출로 현재 17.9억 파운드에 달함. 성장률은 연간 인플레이션율 2%를 상회. 성장은 특히 낙농 부문에서 두드러짐(4.4% 이상). 유기농 우유 매출은 3.4%, 요구르트는 7% 성장. 반면 축산물, 생선, 가금육은 2.2% 성장. RSPCA에 따르면*, 높은 복지를 누리며 생산되는 동물이 52% 증가.

출처: Bock et al.(2014).

한 가처분소득을 지닌 인구가 얼마나 있는지 등이 그런 조건이다(Koos 2012: 57). 10개국은 평균 소득수준은 물론, 개별 소득에서 차지하는 식비 비중에서도 큰 차이가 있다. 예컨대 영국 가계의 식비 지출 비중은 8퍼센트이고 루마니아는 34퍼센트이다. 식비 비중이 낮은 나라, 즉 소득수준에 비해 먹거리가격이 싼 나라에는 특정 속성의 제품을 선호하는 소비자집단에 의거하여 품질을 구별하고 틈새시장을 창출할 기회가 더 많다.

---

* Melodie Michel(23-Feb-2012)에 따름. http://www.globalmeatnews.com/Livestock/UK-animals-produced-under-higer-welfare-rise-52-says-RSPCA.

<표 5.2> 각국 양돈업 현황 비교

국가	특징	소매 부문의 구조	연간 1인당 소비량 (kg)	민간 사육 보증제	유기농 기획의 유무와 중요성
프랑스	1만 1,500개 농장이 점점 수직통합됨. 상위 3개 계열업체가 전체 생산의 50% 차지. 4위 업체는 불과 6%. 북서부에 집중. 자급률 106%. 유럽으로 수출.	4개의 초국적 업체가 지배	34	3	'Bio' 기획 (생산의 1%).
독일	6만 97개 농장이 고도로 수직통합. 북부와 북서부에 집중. 자급률 110%. 유럽, 러시아, 홍콩으로 수출.	4개의 초국적 업체가 지배.	40	4	육류 매출의 1.8%가 유기농.
이탈리아	10만 개의 비교적 덜 수직통합된 농장. 북부에 집중. 자급률 60%. 수출은 매우 미미.	3개의 협동조합과 2개의 초국적 업체가 지배.	35~37	2	국산 육류의 1% 미만.
네덜란드	6,525개 농장. 통합 정도 덜함. 남·동부에 집중. 자급률 200%. 최종품의 20%와 새끼돼지의 30%를 생돈으로 수출. 유럽에 수출.	3개의 초국적 업체가 지배.	41	3	국산 육류의 1% 미만.
폴란드	39만 7,676개 양돈농장이 서서히 수직통합 중. 중부와 동부에 집중. 자급률 105%. 유럽, 벨라루스, 홍콩, 우크라이나, 러시아에 수출.	4개의 초국적 업체가 지배.	43	2	유기농 육류생산은 매우 미미.
루마니아	돼지콜레라(2003~2011)로 수출량 미미. 유럽으로는 수출 안함.	5개의 초국적 업체가 지배.	31	0	유기농 육류는 0.1% 미만.
슬로바키아	1만 874개 농장이 매우 서서히 통합 중. 상대적으로 고른 지역 분포. 자급률 38%. 수출시장 없음.	6개의 초국적 업체가 지배.	32	0	없음.
스페인	9만 3,000개의 고도통합 농장. 북동·중·남부에 집중. 자급률 152%. 유럽, 러시아, 홍콩, 중국에 수출.	4개의 초국적 업체가 지배.	49	0	0.1% 미만. 수요 낮음.
스웨덴	2,000개의 수직통합 농장. 남부에 집중. 자급률 70%. 주요 수출시장은 없음.	4개의 초국적 업체가 지배.	36	2	식품소매 총액의 1.4%.
영국	4,000개의 고도통합 생산자. 동해안을 따라 군집. 자급률 50%. 주요 수출시장은 없음.	4개의 초국적 업체가 지배.	25	7	육류 매출의 1.0%.

출처: Bock et al.(2014).

〈표 5.3〉 조사 대상 10개국의 국내법령 대 EU법령 비교

국가	국내법령	국내법 대 EU법령 – 지위	국내법 대 EU법령 – 차이	이관 시점
스웨덴	있음. 다양한 수단.	계육, 돈육, 도축에 관한 EU법령에 선행.	사전 실신(stunning) 없는 도축에 대한 완전 금지 포함.	양 지침과 거의 동시 (1~4년).
영국	있음. 다양한 수단.	계육과 돈육에 관한 EU지침에 선행.	국가법령 일부가 더 엄격하고 상세한 규칙을 담음.	계육 지침은 동시 (2년). 도축 규정은 늦음.
네덜란드	있음. 다양한 수단.	계육, 돈육, 도축에 관한 EU법령에 선행.	생산수준 향상을 촉진하는 좀 더 강한 규제.	계육은 상대적으로 조만간. 돈육은 이후.
독일	있음. 다양한 수단.	EU규정과 지침에 선행.	더 엄격하고 상세한 국내 규칙이 있음.	계육은 상대적으로 조만간. 돈육은 상당히 이후.
이탈리아	National Plan for Animal Welfare(PNBA)	국가법령 수준이 EU와 일치.	차이 없음.	계육과 돈육 모두 이후(3년).
프랑스	EU규정과 밀접히 조율된 동물복지 정책 있음.	국가법령 수준이 EU와 일치.	차이 없음.	대체로 이후.
스페인	EU지침 및 규정과 밀접히 조율된 국가 정책 있음.	국가법령 수준이 EU와 일치.	차이 없음.	양 지침과 거의 동시 (1~4년).
폴란드	동물복지에 관한 별도의 정책 없음.	국가법령 수준이 EU와 일치.	차이 없음.	양 지침과 거의 동시 (3~4년).
루마니아	동물복지에 관한 별도의 정책 없음.	국가법령 수준이 EU와 일치.	차이 없음.	양 지침과 거의 동시 (3~4년).
슬로바키아	동물복지에 관한 별도의 정책 없음.	국가법령 수준이 EU와 일치.	차이 없음.	양 지침과 거의 동시 (3~4년).

※ 음영 차이는 국가별 동물복지 정책의 유무를 표시한다. 이탈리아와 프랑스는 동물학대를 금지하는 법령의 역사가 오래되었지만, 그런 초기 규제는 주로 애완동물과 말 등 비농장동물에 초점을 맞춘 것이었다(Vapnek and Chapman 2010을 보라).
출처: Bock et al.(2014).

농장동물의 복지 상태를 알려주는 인증제는 동물복지가 이미 상당한 공적 관심사가 된 회원국에서 잘 발견된다. 농장동물복지를 위해 싸우면서 관련 이슈에 미디어의 주목을 끌어내는 데 유력한 NGO가 많은 국가에서는 특히 그렇다(Friedberg 2004). 그런 단체들의 활동은 국가적 의제나 동물복지 정책의 개발에 영향을 미쳐 끝내는 농장동물의 복지 지위를 바꿔놓는다(Miele and Parisi 2001; Kjærnes, Miele and Roex 2007; Kjærnes 2012; Bock and Buller 2013; Miele and Lever 2014). 게다가 그 모든 요소는 EU지침과 규정의 실행 및 감독을 지지하는 데 필요한 특정한 지식의 생산과 확산을 촉진한다. 또 그것은 전체 과정에서 공공과 민간의 행위자가 개입하는 정도와 협력하는 정도뿐만 아니라 그들 상호간의 상대적 세력과 지위에도 영향을 끼친다. 그리고 그 모든 요소는 다시 EU규정의 실행 속도와 모니터링의 질에 영향을 끼친다.

다음 절에서 우리는 각 조사 대상국 내 법규 실행과 감독을 저해하는 실질적인 장애물이 무엇인지 검토하고 최고의 방법으로 실행에 성공한 두 사례를 들어 그 요인을 살펴본다. 동시에 우리는 새로이 출현한 통치성 형태와 관련하여 최근 농식품 문헌에서 이루어진 논쟁도 언급하고자 한다. 동물성 식품과 관련된 통치성 문제는 특히 동물복지의 '상업화'에 집중되었는데, 그것은 동물복지 특성을 소비자와의 품질 소통에 활용한다는 뜻이다(Miele et al. 2005; Miele 2011; Buller and Roe 2014). 우리의 주장은 다양한 국가 기구와 여타 민간 조직, NGO가 경제화와 시장화라는 과정을 통해(Busch 2007; Çalişkan and Callon 2009; 2010), 동물의 안전을 증진할 뿐 아니라 동물을 윤리적으로 "받아들일 만한" 먹거리로 변환하는 방법에 영향을 끼친다는 것이다(Ransom 2007; Miele and Lever 2014). 요컨대 통치성이라는 개념은 각 조사 대상국에서 공식적인 규칙과 규제가 그 규제의 표적이 되는 주체, 즉 동물성 식품 공급연쇄의 이해당사자에 의해 어떻게 협상·이해되고 또 내면화되는지 들여다보게 해준다.

장애요소와 촉진요소

인터뷰에서 각국의 공무원, NGO 회원, 공급연쇄 이해당사자 대표는 '동물복지 규정의 실행을 가로막는 주요 병목이 어디인가?'라는 질문을 받자 한결같이 사회경제적, 정치적 요소의 중요성을 강조했다. 농민 대표자의 경우 과도하게 긴 투자 기간이 농장 수준의 법규 실행을 가로막는다고 답했다. 그런 투자에는 종종 새로운 법제와 더 높은 생산 비용이 필요하며, 따라서 농업인의 입장에서 보면 그것은 농장의 '경제적 생존가능성'을 위협하는 요소다. 또한 그들은 동물복지 법제와 여타 법제, 이를테면 환경 또는 식품안전 법규 사이의 불일치에서 비롯되는 어려움 그리고 정책 형성 과정에 농민단체가 더 많이 개입해야 한다고도 지적했다. 한편 많은 응답자는 각자의 배경 차이에도 불구하고 '정치·문화적 요소'를 공통적으로 강조했다. 동물복지에 대한 시민적 관심 수준 같은 것이 대표적인데, 그것은 정치 영역에서 동물복지 의제의 중요성과 실행 과정에 대한 정치적 투자 의지를 좌우한다. 또한 응답자들이 보기에 동물친화적인 제품의 시장기회 역시 시민적 관심 수준에 의해 영향을 받는다. 더 구체적인 실행 과정으로 들어가보면, 많은 응답자가 공적 통제와 강제의 비효율성 같은 '제도적 병목'을 지적했다. 예컨대 모니터링 방법은 EU 회원국 사이에 통일되어 있지 않아서 단속의 빈도, 준수 여부의 판단 기준, 제재 이전의 허용한도 등이 국가별로, 심지어한 국가 내에서도 상당히 차이가 있다. 개별 감독자의 태도나 행동 방식의 차이도 영향을 주지만, 무엇보다 책임당국의 수준과 조직 규모에 따라 법령에 대한 해석이 달라지기 때문이다.

〈표 5.3〉이 보여주듯이 전반적으로 국내에 동물복지 정책이 이미 있던 회원국이 EU 동물복지 법규 세 편을 실행하는 데서도 더 성공적이었다. 〈표 5.3〉의 둘째 열은 조사 대상국이 기본적으로 두 집단으로 구분된다는 것을 보여준다. 하나는 EU법규를 넘어서는 수준의 농장동물복지를 위한 국가적 정책을 이미 실시하고 있었거나 EU법규가 실행되기 전에 그런 정책을 채택한 나라들로서 독일, 네덜란드, 스웨덴, 영국, 이탈리아가 여기에 속한다. 나머지 프랑스, 폴란드, 루마니아, 슬로바키아, 그리고 스페인은 국내에 관련 법규가 전혀 없었다. 〈표 5.3〉의 마지막 열은 EU지침의 국내법으로의 채택 또는 '이관'이 전자의 나라에서 더 빨리 이뤄지는 경향이 있음을 보여준다. 또한 당연하게도 그런 나라들에서는 실행 과정 전반도 더 완만하다. 실행과 강제의 준비, 조직화, 후속조치에 필요한 기관들이 이미 설립되어 있고 종종 그들이 활용할 자원도 상당히 갖춰져 있기 때문이다.

그러나 앞서 지적했듯이 국가적 동물복지 정책은 단독적 요소가 아니다. 그것은 농장동물복지가 공공의 관심사로 인정받았으며, 그 해결을 위해 조직적으로 조율된 노력을 감당하겠다는 정치적 의지를 반영한다. 물론 정책마다 내용과 포부, 그리고 접근 방식은 다를 수 있다. 10개국 조사가 결과적으로 보여주는 것은 공공당국이 육류 생산연쇄 행위자들을 처음부터 개입시킬 때, 그렇게 민-관의 행위자가 초기 단계부터 정책 형성을 같이 해나갈 때 동물복지 규정을 개발하고 실행하는 일에서 이해당사자 간 협력이 증진된다는 것이다. 정말이지 그럴 경우에만 농민, 소매업체 같은 법규 실행의 실질적 주체가 '주인의식'을 발휘

한다.

EU규정의 성공적 실행을 촉진하는 가장 중요한 요소는 민-관의 협력이다. 우선 그것은 그 자체로 법규 실행을 뒷받침하는 다른 실천들, 예컨대 지식의 확산과 정확한 정보의 공유, 표적집단의 훈련 같은 것을 지지한다. 또 그것은 지식 생산에의 투자를 늘려 애로사항을 점검하고 또 예방하는 데 도움을 준다.

민-관 협력의 일부 형태는 모든 조사 대상국에서 관찰된다. 그러나 협력의 수준, 범위, 빈도, 그리고 무엇보다 네트워크의 구성과 상호연결성에서 국가 간 차이는 매우 크다.

먼저 정부에 의해 발족하여 전반적인 국가적 동물복지 정책 또는 이를테면 육계broiler 지침 같은 특정 규정의 실행에만 관여하는 '공식 네트워크'가 있다. 그런 네트워크의 일부는 한시적으로만 기능하지만 어떤 것은 상설 기구가 되기도 한다. 완전히 공적이거나 유일하게 또는 압도적으로 정부 기구만으로 구성되는 네트워크도 있는데, 영국의 농무부 또는 환경식품농무부(DEFRA) 산하의 동물사료자문위원회가 대표적이다. 거기서 영국 중앙정부는 과학자하고만 협력한다. 그러나 많은 네트워크는 혼합 형태로서 농장노조, 가공업체, 육종업체, 도축장 등 농업관련산업agribusiness의 대표자뿐만 아니라 NGO, 소매업체 등을 망라하며 때로는 대학 같은 학술기관도 결합한다. 한편 핵심 6개국의 경우 모두에서 정부는 '임시사업단working group'을 꾸렸는데, 이를테면 네덜란드에서 발생한 캄필로박터 감염 사태처럼 특정한 이슈에만 초점을 두는 그런 기구는 해당 사안이 충분히 해결되면 곧 해체된다. 민-관 협력 외에 '민-민 협력' 또한 실행을 촉진하는 데 결정적인 것으로 간주된다. 공식성, 연속성, 내부 구성 등에서 차이는 있지만 일정한 수준의 그런 협력 유형 역시 6개 핵심국 모두에서 확인된다. 단 한 부문 내에서

라면 보통 민-관 조직 간 협력이 일반적이며 NGO를 제외하면 부문을 넘나드는 민-관 협력은 찾아보기 어렵다.

많은 응답자가 공급연쇄 내부의 긴밀한 협력, 즉 농민, 도축장, 가공업체, 소매업체 사이의 협력이 법규의 실행과 준수에 매우 유효함을 강조했는데, 해당 법안이 사육보증제farm assurance schemes를 포함하고 있을 때는 특히 그렇다.* 사육보증제는 교육과 훈련을 통해, 또 농민에게 동물친화적 생산 방법에 대한 투자 인센티브를 제공해 EU 동물복지 법규의 실행에 기여한다. 그런 계획은 종종 주요 슈퍼마켓 체인에 생산물을 납품하는 요건이 된다. 슈퍼마켓 체인은 해당 보증제의 일부로 합의된 기준norm의 준수 여부를 확인하려고 정기적으로 농장이나 도축장을 검사한다. 물론 그렇다고 그런 사적 검사가 공적 검사 제도를 대체하는 것은 아니다. 그럼에도 인증자certifier의 빈번한 단속은 법령 준수를 간접적으로 지지함으로써 인증 규칙이 최소한 국내 또는 국제 동물복지 법규와 일치하도록 도와준다. 네덜란드의 인증 라벨 'Beter Leven(더 나은 삶)'이나 영국의 'Freedom Food(자유동물 식품)'**, 독일의 'Für mehr Tierschutz(더 많은 동물보호)'가 대표적이다.

그러나 이런 사육보증제는 조사 대상국 중에서도 일부에만 있을 뿐 다른 나라에는 거의 없거나 전혀 없다. 동물복지와 관련된 민간 프로

---

* 사육보증제는 축산농장의 동물 사육 방법, 그 생산물의 품질과 유통이력 등 축산물과 관련된 모든 질적 검사·표준·인증제를 포괄한다. 따라서 동물복지 표준을 모두 갖추고 있고, HACCP, GMP, GAP 등은 물론, 유기축산, Non-GMO 인증 등이 모두 활용된다. 국내에서는 아직 정확한 공식 번역어는 없어 보이는데, 취지로만 보면 축산물 이력추적제와 유사하다. – 옮긴이
** 현대적 동물복지 운동이 처음 시작된 영국에서는 정부가 독립 자문기구로 1979년 설립한 농장동물복지위원회가 1993년 농장동물복지의 기준으로 동물의 '5대 자유'를 제시했다. ① 배고픔과 갈증으로부터의 자유, ② 불편함으로부터의 자유, ③ 통증, 상해, 질병으로부터의 자유, ④ 정상적인 행동을 표현할 자유, ⑤ 공포와 정신적 고통으로부터의 자유가 그것인데, 이는 2005년 세계동물보건기구(OIE, 2003년 이전 국제수역사무국)의 동물복지 기준 제정에도 그대로 수용되었다. – 옮긴이

그램의 수나 해당 제품의 시장 비중은 동물복지 실행에서 민-관 협력의 정도를 말해주는 지표다. 앞서 설명했듯이 그것은 EU 동물복지 법규의 실행에 간접적으로도 기여하기 때문이다. 비록 때로는 너무 나아가 그것을 EU법제의 성공적 실행을 나타내는 근사치로도 사용하지만 그것이 특정 입법과 항상 직접적으로 연결되지는 않는다. 민간 프로그램은 법령 전체를 망라하지 못한 채 상대적으로 실천이 용이한 조치만 담을 수도 있다(Buller and Roe 2012). 그래도 그것은 기업가라는 거대 집단이 동물복지 조치의 실행에서 새로운 일보를 내딛는 길을 열어주었다.

이탈리아, 네덜란드, 폴란드, 루마니아, 스페인 그리고 영국의 6개국을 비교한 2단계 연구에서는 다른 어느 나라보다 영국과 네덜란드에서 공공당국이 다양한 범위의 민·관 행위자와 더 자주 협력하고 정책 형성에 참여할 기회를 더 많이 부여하는 것을 볼 수 있었다(〈표 5.4〉의 네덜란드 사례를 보라). 두 나라에서 공공당국은 EU의 특정 법령이나 자국 법령의 실행 과정 초기에서부터 민·관 행위자를 관여시키고 또 산업 조직 및 학술기관과 협력하는 사업단을 발족한다. 이런 네트워크의 내부 구성은 다른 나라에 비해 훨씬 혼합적인데, 이를테면 농민조직과 동물보호단체처럼 관점과 이해관계를 달리하는 이해당사자가 모두 모이기 때문이다. 또 많은 네트워크가 상호연결되어 있어 이해당사자는 수시로 대면할 기회가 생기는데, 그런 자리는 때로 비공식적으로도 만들어진다. 네덜란드 응답자들에 따르면 그런 수시 모임은 특히 지식을 교류하며 그 격차를 줄이는 데, 또 지식의 생산과 이전에서 더 많은 협력을 촉진하는 데 매우 중요하다. 그리고 무엇보다 기업 수준에서 실행가능한 실용적인 동물복지형 생산 계획을 개발하는 데 그런 모임은 큰 역할을 한다.

〈표 5.4〉 네덜란드의 공동사업단

네트워크	주제/목표	참여자	규모
공공 영역			
경제부가 발족한 공동사업단: 대표적으로 EU broiler directive and Interventions Decision, Covenant Castration, Revision Killing Regulation.	EU규정을 실행, 개정, 감독·통제할 방법을 논의·결정.	품목위원회 및 부문별 조직들 (LTO, NVP, NOP, NEPLUVI, COV), 정부, 감독·통제(EZ, NVWA, DR), 연구(WUR-ASG), NGO(DSPCA).	전국
경제부의 'Table of 11'회의.	법규를 실행하고 준수 정도를 향상시키는 과정의 애로사항 조사.	이해당사자, EZ, NVWA, DR.	
신규 법령에 대한 공식적인 사법적 자문.	동물법.	법적 자문.	
'Sustainable Animal Husbandry' covenant.	2020을 위한 비전의 정식화와 혁신사항 논의.	COV, DSCPA, 지자체(IPO), 은행(Rabobank), LTO, EZ, 자연과환경NGO(Natuur en Milieu), Nevedi, NZO, GKC.	
경제부에 의해 교육 부문에 설치된 수의보건·복지 사업단.	교육에서 동물복지를 위한 정책적 전략 개발.	녹색교육기관.	
'Sustainable meat 2020'에 대한 제휴.	소매업과 여타 부문 사이의 동물복지 증진 합의 개발.	슈퍼마켓, 소-종축업체, 기업, NGO들, 각급 정부.	
캄필로박터 사업단.	이 박테리아에 의한 동물질병의 감축 전략 개발.	NEPLUVI, VWS 부처, 양계업자, 동물 사육자 연합체.	
Council for Animal Affairs.	중앙정부 자문.	독립 전문가들.	
민간 영역			
동물 사육자 연합들.	NVP, NOP, NVV, COV, NEPLUVI.	동물 사육자, 종축업자.	
'Curly tail' 사업단.	돼지의 꼬리 자르기 감축과 금지를 위한 새로운 전략의 개발과 논의.	LTO, DSPCA, VIC Sterksel 등.	
국제적 공공 영역			
수의보건 및 복지 연구를 위한 공동사업단.	연구.	네덜란드의 경제부를 비롯하여 20개국 30여개 조직체들.	
국제적 민간 영역			
Euro group for animals.	NGO 간의 공동 전략을 위한 협동, 조율, 정식화.	EU 회원국에 있는 동물복지 관련 가장 중요한 NGO들.	

EU 국가 중 International Associations of Poultry Processors and Poultry Trade 내 협력.	가금육가공업체 간 협동.	네덜란드 NEPLUVI를 비롯한 18개 조직체.
The European Forum for Farm animal Breeders(EFFAB).	동물육종업체 간 협동.	Hendrix Genetics BV를 비롯한 29개 유럽 육종기업들.

※ 표에 쓰인 약자는 다음과 같다.
COV : The Dutch Meat Association
DSPCA : The Dutch Society for Prevention of Cruelty to Animals
DR : National Service Agency of th Ministry of Economic affairs
EZ : Ministry of Economic Affairs
GKC : Green Knowledge Cooperation
IPO : Inter Provincial Consultation of Provinces
WUR-ASG : Animal Sciences Group at Wageningen University and Research Centre
VIC : The Pig Innovation Centere
LTO : Nederland national Farm union
NEPLUVI : Association of the Dutch Poultry-PROCESSING industry
NEVEDI : Dutch Organization of Animal Fodder Producers
NOP : Dutch Union of Broiler Producers
NVP : Union of the Dutch poultry farmers
NVV : Dutch Union of Pig Producers
NZO : The Dutch Dairy Association
NVWA : Netherlands Food and Association
VWS : Ministry for Public Health, Welfare and Sports.
출처: Bock et al.(2014).

한편 다른 나라의 경우 협력 수준은 훨씬 낮았다. 스페인과 이탈리아
의 경우 농업관련산업과 정부 사이에 이따금 모임이 이뤄지지만 대개
농장 생산 부문에 한정될 뿐 소매업체나 NGO의 관여는 없다. 또 양국
에서 농장노조는 모두 관여도가 낮고 또 그로 인해 자기 집단의 이해
와 경험이 무시된다고 불평한다. 농기업은 학술기관과는 정기적으로 협
력하는데, 고도로 통합된 육계 부문이 대표적이다. NGO의 경우 공식
적으로는 실행 과정에 개입하기가 매우 어렵다. 양국에서도 민-관 협력
네트워크는 일부 발견되지만 서로 분리되어 있고 한시적인 네트워크가
대부분이어서 1차 생산이나 가공·소매업 등의 다른 이해당사자는 포괄

하지 못한다.

　루마니아와 폴란드에서는 EU 동물복지 법규의 실행에서 민-관 협력이 거의 없다. 일단 법안이 적용되면, 정부는 농기업에게 그들이 따라야 할 새로운 규칙을 공지할 뿐이다. 농장동물복지를 위해 활동하는 NGO도 거의 없다. 대부분의 NGO는 애완동물에만 초점을 맞추며 그들이 활용할 수 있는 자원도 매우 빈약하다. 정부는 학술기관과는 같이 일하며, 학술기관은 또한 농기업과도 협력하는데, 특히 고도로 통합된 양돈 부문에서 그렇다. 그러나 그런 네트워크가 서로 연결되어 있지는 않다.

네덜란드에서 실행된 최고의 방법 사례

　네덜란드는 유럽에서 가장 생산적인 축산체계를 보유한 나라 중 하나다. EU규정의 실행에서 직면한 실질적인 장애물도 부분적으로는 그런 집약적 생산 방법과 관련되는데, 이를테면 최대 밀집도의 양계장을 경영하면서도 농장 수준에서 닭의 폐사율을 낮추는 일 등이 그렇다. 양돈 지침과 관련해서는 신선한 음용수의 안정적 확보, 폐기물 재활용에 관한 해석, 채광 요건의 통제 같은 문제가 있다. 네덜란드 중앙정부 차원의 복지 모니터링 기구로는 네덜란드식품소비재안전청(NVWA)이 있는데, 예산 제약에 따른 집행 능력 부족의 문제를 겪고 있다. 한편 도축 지침과 관련해서는 도축장 단속, 표준 공정의 실행과 새로운 치사기법의 도입, 생산자에게로의 정보 피드백 등이 병목으로 확인된다. 돼지의 꼬리 물기나 쪼지 않는 '사교적인 닭' 개발 같은 특별한 문제, 그리고 양돈폐수 처리 및 닭의 족저병 감시 같은 특별 조치와 관련해서는 지식

격차도 있다(Horlings and Bock 2013).

그럼에도 응답자들이 제기한 EU규정 실행상의 가장 큰 장애물은 동물복지 증진의 방법을 둘러싼 과학적·전문적 지식의 부족이 아니라 세계화된 시장에서 육류와 여타 축산제품의 낮은 가격 및 그에 따른 지속적인 생산 집약화에 기인한다. 동물의 복지보다는 생산 목표를 더 우선시하는 농민의 태도, 달리 말해 소비자의 복지친화성 요구가 생산자에게 그다지 뚜렷한 유인이 되지 못한다는 문제도 있다. 여타의 보다 기술적인 쟁점도 있다. 농장에서 달성해야 할 복지를 정확한 측정치로 기술하지 못한다거나 효과적인 감독·단속·제재의 부족, 즉 책임의 비효율적 분산 같은 제도적 장애물이 그것이다.

다른 유럽 국가에 비해 네덜란드는 일찍부터 동물복지를 실천해왔다고 할 수 있다. 동물복지 법제 실행이 국가적 차원에서 진행되었고 경제부Ministry of Economic Affair와 함께 식품소비재안전청 같은 공공당국이 EU규정의 실행·감독에서도 1차적 책임을 맡고 있다. 네덜란드 국내의 동물복지 법규는 전반적으로 EU법규와 동일한 수준인데 몇 가지 부가적인 개정 사항도 있다. 반면 민간의 품질보증제는 종종 더 엄격한 동물복지 규정을 포함한다. 네덜란드에서는 동물복지에 관한 시민적 관심도도 높다. 이는 동물복지 분야에서 활동하는 NGO에 대한 높은 지지도로 반영되고, 따라서 이들 단체의 국가적 동물복지 정책에 대한 관여도 일찍부터 시작되었다. 무엇보다 가장 특이한 점은 동물을 위한 정당도 존재한다는 점인데, 이 정당은 2006년 선거 이후 의회에도 진출(Bock and Buller 2013)하였고 2014년에는 유럽의회를 위한 후보도 선출한 바 있다.

네덜란드 동물복지 정책의 특징은 새로운 신조합주의적 협력이라는 데 있다. 정책 담당자, 농기업, 연구자뿐 아니라 소매업체, 시민사회단체도 모두 참여하는 그 방식은 숙고와 협상, 갈등 예방에 기초한 정책 형성을 자랑하는 네덜란드의 '폴더' 모델 그대로다. 동물복지 정책을 논의하는 공식·비공식의 다양한 사업단이 있어서 새로운 국내 법규나 EU 지침의 개정과 실행, 그리고 그 전반적인 감독과 통제 절차를 개발한다 (《표 5.4》를 보라). 기업과 연구자집단은 동물복지를 증진할 새로운 기술 체계 개발을 공동으로 진행한다. 또한 업계, 학계, 정부, 교육단체, NGO 의 대표자가 모여 함께 논의·협력하는 덜 제도화된 기회들도 있다.

공식적인 정부사업단은 2012년 이전에는 농무부였던 경제부에 의해 발족했다. 여기에는 품목위원회Product Boards, 농민단체, 정부와 공공 감독·단속 기구, 연구자뿐만 아니라 가장 유력한 동물복지 NGO의 하나인 네덜란드동물학대예방협회Dierenbescherming(DSPCA)도 참여한다. 이런 자선단체는 동물복지 정책에 초점을 맞춰 관련 국가 정책의 범위와 목표를 논의하며 새로운 EU규정의 도래를 실행과 모니터링이라는 측면에서 어떻게 준비할지 이야기한다. 정부는 '브뤼셀'에서 전개되는 논의 사항을 이해당사자에게 알려주고 동시에 그것을 채택하는 입장을 이해당사자와 심의한다. 또한 정부와 이해당사자는 연구개발 투자를 통해 새로운 요건에의 선제적 대응 방식을 둘러싼 의견을 나눈다. 이 같은 신중한 정책 형성 형태가 네덜란드에서는 일반적인데, 특히 농업 부문에서 그 역사는 깊다. 그러나 실질적으로 변화한 부분도 없지 않은데, 사업단 구성 방식이 그렇다. 오늘날의 사업단은 과거에는 '적'이었던 농장 산업과 DSPCA를 모두 포괄하기 때문이다.

공식 사업단의 이 같은 통합적 성격은 그것이 공식적 정책 형성의 외부에서도 광범한 협력을 촉진하기 때문에 매우 중요하다. 그리고 그것이 실제 네덜란드의 현실이다. 식품산업과 DSPCA의 협력은 네덜란드 정부가 견인하고 또 지원한 결과로서 입법보다는 시장 메커니즘을 통해 농장동물복지 문제를 (신자유주의적으로) 처리하는 것을 선호한다. 그들은 Beter Leven 라벨의 '스타 시스템' 같은 새로운 계획의 도입을 재정적으로 지원했다. 또한 그들은 이를테면 새끼돼지의 거세 같은 쟁점을 둘러싸고 식품산업, 소매업체, NGO 간 사적 합의를 이끌어내기 위해 더 엄격한 규제라는 위협을 회초리로 활용했다. 다음 소절에서 우리는 그 '지속가능한 육류 2020' 합의와 스타 시스템을 사례로 살펴본다.

지속가능한 육류 생산을 위한 네덜란드의 민-관 합의

중앙식품무역국Central Bureau for Food Trade(CBL) 같은 식품소매업체 연합은 육계 부문의 볼와드Volwaard 신품종이나 산란계를 위한 론데일 Rondeel 계사 등* 동물친화적 중간재 개발에서 이해당사자의 협력을 증진하는 데 중요한 역할을 했다. 이들은 또한 '지속가능한 육류 2020' 사업단이 방향성을 잡는 과정에도 두드러진 활약을 했다. 2013년 슈퍼마켓들이 돼지와 닭의 복지를 증진하자는 데 합의를 이룬 것이다. '지속가능한 육류 2020'과 '덴보쉬 제휴Den Bosch Alliance'의 사업단은 슈퍼마켓, 축우 부문 종축업자를 포함하며 기업, NGO, 경제부의 지원을 받는다. 이들은 네덜란드의 슈퍼마켓들에서 판매되는 모든 육류가 2020년경에는 모두 지속가능한 방식으로 생산되도록 만들자고 약속했다.**

육계 부문에서 이루어진 소매업체의 최근 합의는 '내일의 닭The chicken of tomorrow' 같은 만생종 도입 시도를 포함한다. 또한 2015년까

---

* 볼와드는 상대적으로 자연친화적인 환경에서 느리지만 강하게 크고 부드러운 육질을 가진 육계 신품종으로 원스타 수준의 'Beter Leven' 인증을 받는다. 한국에서 새로 육종되어 출시된 '토종닭'과 유사하다고 할 수 있다. 론데일 계사는 와게닝겐대학교가 제시한 개념에 바탕하여 네덜란드의 축사업체인 Vencomatic group이 개발한 3만 마리 이상의 산란계 계군鷄群용 자연 친화적 '시스템 계사'를 말한다. – 옮긴이
** http://www.retaildetail.eu/en/case-van-de-week/item/12898-dutch-meat-sector-to-become-100-sustainable-by-2020을 보라.

지 단위면적당 닭의 사육 마릿수를 10퍼센트 감축하고, 닭이 갖고 놀 벌레 등을 추가로 사양飼養하며, 항생제 사용도 줄이기로 했다. 돼지고 기 생산에서도 유사한 합의가 이뤄졌다. 그 합의에 따르면 어른돼지는 이전보다 25퍼센트, 새끼돼지는 50퍼센트 더 넓은 공간을 갖게 되어서 좁은 우리에서 겪던 권태와 소란이 줄어들 전망이다. 돼지의 꼬리도 가 능한 보존하고 이빨 갈기 같은 개입 조치도 금지될 것이다. 돼지의 운 송 시간은 6시간 이내로 제한될 것이며, 새끼돼지는 평균 28일 정도로 엄마돼지 곁에서 더 오래 머물게 될 것이다. 거세 조치는 2015년 대신 2014년으로 더 일찍 중단될 것이며 돼지의 음용수 수질도 더 엄격하게 점검될 것이다.

이런 합의 내용은 모두 'Better Leven 라벨'의 원스타(★)에 필적하는 데, 해당 시스템은 2007년 DSPCA에 의해 시작되었다(Commissie Van Doorn 2011; Min EZ and I 2013). 투스타(★★)는 이를테면 닭의 자유방 목에 해당한다. 돼지의 경우는 밀짚을 활용한 옥내방목이다. 쓰리스타 (★★★)는 가장 엄격한 동물복지 기준을 준수한 것으로 보통 유기농 육류 제품에 돌아간다. 소관 부처는 네덜란드 슈퍼마켓에서 제공하는 모든 돈육의 절반가량이 2020년까지는 이 라벨을 받게 한다는 야망을 갖고 있다. 경제부가 발표한 '지속가능 식품 2013 모니터'에 따르면 이 라벨 제품으로의 전환은 2012년에는 47퍼센트, 2013년에는 13.4퍼센 트 증가했다(Ministerie van Economische Zaken 2014).

결론

이 장의 첫머리에서 말했듯이, 동물복지에 관한 EU법규의 실행은 절차의 조직이나 성과 측면에서 28개 회원국이 모두 상이하다. 그중 10개 국에서 실시된 EUWelnet 프로젝트는 먹거리 공급연쇄의 통합 수준이나 수출 시장용 생산 수준, 수입 수준, 또 민간인증제의 유무 등에서 각국의 축산체계에 중요한 차이가 있음을 확인해주었다. 앞서 살펴보았듯이 그중에서도 민간인증제는 동물복지의 '상업화'를 가능하게 한다는 점에서 특히 중요하다. 그것은 동물복지 이슈를 소비자와의 소통에 활용하는 것으로 그 자체로 동물복지에 관한 특정 형태의 통치성을 구현한다.

'시장화' 과정의 핵심적 측면으로서 그런 상업화의 면면은 네덜란드의 동물복지 정체polity에서 잘 드러난다. 네덜란드에서는 정책 담당자가 농기업, 연구자뿐만 아니라 소매업체, 시민사회 조직과도 함께 팀을 꾸린다. 그런 협력은 공식적인 전국사업단으로 표출되는데, 그것은 새로운 법규에 대비하고 비공식 회합을 주선하며 업계와 학계 간 민-관 협력을 촉진한다. 종종 국가 정책보다 더 엄격한 동물복지 기준을 담은 민간 품질보증제도 이런 맥락에서 출현한다. 그 모든 다양한 형태의 협력이 지식의 분산을 촉진하고 규제의 실행을 지향하며 새로운 생산 표준을 개발한다. 주로 기술혁신에 기초하여 집약적 생산체계 내에서도 동물복지를 증진하고 그런 사육 방법을 생산연쇄 내부에서 합의하는 것도 협력을 통해서다. 공공 조직과 민간 조직 간 협동은 EU 동물복지 법규를 실행하는 데 특히 효과적이었다. 높은 수준의 협력에도 불구하고 동물복지과학 신지식의 소통과 공유, 민간 사육보증제와 모니터링의 실시, 그리고 EU법규 준수율의 향상은 국내 정책상의 대의로는 얻지 못할 성과였다. 예컨대 육계의 경우 국내 정책은 사육 밀도와 조명 강도의 준수, 폐사율 같은 데이터 기록 수준 제고에 초점을 맞췄기 때문이다. 물론 그럼에도 현재 부각되고 있는 더 동물친화적인 집약적 생산 방법이 축산체계의 더 근원적인 변화, 즉 덜 집약적인 생산 방법으로의 전환과 관련해서는 관심을 분산시킨다고 주장할 수 있다.

우리가 소개한 네덜란드의 농장동물복지 사례는 점점 '경제화' 및 '시장화' 과정으로 해석되는 추세다(Çaliṣkan and Callon 2009; 2010). 이곳에서 동물복지는 결국 기본적인 합법성과 생산성 조건에서 더 나아가 별도의 평가와 모니터링, 또 등급화와 자격 증명qualification을 요구하는 일군의 특정한 제품 속성으로 발전했기 때문이다. 불러와 로Buller & Roe가 주장했듯이 "복지 조건과 기준이 규정 또는 보증제 준수를 넘어 먹거리 제품의 한 요소 또는 특징적인 셀링포인트, 나아가 브랜드나 심지어 특정 제조업자와 소매업자에 의한 '고부가가치'의 마케팅 전략으로 활용"되고 있는 것이다(2014: 141). 그러나 그것은 사실 유럽 전체로 보면 극히 소수의 생산체계에만 국한된 현상이다. 심지어 네덜란드처럼 동물복지의 '시장화'가 가장 발전한 나라들에서도 그것은 틈새시장에 지나지 않는다. 축산 종사자 대다수에게 동물복지 규칙이란 셀링포인트가 아니라 여전히 부담이다.

이는 부분적으로 고밀도의 축군畜群을 저비용으로 유지하는 집약적 생산체계에 동물복지 규정을 적용하는 어려움과 관련된다. 세계화된 시장에서 육류 및 여타 동물성 제품의 낮은 가격은 지속적인 집약화를 강제해왔다. 경제적 생존가능성에 대한 어떤 타협 없이 그런 농장에서 동물복지를 증진하려 한다면 농장이 얻는 이익은 더 작아진다. 네덜란드가 전문적이고 효율적인 농장 경영 그리고 혁신 투자와 지식 공유에 지대한 관심을 쏟는 이유도 이 때문이다. 민간 및 공공 부문 이해당사자의 협력은 정부가 시장 해결책을 선호할 때뿐만 아니라 사회가 시장 차별화의 기회를 더 많이 제공할 때 더욱 증진된다. 농장동물복지에 대한 시민적 관심도가 높고 동물친화적인 제품에 더 많은 돈을 지불하겠다는 중간계급이 상당 규모 존재하는 그런 사회 말이다. 정부뿐 아니라 민간 경제주체 모두가, 소비자이자 투표자로서 시민을 향해 농장동물복지에 시간과 노력을 쓰겠다는 의지를 스스로 증명하도록 강제하는 방법은 바로 이 같은 동물복지의 정치화다.

6장

농업 연구개발의 국제정치경제

릴런드 글레나 Leland Glenna
미국 펜실베이니아주립대학교Penn State University의 농촌사회학과 교수. 관심 분야는 농업 과학기술이 사회적 환경적으로 미친 영향과 정책 결정에 과학기술이 미친 영향 등이다.

바버라 브랜들 Barbara Brandl
독일 뮌헨대학교(LMU)University of Munich(LMU) 박사 과정, 미국 펜실베이니아 주립대학교Penn State University 객원연구원 역임. 미국과 독일의 종자체계와 관련한 제도적 문제 등을 연구하고 있다.

크리스털 존스 Kristal Jones
미국 펜실베이니아주립대학교Penn State University에서 사회학 박사 학위 취득. 관심 분야는 서아프리카의 농업 발전과 종자체계 등이다.

들어가며

많은 연구자가 선진국에서 공적 자금에 의한 농식품 연구개발(R&D)이 부진한 데 놀라고 있다. 공적 자금에 의한 농식품 연구개발은 20세기 중반 이후에 두 배 이상 증가한 세계 인구를 먹이는 데 기여하였고, 수확량 증대의 주된 원인이었다(Piesse and Thirtle 2010; Pardey, Alston, and Chan-Kang 2013; Fuglie, Heisey, King, Pray, and Schimmelpfennig 2012; Pardey and Alston 2010). 그들은 세계 인구가 계속 증가하고 있으므로 세계적인 대규모 기아 사태가 발생하지 않게 하려면 농업 연구개발이 인구증가 속도에 맞춰 증가해야 한다고 경고했다. 하지만 그들의 분석에 따르면, 공적 투자를 늘려야 하는데도 농업 연구개발에 대한 공적 지출 성장률은 20세기 후반부터 줄어들기 시작해서 21세기에 이르러서도 계속 감소했다. 게다가 공적 투자 감소와 작물 수확량 부진 및 먹거리가격 상승이 동시에 일어났다. 농업 연구개발에 대한 민간 부문 투자가 늘어나기는 했지만, 그것이 공적 지원의 감소를 대신하지는 못했다(Fuglie et al. 2012). 브라질, 인도, 중국 같은 신흥 경제국에서 농업 연구개발에 대한 공적 지원이 늘어났지만, 그것이 OECD 국가들의 공적 지원 부진을 상쇄하지는 못했다.

그러나 이런 설명에는 몇 가지 오류가 있다. 첫째, 연구개발 재정 투자에만 초점을 맞춰, 전통의 기술이나 생산 방식을 확산시키는 정책을 통해 먹거리보장을 크게 개선할 수 있다고 주장하는 연구들을 간과하고 있다(Godfray, Crute, Haddad, Lawrence, Muir, Nisbett, Pretty, Robinson, Toulmin, and Whiteley 2010). 투입물 시장과 산출물 시장을 제공하는 정책이 마련되면 외딴 시골 지역의 소농조차 수확량이 늘어나는 경우가 많이 있다(Glenna, Ader, Bauchspies, Traoré, and Agboh-Noameshie 2012). 둘째, 그들의 분석은 사람들을 먹이는 것과 관련한 연구개발의 역할에 초점을 맞춰, 농식품의 공급 측면을 수요 측면보다 우선시한다. 가난한 사람에게 돈이 가게 하도록 잘 설계된 정책을 실행하여 그들이 먹거리 수요를 늘리기만 하면, 지금도 모든 사람이 풍족하게 먹을 수 있다는 점을 기억하는 것이 중요하다(Devereux 2011). 문제의 핵심은 농업 연구개발에 대한 공적 자금이 부족한 것이 아니라 농민의 생산 능력과 소비자의 구매력을 향상시키는 정책이 결여되었다는 것이다.

이러한 비판의 타당성에도, 농식품 연구개발의 국제정치경제 변화를 조명하는 것은 여전히 가치가 있다. 어쨌든 해결을 위해서는 농식품 연구개발이 필요한 기존 문제 및 새로 부상하는 농식품 문제가 많기 때문이다. 그러나 이 글에서 우리는 공적 이익이 농식품 분야의 연구개발 노력을 이끌게 하려면 제도적 틀이 필요함을 보여주고자 한다. 우리는 농업 생산의 공급 측면과 수요 측면, 모두를 목표로 하는 정책에 영향을 끼치는 세 가지 핵심 경향에 초점을 맞춘다. 첫 번째 경향은 지난 40년 동안 많은 영향을 끼친 것으로, 정부 지출 축소, 국제적인 기업 간 거래 증진, 노동이나 인간건강, 환경보호법 축소를 포함하는 신자유주의 정책이다(Moore, Kleinman, Hess, and Frickel 2011). 구체적으로, 농식품 연구개발에서 신자유주의는 대학에서 창출되는 공공재를 기업이 영리 목적으로 판매할 수 있는 사유재로 전환하려 한다

(Glenna, Lacy, Welsh, and Dina Biscotti 2007). 하지만 선진국과 개도 국 사이에서만 정치경제의 차이가 있는 것이 아니라, 선진국 간과 개도 국 간에도 그런 차이가 존재함을 인식하는 것이 중요하다. 홀과 소스 키스Hall & Soskice(2001)는 자유시장경제free market economy와 조정경제 coordinated economy*를 구분하는데, 우리 생각에는 신자유주의 노력이 이 두 경제에서 다르게 나타나는 것 같다. 자유시장경제는 영국, 미국, 캐나다를 포함하며, 시장의 자율규제를 장려하는 경향을 보인다. 조정 경제는 독일, 프랑스를 포함하며, 경제 관리에서 국가 개입을 더 장려 하는 경향을 보인다.

두 번째 경향은 개도국 연구개발 자금 지원과 관련된 것으로, 첫 번 째 경향과 유사하다. CGIAR 센터(국제농업연구자문단의 후신) 자금 지 원에서 민-관 파트너십과 공공-자선기관 파트너십의 비중이 늘어 공공 투자와 민간 투자, 공공 산출물과 민간 산출물의 의미가 새롭게 정의되 었다(Brooks 2011). 이 새로운 파트너십과 자금 지원 모델의 영향은 국 가별, 대륙별로 차이가 있지만, 전체적으로 봐서 기술과 시장 개발을 지 향하는 특징을 가진다.

세 번째 경향은 신흥 개도국의 복지국가 부상과 관련된 것으로, 네 오포디즘이라 불린다(Fletes-Ocón and Bonanno 2013). 포디즘은 1930~70년대에 자본주의 모순을 관리하려고 여러 국가가 취한 접근법 을 가리키는 용어다. 이 용어는 자본주의자 헨리 포드에서 유래한 것으 로, 포드는 자신의 자동차공장에서 일하는 노동자가 스스로 생산하는 자동차를 살 수 있어야 한다고 믿었다. 1970년대 국가 규제 축소에 초 점을 맞춘 신자유주의 부상은 포디즘에 대한 공격이었다. 이런 점에서

---

* 보통 '조정시장경제coordinated market economy'로 불린다. ─ 옮긴이

국가경제 관리에서 국가 개입을 되살리는 것을 네오포디즘이라 부른다 (Fletes-Ocón and Bonanno 2013). 네오포디즘이 부상하고 있다면, 농식품 연구개발에 대한 공적 투자가 늘어난다는 증거가 발견될 것이다.

이번 장의 목표는 연구개발에 대한 공적 지원 및 민간 지원의 변화와 관련된 전체적인 거시 수준의 관찰들에 담겨진 함의를 깊이 있게 살펴보는 것이다. 첫째, 우리는 선진국과 개도국의 연구개발 경향을 실펴볼 것이다. 둘째, 우리는 OECD 국가들의 연구개발에 대한 공적 지원 및 민간 지원의 변화가 내부 정치경제 구조와 작물 수확량 결과물에 따라 달라짐을 보여줄 것이다. 셋째, 우리는 농업 연구개발에 대한 공공 투자 확대에서 신흥 개도국이 기울이는 노력이 장기적으로 어떤 편익을 발생시킬지 비판적으로 살펴볼 것이다.

데이터 및 분석 방법

연구개발 자금 지원의 변화를 측정하기 위해, 우리는 농식품 연구개발에 대한 전세계 공공·민간 투자를 살펴본 앨스턴 외(Alston, Andersen, James, and Pardey 2010)의 자료를 사용한다(다음 자료도 보라. Pardey and Alston 2010; Fuglie et al. 2012; Pardey et al. 2013). 이들 자료는 신자유주의가 등장하던 시기인 1981년에 시작되기에 우리 연구에 유용하다. 1978년 영국에서 마거릿 대처가 수상에 선출되고, 1980년 미국에서 로널드 레이건이 대통령에 선출된 사건이 신자유주의 부상의 분수령으로 흔히 강조된다(Wolff and Resnick 2012). 앨스턴 외(Alston et al. 2010)의 자료에는 신자유주의로의 이행이 많이 진행된 2000년 자료도 포함되어 있다. 이들 자료는 두 가지 한계가 있다.

첫째, 1981년과 2000년, 2개 연도의 자료밖에 없고, 둘째, 가장 최신 데이터가 2000년이어서 그 이후의 경향을 확인할 수 없다는 것이다. 하지만, 이런 종류의 자료는 매우 드물기 때문에 여기서는 중요하게 활용한다. 실제로 파디Pardey와 동료들은 여러 국가의 농산업 관련 자료를 모아 농식품 연구개발 지출 데이터베이스를 몇 년에 걸쳐 구축했다(Pardey et al. 2013).

우리는 이들 자료를 CGIAR 센터의 농식품 연구개발 지출과 관련한 전체 트렌드 자료로 보충한다. CGIAR 컨소시엄은 주곡작물의 수확량 증대와 세계 몇몇 지역의 기아의 비율을 감소시키는 데 녹색혁명이 거둔 초기의 성공 모델을 확산시키려는 목적으로, 1970년대 중반에 공적 자금의 지원을 받는 연구기관으로 설립되었다(CGIAR 2011). CGIAR 센터는 각국 정부와 세계은행 같은 국제기구의 출자금을 통해 공적으로 재원을 조달하며, 창립 이래 민간 자선재단로부터도 지속적인 지원을 받아왔다. 〈그림 6.1〉에서 제시된 CGIAR의 과거 자금 지원 수준과 재원의 변화를 알려주는 자료는 1972년에서 2012년까지 연도별 재무제표에서 취합한 것으로 모두 일반에 공개된 것이다(인플레이션을 고려한 비교를 위해 모든 수치는 2000년 미국 달러 기준으로 표시되었다). 우리는 CGIAR 컨소시엄에 대한 내부 자금 지원 변화만을 분석하며, 그것을 OECD 국가나 다른 국가들의 농업 연구개발 자금 지원과 비교하지는 않는다. CGIAR 시스템이 세계 전체의 농업 연구개발 자금 지원에서 차지하는 비중이 늘 작았기 때문이다(Busch 2010).

우리의 세 번째 자료 출처는 각 국가의 연도별 평균 작물 수확량과 경작면적 통계를 제공하는 UN의 식량농업기구(FAO)이다(FAO STAT 2014). 여기에서 수확량 증가 부분은 각 작물별 우량종 개발에 초점을 맞춘 혁신 활동의 지표로 사용한다. 물론 우량종자 이외에도 수확량 증가에 영향을 끼치는 요인은 많이 있다. 그 밖의 투입물(비료, 관개, 살충제, 제초제 등)과 농사 기법 등이 대표적이다. 하지만 종자의 질은 수확량 측면에서 봤을 때, 영농의 성능을 나타내는 핵심 지표로 간주된다. 때문에 우량종 종자의 개발은 농업 연구개발의 주요 초점 중 하나였다(Fernandez-Cornejo 2004). 우리는 또한 농업 혁신을 단순한 수확량 증가보다 훨씬 더 넓게 측정할 수 있다는 사실도 인정한다. 하지만 작물 수확량은 신뢰성 있고, 오랜 세월을 통해 검증되었으며, 세계적으로 널리 쓰이는 혁신 지표의 하나다. 우리는 농기계, 경작 관행, 동물 사육, 기타 농업 혁신과 관련하여 이에 필적하는 지표와 관련 자료를 발견하지 못했다.

우리는 지난 50년 동안 농업 연구개발에서 초점을 맞추는 작물의 유형이 바뀌었다고 주장한다. 이런 변화에 대한 설명 중 하나는, 몇몇 작물이 다른 것들보다 상업적으로 더 유의미하다는 것이다. 이런 평가의 중요한 기준 중 하나가 생리적으로 하이브리드화hybridization(이종 교배)가 가능한지 여부다. 또 다른 기준은 작물 개선에 관한 실용특허utility patent 확보 능력이다. 유전자이식transgenic 작물, 그리고 혼종 작물과 순종 작물의 국가 간 비교를 위해, OECD 국가와 신흥 개도국별로 생산량이 많은 작물을 3~5개 골랐다. 국가별로 전문적으로 생산하는 작물이 다르기 때문에, 모든 국가에 동일한 작물을 선택하지는 않았다. 밀은 모든 나라에서 재배된다. 옥수수와 대두는 미국에서는 주된 작물이지만, 영국에서는 별로 중요하지 않다. 하지만 우리는 국가 간 비교가 가능할 정도로 작물들이 서로 겹치며, 비교에서 여러 유형의 작물에 초점을 맞추는 것 역시 중요하다고 생각한다. 우리는 주어진 기간의 평균 수확량 증가를 연도별 수확량에서 도출한 회귀선 기울기로 측정했고, 1961~81년(신자유주의 이전)과 1982~2012년(신자유주의 이후)의 두 기간을 비교했다.

우리는 두 세트의 자료를 신자유주의와 네오포디즘의 상대적 영향력을 측정하는 지표로 사용한다. 첫째, 민간 및 공공 자금 조달 출처에 관한 자료는 연구 대상 국가의 농업 연구개발에서 민간 자금 지원과 공공 자금 지원의 상대적 의존도가 얼마나 되는지 알려준다. 둘째, 작물 수확량 및 경작면적 자료는, 수확량 변화가 공적 투자 감소와 상업적으로 흥미로운 작물에 대한 민간 투자 증가를 반영한다는 점에서, 신자유주의 경향을 보여주는 지표로 사용한다. '상업적으로 흥미로운'이라는 말은, 농산업agribusiness이 몇몇 작물에 상업적으로 더 큰 관심을 가지고 있다는 뜻이다. 주요 작물이 다른 것에 비해 상업적으로 더 흥미롭다는 점은 오래전부터 인식되어왔다. 연구 투자에서 이익을 얻을 기회가 더 많기 때문이다(Welsh and Glenna 2006). 하지만 여기서 우리가 살펴보는 문제는, 지적 재산권이나 종합적인 복제 보호(하이브리드화)로 자본 축적 기회가 커지지 때문에 농산업이 몇몇 주요 작물에 훨씬 더 큰 관심을 가지는지 여부다.

농식품 연구개발 지출

〈표 6.1〉은 몇몇 선진국과 신흥 개도국의 공공 및 민간 지출 변화와 OECD 국가와 개도국의 전체적인 경향을 보여준다. 선진 OECD 국가들에서 발견할 수 있는 주요 사실은 1981년에 비해 2000년에 농식품 연구개발에서 민간 부문이 차지하는 비중이 늘어났다는 것이다. 1981년에는 민간 부문이 농식품 연구개발의 44퍼센트를 차지했지만, 2000년에는 54퍼센트로 늘었다. 우리는 이것이, 과거 공공 부문 영역

〈표 6.1〉 농업 연구개발에 대한 공공 지출과 민간 지출(1981년, 2000년)

	연도	공적 지출 (달러)	민간 지출 (달러)	민간 지출 비율(%)
미국	1981	2,568	2,495	49
	2000	3,882	4,118	51
독일	1981	547	701	56
	2000	758	877	54
영국	1981	533	676	56
	2000	495	1,244	72
캐나다	1981	520	109	17
	2000	474	244	34
프랑스	1981	478	377	44
	2000	341	1,009	75
OECD 전체	1981	8,339	6,478	44
	2000	10,267	12,184	54
브라질	1981	628	NA	NA
	2000	928	36	4
중국	1981	586	NA	NA
	2000	1,762	73	4
인도	1981	332	NA	NA
	2000	1,159	128	10
개도국 전체	1981	5,903	NA	NA
	2000	10,030	676	6

※ 모든 수치는 2000년 국제 100만 달러* 기준임. NA=not available
출처: Alston et al.(2010).

---

* 국제 달러international dollar란 주어진 시점에 미국 달러가 미국 내에서 가지는 것과 동일한 구매력을 가지는 가상의 화폐단위다. – 옮긴이

으로 간주되던 곳에서 민간 부문이 더 큰 중요성을 가지게 될 정도로 신자유주의가 OECD 국가들에 큰 영향을 끼치게 되었다는 뜻으로 해석한다. 하지만 이런 현상은 국가별로 차이가 난다. 프랑스와 영국에서는 자금 지원에서 민간 부문이 차지하는 비율이 크게 늘었다(프랑스에서는 1981~2000년에 44퍼센트에서 75퍼센트로 늘었고, 영국에서는 같은 기간 중 56퍼센트에서 72퍼센트로 늘었다). 캐나다에서도 공공 부문의 자금 지원은 줄고 민간 부문이 차지하는 비중이 34퍼센트로 늘기는 했지만, 여전히 공공 부문이 대부분의 자금을 제공하고 있다. 미국에서는 이런 변화가 훨씬 미미했다(1981년 49퍼센트에서 2000년 51퍼센트). 독일은 민간 부문의 농식품 연구개발 비중이 약간 줄었다는 점에서 특이하다. 하지만 우리는 작물 수확량을 분석할 때, 이러한 수치가 각 국가의 보다 심층적인 변화를 가리고 있다고 주장할 것이다.

신흥 개도국(브라질, 인도, 중국)은 좀 더 다른 변화를 보여주고 있다. 이들 국가의 공적 지출은 1981년에서 2000년 동안 크게 늘었다. 중국과 인도의 공적 지출은 세 배 이상 증가했으며, 브라질의 공적 지출 역시 증가하였다. OECD 국가들과는 달리, 중국·인도·브라질의 1981년 민간 투자 데이터는 존재하지 않는다. 하지만 2000년에는 약간의 민간 부문 투자가 눈에 띄며, 2000년 이래 이런 투자가 계속 증가해왔다고 우리는 추측한다.

개도국 전체의 농식품 연구개발 역시 크게 증가했으며, 공적 자금 지원은 1981~2000년에 거의 두 배 늘었다. 개도국 전체의 농식품 연구개발에서 민간 부문이 차지하는 비율 역시 증가했지만, OECD 국가에 비하면 매우 낮은 수준이다. 신흥 개도국 3개국에서 농식품 연구개발에 대한 공적 자금 지원이 증가한 것은 네오포디즘을 나타내는 것일 수 있다.

개도국의 농업 연구

CGIAR 컨소시엄은 각 연구센터가 집중 관리하는 대륙에서 유의미한 재화를 창출하고, 그런 재화의 대중적 가용성을 확산한다는 표면상의 목적을 가지고 설립되었다(Pingali and Kelley 2007). CGIAR 시스템의 연구는 각국 정부, 국제기관(주로 세계은행), 민간 자선재단에서 자금을 지원받는다. 록펠러재단과 포드재단이 노먼 볼로그Norman Borlaug가 일했던 국제옥수수밀센터International Maize and Wheat Center를 초기에 지원했으며, 이 두 재단은 CGIAR 시스템이 확대되는 과정에서 계속해서 상당한 자금을 지원했다. 하지만 최근까지 자선재단의 기부금은 다른 주요 기부자에 비해 적은 수준이었다. 〈그림 6.1〉에 1972년~2011년에 CGIAR 시스템 상위 5개 기부자의 기여 비율이 나와 있다. 이 그림을 보면, CGIAR 창립 3년 후부터는 자선재단의 비중이 미국과 세계은행에

〈그림 6.1〉 CGIAR 컨소시엄의 상위 5개 자금 제공자(1972~2011년)

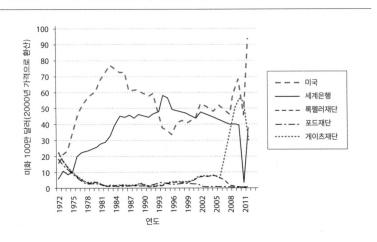

출처: Data compiled from publically available CGIAR annual financial reports(CGIAR 2014).

〈표 6.2〉 CGIAR 컴소시엄의 총운영 예산 및 주요 기부자 기부액

연도	기부자					
	미국	세계은행	록펠러재단	포드재단	게이츠재단	전체 예산
2005	48,300,000	44,100,000	7,670,000	794,000	7,760,000	397,000,000
2006	51,800,000	42,700,000	7,180,000	854,000	5,980,000	364,000,000
2007	49,400,000	41,500,000	4,150,000	664,000	19,400,000	411,000,000
2008	46,400,000	40,000,000	1,840,000	720,000	34,400,000	425,000,000
2009	63,300,000	40,100,000	1,610,000	401,000	49,000,000	486,000,000
2010	67,900,000	39,500,000	790,000	0	46,100,000	531,000,000
2011	45,200,000	3,310,000	766,000	0	54,400,000	546,000,000
2012	93,800,000	37,500,000	0	0	29,900,000	417,000,000

※ 인플레이션 조정된 2000년 미국 달러 기준
출처: CGIAR(2014).

비해 훨씬 낮은 것을 알 수 있다.

개도국 농업 연구개발 증가에 초점을 맞춘 '빌과 멀린다 게이츠재단'(이하 게이츠재단)이 2005년에 설립되면서, CGIAR 자금 지원의 균형이 바뀌었다. 〈그림 6.1〉에 나타난 바와 같이 2012년에는 게이츠재단이 미국과 세계은행의 뒤를 이어 세 번째로 큰 기부자가 되었다. CGIAR의 총 운영 예산에서 게이츠재단이 차지하는 비중은 아직 적다(표 6.2). 하지만, 셔먼Schurman(2011)과 다른 연구들(Brooks, Leach, Lucas, and Millstone, 2009)이 지적한 바와 같이, 게이츠재단의 국제 농식품 연구개발 진입은 사회적으로 큰 파장을 불러일으켰다. '아프리카를 위한 새로운 녹색혁명new Green Revolution for Africa'의 논리는 농업 연구개발의 공급 측면을 중시하는 데 기반을 두고 있지만(Toenniessen, Adesina, and DeVries 2008), 농업 연구개발에서 민간 자선재단의 투자를 강조함으로써 신자유주의 경향도 강화하는 계기가 되었다. 게이츠재단은 CGIAR

〈그림 6.2〉 CGIAR 시스템의 총 운영 예산과 연도별 변화 비율(1972~2013)

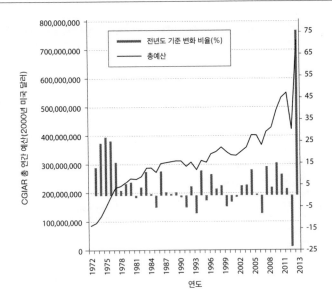

※ 인플레이션 조정된 2000년 미국 달러 기준
출처: CGIAR (2014).

시스템뿐만 아니라 CGIAR 센터의 연구 결과물을 확산시키려고 노력하
는 개발 지향 NGO의 주요 자금 제공자다. 이런 점에서 게이츠재단은
OECD 국가에서 민간 부문의 투자가 농업 연구개발을 왜곡하는 것과
비슷하게, 개도국에도 나쁜 영향을 미치고 있다.

　〈그림 6.2〉는 게이츠재단이 CGIAR 자금 지원에 재정적으로 끼치는
영향과 더불어, 농식품 연구개발의 정치경제가 지난 50년 동안 바뀌기
는 했지만 CGIAR 시스템으로 가는 자금이 다른 유형의 연구기관으
로 가는 자금에 비해 놀랄 정도로 낮은 비율에 계속 머물러 있다는 사
실을 알려준다. 이러한 경향은 부시Busch(2010)의 지적에 상응하는 것
이다. 예를 들어 미국의 많은 연구대학은 전체 CGIAR 시스템보다 예산

이 많다. 〈그림 6.2〉는 인플레이션 조정 후에도 CGIAR 시스템의 총 운영예산과 연도별 예산 변화가 농업 연구개발 정치경제의 큰 경향을 대체로 따르고 있음을 보여준다. CGIAR 시스템 설립 이래 첫 10년 동안은 녹색혁명이 탄력을 받았고, 새로운 연구센터들이 설립되면서, 예산이 급속하게 증가했다. 그러나 이런 예산 증가는 1980년대 중반에서 1990년대 중반 무렵에 대체로 멈췄는데, 공적 자금 제공보다 민간 투자를 더 강조하는 신자유주의 정책 때문이었다. 이 기간은 흔히 국제 농업개발의 "잃어버린 10년"으로 불린다(Djurfeldt 2013).

1990년대 후반 이후 자금 지원이 다시 증가하기 시작하는데, 이는 민간기업이 공적 지원을 받는 농식품 연구개발을 대신할 수 없다는 암묵적인 인식이 반영된 것으로 보인다. 하지만 최근의 CGIAR 시스템 개혁(CGIAR 2011)은 재정적 의사결정과 지출 권한을 중앙에 집중하고, 민-관 파트너십을 강조하며, 투자 수익률이 높은 연구에 초점을 맞추고 있다. 이런 변화와 게이트재단의 자금 지원으로, 2013년 CGIAR 운영예산은 10억 달러로 늘어났다. 하지만 이 금액은 OECD 국가들의 농식품 연구개발 지출액이나 점점 더 늘어나고 있는 신흥 개도국들의 지출액에 비하면 여전히 적은 수준이다. 또한 자금조달 출처와 연구 프로그램 의사결정이 통합되면서, 다양한 공공재의 창출이 저해될 수 있다. 자선재단의 자금 제공으로 상업화가 증진되어 공공재가 희생되고 있다는 주장에 관해서는 더 많은 연구가 필요하다.

작물 재배면적 변화와 수확량 변화

농식품 연구개발의 신자유주의화가 먹거리와 농업 혁신에 끼친 영향

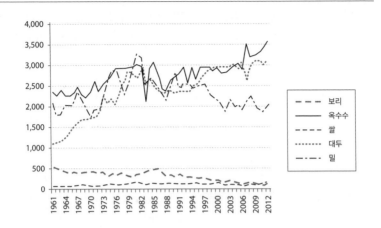

을 알아보기 위해, 우리는 몇몇 OECD 국가 및 신흥 개도국의 작물 경작면적과 작물 수확량 경향을 살펴보고자 한다. 자료에 따르면 선진국과 신흥 개도국 사이에 작물 재배면적과 수확량에서 중요한 차이가 있으며, 자유시장경제와 조정시장경제 사이에도 중요한 차이가 있는 것으로 나타났다. 농업의 혁신은 순전히 기술적인 요인에 의해서만 일어나지 않으며, 농업자금의 제공 유형과 해당 국가의 제도적 구조 또한 중요한 영향을 끼친다.

앞에서 언급하였듯이, 1970년대 후반 미국에서는 농식품 연구개발에서 민간 부문이 차지하는 비중이 공공 부문을 넘어섰지만, 공적 지원 역시 계속 증가했다. 하지만 공적 연구 산출물의 민간 이전을 지속적으로 강조하였다. 누구나 예상할 수 있듯이, 그로 인해 농업-바이오기술 회사와 종자회사는 상업적으로 흥미로운 작물인 대두, 옥수수, 쌀의 재배면적과 수확량을 늘려나가고 있다. 유전자이식 쌀이 미국 시장에 출시된 것은 최근에 불과하지만, 하이브리드 쌀은 1980년대부터 시판되

〈표 6.3〉 미국의 주요 농작물 수확량 변화(헥타르당 헥토그램*)

	연간 평균 수확량 증가분 (hg)	1961~1981 평균 수확량 증가분(hg)	1982~2011 평균 수확량 증가분(hg)	1982년 이후 변화 비율
옥수수	1,163	1,230	1,260	+2.44%
밀	250	310	200	-35.48%
대두	270	200	300	+50.00%
쌀	750	450	870	+93.33%
보리	340	410	340	-17.07%

었다(Durand-Morat, Wailes, and Chavez 2011). 이는 쌀이 상업적으로 유의미한 작물임을 나타낸다. 대두 경작면적은 지난 몇 십 년 동안 크게 증가했지만, 쌀 재배면적은 증가하지 않았다(그림 6.3). 또한 상업적으로 흥미로운 작물(대두, 옥수수, 쌀)의 연간 평균 수확량 증가분은 증가했지만, 그렇지 않은 작물(밀, 보리)은 감소했다(표 6.3).

주목할 만한 사실은 수확량이 큰 폭으로 증가한 옥수수나 대두, 쌀과는 달리 밀과 보리는 오히려 감소했는데, 이들은 하이브리드나 유전자이식 작물이 아니라는 점이다. 유전자이식 작물은 상업적으로 특히 유의미하였다. 지적재산권의 보호를 받기 때문에, 농업-바이오기술 회사들과 종자회사들이 종자를 갈무리해서 다시 심는 행위를 불법화해서 투자 수익률을 보장받을 수 있기 때문이다. 다시 말해, 실용특허를 가진 회사는 해당 작물에 투자된 농업 지식을 사유재로 전환하여 이윤을 올리고 있었다. 〈표 6.3〉를 보면, 농식품 연구개발이 민간 기업에게 상업적으로 중요한 작물의 수확량을 획기적으로 증가시킨 반면에, 그

---

* 헥토그램hectogram은 100그램이다. – 옮긴이

〈그림 6.4〉 캐나다의 작물 재배면적(1,000헥타르)

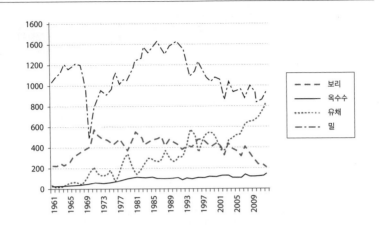

〈표 6.4〉 캐나다 내 주요 농작물 수확량 변화(헥타르당 헥토그램)

	연간 평균 수확량 증가분 (hg)	1961~1981 평균 수확량 증가분(hg)	1982~2011 평균 수확량 증가분(hg)	1982년 이후 변화 비율
옥수수	850	496	1,120	+124%
밀	260	310	350	+12.90%
유채	180	180	240	+33.33%
보리	310	460	250	-45.65%

과정에서 공공재는 크게 희생되었음을 알려주고 있다. 밀과 보리는 아직 혼종교배나 유전자이식이 되지 않았기 때문에 수확량이 오히려 줄어들었고, 이를 연구개발하는 데 필요한 자금의 지원은 공공 부문의 역할로 남게 되었다. 민간 부문이 연구 의제를 주도하고 있기 때문에, 연구개발의 결과는 민간 기업의 사유화된 지식으로 전유된다.

캐나다에서도 비슷한 경향이 나타났다(그림 6.4, 표 6.4). 최근 들어 캐나다의 옥수수 수확량이 크게 증가했는데, 이는 1980년대 이전에는 캐

<그림 6.5> 영국의 작물 재배면적(1,000헥타르)

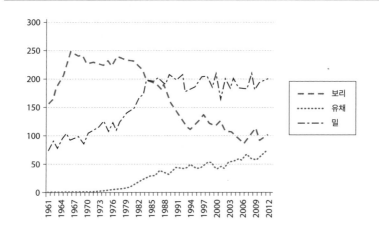

<표 6.5> 영국의 작물 재배면적(1,000헥타르)

	연간 평균 수확량 증가분 (hg)	1961~1981 평균 수확량 증가분(hg)	1982~2011 평균 수확량 증가분(hg)	1982년 이후 변화 비율
보리	560	430	300	-30.23%
밀	960	850	460	-45.88%
유채	240	60	120	+50.00%

나다에서 옥수수가 대규모로 재배되지 않았기 때문이다. 오늘날 옥수수 재배지역에서는 과거보다 훨씬 더 많은 투자를 투입물에 하고 있다. 주목할 만한 사실은 밀과 보리의 재배면적이 감소한 대신, 유채의 재배면적과 수확량이 획기적으로 증가했다는 점이다. 문제는 캐나다에서 재배되는 거의 모든 유채가 유전자이식 품종이라는 데 있다. 그래서 미국의 신자유주의화, 상업화 경향이 그대로 캐나다에도 나타나고 있다. 농식품 연구개발이 상업적으로 중요한 작물 중심으로 바뀌고 있는 것

이다. 놀라운 사실은 유채의 유전자이식 기술의 연구개발 과정에서 공적 자금의 많은 지원을 받았다는 것이다. 사실상 민간 기업의 사유재산 창조에 정부 보조금을 쏟아부은 것이다.

영국의 신자유주의 접근법은 미국이나 캐나다와는 달랐다. 공적 자금으로 민간 부문에 보조금을 지급하는 대신, 영국은 공적 자금 지원을 줄여버리는 방식을 택했다. 그 결과 주곡작물인 보리와 밀의 생산량이 전체적으로 감소하였다. 보리 재배면적은 1980년 이후 크게 줄어들었으며, 밀의 생산면적은 큰 변화가 없었다(그림 6.5). 이에 따라 밀과 보리의 연간 평균 수확량이 크게 줄었다(표 6.5). 하지만 같은 기간 동안 영국의 유채 재배면적과 생산량은 점차 늘어났다(그림 6.5, 표 6.5). 영국은 유전자이식 작물을 허용하지 않았지만, 캐나다 유채 재배와 마찬가지로 유전자이식을 하지 않은 유채조차 상업적 농산업에 큰 이익을 가져다주는 특화된 작물로 재배되고 있었다.

독일과 프랑스는 흔히 조정시장경제로 분류된다는 점에서 미국, 캐나다, 영국과는 다르다. 그래서 신자유주의가 끼친 영향은 작물 재배면적과 수확량 측면에서 이들 세 나라와 꽤 다르다. 독일에서는 유채와 옥수수의 재배면적이 증가했지만 보리 재배면적은 감소했는데(그림 6.6), 이는 신자유주의 농정에서 예상할 수 있는 결과들이다. 하지만 동시에 밀 재배면적도 증가했는데, 이는 신자유주의 경향과 배치되는 것이다. 또한 독일의 주곡작물 수확량 감소폭은 미국, 캐나다, 영국에 비해 훨씬 적게 나타났다(표 6.6).

독일과 달리, 프랑스에서는 영국과 비슷하게 농식품 연구개발에 대한 공적 자금 지원이 크게 줄어들었다. 그 결과 다른 나라들처럼 보리 재배면적은 줄었지만, 유채 재배면적은 오히려 늘어났다(그림 6.7). 프랑스와 독일에서 재배되는 유채는 영국처럼 유전자이식이 되지 않은 품종

〈그림 6.6〉 독일의 작물 재배면적(1,000헥타르)

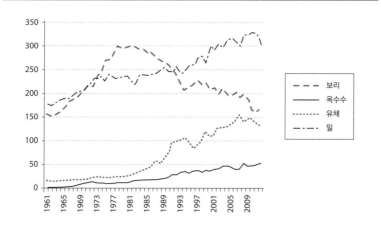

〈표 6.6〉 독일 내 주요 농작물 수확량 변화(헥타르당 헥토그램)

	연간 평균 수확량 증가분 (hg)	1961~1981 평균 수확량 증가분(hg)	1982~2011 평균 수확량 증가분(hg)	1982년 이후 변화 비율
옥수수	1,290	1,490	1,290	-13.42%
밀	980	870	720	-17.24%
보리	680	710	520	-26.76%
유채	400	440	390	-11.36%

이기는 하지만, 그것 역시 상업적으로 가치가 있는 작물이다. 프랑스의 옥수수 재배면적은 약간 증가했지만, 평균 수확량은 오히려 감소했다. 프랑스가 독일과 비슷한 점은, 밀 재배면적의 증가다(그림 6.7). 심지어 밀의 연간 평균 수확량 증가분이 크게 줄었는데도 재배면적이 늘어난 것이다(표 6.7).

우리는 독일과 프랑스의 이런 결과를, 신자유주의 시장경제에 비해 조정시장경제에서 더 많은 공적 이익을 획득할 수 있다는 것을 반증하

〈그림 6.7〉 프랑스의 작물 재배면적(1,000헥타르)

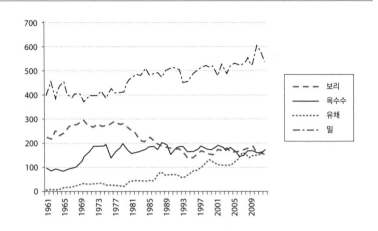

〈표 6.7〉 프랑스 내 주요 농작물 수확량 변화(헥타르당 헥토그램)

	연간 평균 수확량 증가분 (hg)	1961~1981 평균 수확량 증가분(hg)	1982~2011 평균 수확량 증가분(hg)	1982년 이후 변화 비율
옥수수	1,310	1,240	1,100	-11.29%
밀	934	1,200	472	-60.66%
보리	850	710	600	-15.49%
유채	381	260	240	-7.69%

는 증거로 해석하고자 한다. 미국과 영국에서는 유전자이식이나 혼종교배를 하지 않은 밀은 주곡작물로서의 중요성을 잃어가고 있다. 캐나다에서는 1981년 이후에도 밀 수확량이 약간 증가하였다. 이것은 농업의 공공성이 거의 사라진 미국이나 영국과는 달리 캐나다에는 공공 지향적인 농업 부문이 조금은 남아 있었다고 해석할 수 있다. 이런 캐나다에서 신자유주의가 최종 승리를 거뒀다는 사실은 지난 2012년 캐나다 밀위원회Canadian Wheat Board의 폐지를 통해 확인할 수 있다. 유럽의 독

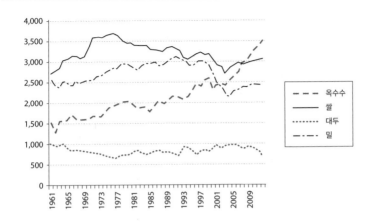

〈그림 6.8〉 중국의 작물 재배면적(1,000헥타르)

범례:
- 옥수수
- 쌀
- 대두
- 밀

〈표 6.8〉 중국 내 주요 농작물 수확량 변화(헥타르당 헥토그램)

	연간 평균 수확량 증가분 (hg)	1961~1981 평균 수확량 증가분(hg)	1982~2011 평균 수확량 증가분(hg)	1982년 이후 변화 비율
쌀	900	880	530	-39.77%
옥수수	930	940	710	-24.73%
밀	880	710	770	+8.45%
대두	230	210	180	-14.28%

일과 프랑스는 조정시장경제 때문에 신자유주의가 다른 방식으로 영향을 끼쳤는데, 이는 이들 국가에서 유전자이식을 하지 않은 밀의 생산면적이 늘어나고 있는 현상을 보면 알 수 있다.

신흥 개도국의 경향은 좀 더 다양하게 나타났다. 중국의 옥수수 재배면적은 크게 증가했지만, 다른 작물의 재배면적은 줄어들거나 별다른 변화가 없었다(그림 6.8). 연간 평균 수확량은 밀을 제외한 모든 작물에서 감소했다(표 6.8). 하지만 중국의 농식품 연구개발의 획기적인 증가가

〈그림 6.9〉 인도의 작물 재배면적(1,000헥타르)

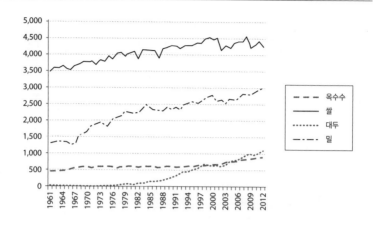

〈표 6.9〉 인도 내 주요 농작물 수확량 변화(헥타르당 헥토그램)

	연간 평균 수확량 증가분 (hg)	1961~1981 평균 수확량 증가분(hg)	1982~2011 평균 수확량 증가분(hg)	1982년 이후 변화 비율
쌀	430	260	405	+73.08%
밀	470	420	400	-4.76%
옥수수	290	60	420	+600%
대두	140	260	160	-38.46%

밀을 제외한 다른 작물의 연간 평균 수확량 증가로 연결되지는 않는 것처럼 보인다.

인도의 작물 생산 변화는 중국에 비해 네오포디즘에 더 잘 들어맞는다. 인도에서는 옥수수, 쌀, 대두, 밀의 재배면적이 꾸준히 증가하고 있다(그림 6.9). 인도에서는 쌀과 옥수수의 수확량이 크게 늘었지만, 밀의 연간 평균 수확량은 약간 줄었고, 대두의 연간 평균 수확량은 크게 줄었다(표 6.9). 인도에서는 옥수수가 산업 투입물과 가축 사료로 사용

〈그림 6.10〉 브라질의 작물 재배면적(1,000헥타르)

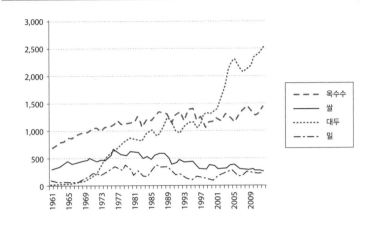

〈표 6.10〉 브라질 내 주요 농작물 수확량 변화(헥타르당 헥토그램)

	연간 평균 수확량 증가분 (hg)	1961~1981 평균 수확량 증가분(hg)	1982~2011 평균 수확량 증가분(hg)	1982년 이후 변화 비율
쌀	0.60	-10	1,050	+10,600%
옥수수	0.60	200	950	+375%
대두	0.38	360	450	+25%
밀	0.35	20	430	+2,050%

되는 상업적으로 중요한 작물이어서, 옥수수 재배 확대는 육류소비의 증가를 나타내는 것일 수도 있다. 하지만 네오포디즘의 증거는 쌀, 밀 같은 주곡 작물의 생산량 변화를 주목해보면 보다 확실해진다.

　브라질의 작물 재배면적 변화는 네오포디즘보다 신자유주의 시장 경제에 더 잘 들어맞는다. 이는 브라질이 중국이나 인도보다 바이오기술을 일찍부터, 보다 더 종합적으로 채택했기 때문일 것이다(Pray and Nagarajan 2014). 대두 재배면적은 크게 늘었으며, 옥수수 재배면적은 약간 늘었으나, 쌀과 밀 재배면적은 줄어들었다(그림 6.10). 브라질은 쌀, 옥수수, 밀의 수확량이 크게 증가하고 대두의 수확량이 상대적으로 조금 늘었다는 점에서 우리가 분석했던 다른 모든 나라와 다른 경향을 보여주고 있다(표 6.10). 특히 밀 수확량 증가는 네오포디즘의 요소를 나타내는 것일 수 있다.

결론

신자유주의는 OECD 국가들에서 명백하게 드러나지만, 신자유주의 시장경제의 적용 방식과 농식품 분야에서의 연구개발 및 기술 혁신에 끼친 영향은 각 국가별로 다르게 나타났다. 심지어 같은 범주로 흔히 분류되는 국가들 사이에서도 그 영향이 다르게 나타난다. 예를 들면, 영국, 캐나다, 미국은 자유시장경제의 방식으로 진행되고 있고, 독일과 프랑스는 조정시장경제 방식으로 진행되고 있다. 하지만 영국과 프랑스는 농식품 연구개발의 공적 지원을 줄이는 접근법을 비슷하게 채택하고 있었다. 반면에 미국과 독일, 캐나다의 공적 지원은, 비록 과거에 비해 증가 속도가 줄어들고 민간 자금 지원이 차지하는 비중이 상대적으로 공적 지원에 비해 늘어나기는 했지만, 지속적으로 증가해왔다.

이러한 차이는 매우 시사적이다. 신자유주의가 영국에서는 국가 지원의 축소로 이어졌지만, 미국과 캐나다에서는 결과적으로 민간 부문에 이득이 되는 농식품 연구개발에 공적 자금을 지원하는 형태로 나타났다. 미국과 캐나다에서 상업적으로 이득이 되는 작물의 수확량이 늘어난 점에서 이러한 경향을 확인할 수 있다. 독일과 프랑스의 경우는, 농식품 연구개발에 대한 공적 지출에서 미세한 차이가 있기는 하지만 주곡작물에 초점을 맞춘다는 점에서 공통적이었다. 그 결과 상업적으로 가치가 있는 작물에 어느 정도 초점을 맞추기는 했지만 영국, 캐나다, 미국처럼 신자유주의 경제가 그리 강하지는 않았다. 하지만 이런 미묘한 차이에도 불구하고, 신자유주의 시장경제는 대부분의 선진국에서 명백하게 영향을 끼치고 있다.

신흥 개도국에서도 비슷한 경향이 나타나고 있지만, 민간 산업보다는 민간 자선재단의 지원이 신자유주의 경제 방식을 주도하는 경향이 있었다. CGIAR 센터는 농업의 공공성 연구에 아직도 헌신하고 있다. 하지만 몇 가지 자료에 따르면 공공재 연구의 폭이 과거보다 더 좁아졌으며, 자선재단이 많은 자금을 제공하는 신자유주의 맥락을 반영하여 시장 주도의 기술 확산 전략에 주로 초점을 맞추고 있다(Brooks et al. 2009).

연구개발 투자와 작물 수확량의 이런 경향은 각 국가의 먹거리 및 농업 문제 해결 능력에 큰 함의를 가진다. 우리가 서론에서 이야기한 바와 같이, 농식품 연구개발에 대한 공적 투자는 역사적으로 생산성 증가와 중요하게 연결되어왔다(Fuglie et al. 2102; Piess6 and Think 2010). 더 중요한 점은, 농식품 연구개발에 대한 공적 투자의 차이와 여러 작물 수확량의 차이가, 해당 국가가 자국민과 지구촌 전체의 물질적 풍요에 얼마나 헌신하고 있는지 나타내는 지표 역할을 한다는 것이다.

신흥 개도국의 농식품 연구개발에 대한 공적 지원 증가와 주곡작물 수확량의 극적인 증가는, 네오포디즘이 작동하고 있다는 주장을 뒷받침하는 증거를 제공한다. 하지만 네오포디즘의 영향을 받는 국가들 역시 공적 지원의 결과가 자국의 안정적인 먹거리 공급보다 민간 농산업 기업에게 더 큰 이득을 가져다주는 작물들의 수확량 증가에 초점이 맞춰져 있다는 사실을 주목해야 한다. 그래서 네오포디즘이 어느 정도

긍정적인 영향을 끼칠 수도 있지만, 이들 국가를 포함한 지구촌 전체에서 사회적 혜택이 나타나려면 상당한 시간이 걸릴 것으로 보인다. 파디와 앨스턴(Pardey and Alston 2010)은 OECD 국가와 신흥 개도국 사이에 과학 인력의 교육·기술 수준과 전체적인 연구개발 예산 규모에서 엄청난 차이가 있다고 지적했다. 그들은, 신흥 개도국이 선진국을 따라잡으려면 시간과 비용 측면에서 엄청난 투자가 필요하며, 이런 투자가 보상받으려면 어느 정도 시간이 걸릴 것이라고 주장했다.

농식품 연구개발에 대한 투자는 국가별로 다양한 방식으로 이뤄진다. 민간 투자가 공공 투자 감소를 대신할 수는 없다. 그리고 상업적으로 가치가 있는 연구에 대한 공공 투자는 국가와 지구촌의 먹거리 공급을 향상하기 위한 공적 차원의 투자와는 다른 산출물과 결과물을 만들어낸다. 신흥 개도국의 공공 투자 증가가 신자유주의 경향에서 벗어나고 있다는 점에서 환영할 만한 일이기는 하지만, 선진국의 공적 지원 감소로 인한 공백이 그것으로 매워질 가능성은 낮다. 파디와 앨스턴(2010)은 신흥 개도국의 공공 투자가 증가하고는 있지만 선진국에서 줄어든 규모에 비하면 그 영향력은 미미하다고 지적했다. 그들은 또한 연구개발의 최초 투자에서 결과적으로 이익이 생기기까지는 시차가 존재한다는 점을 강조했다. 다시 말해, 중국과 브라질, 인도의 농업 연구개발에 대한 공적 자금 지원이 OECD 국가들의 공적 자금 지원 축소분을 상쇄하지는 못한다는 것이다.

최근 부상하고 있는 경제 성장 촉진을 위한 매력적인 아이디어 중 하나가 유엔환경계획(UNEP)의 세계녹색뉴딜Global Green New Deal이다. UNEP는 미국 대통령 프랭클린 루즈벨트의 '뉴딜'을 부활할 것을 제안하면서, 그 앞에 '세계'라는 말을 추가하여 프로젝트 규모를 확대했다. 또한 '녹색'이라는 말은 개도국의 지속가능한 농업 생산에 대한 투자에 초점을 맞추는, 생태적으로 지속가능한 전략의 필요성을 강조한다. 원래 뉴딜과 맥을 같이하는 것은, 공공재와 사람에 대한 투자에 초점을 맞추는 것이다. 신자유주의에서 벗어나서, 농업 생산성의 지속적인 증가뿐만 아니라 지구촌 전체를 먹일 수 있는 지속가능한 농업 생산의 실천에서 공공 부문의 역할을 되살리려면, 이런 원대한 사고가 필요할 수 있다.

7장

젠더와 농식품의
국제정치경제

캐롤린 삭스 Carolyn Sachs
미국 펜실베이니아주립대학교Penn State University의 농촌사회학과 교수. 관심 분
야는 젠더와 농업, 젠더와 환경 문제 등이며 특히 여성에 의한 농업과 관련한 새로
운 사업에 대하여 연구하고 있다.

젠더관계는 농업과 먹거리의 정치경제에서 핵심적인 요소다. 젠더 불평등은 고용관계, 농지 소유권, 신기술 및 시장 접근성 같은 다양한 차원에서 여성과 여성의 가족에게 불리하게 작용하여, 먹거리보장 수준을 낮추기 때문이다. 젠더 불평등이 농식품체계의 정치경제적 변화와 맞물려 어떻게 변화하는지 이해하는 것은 학계와 정책 영역에서 중요하다.

여성은 전세계 많은 지역에서 농업 노동력의 상당 부분을 제공해왔다. 여성과 남성이 농업 노동자로 기여하는 정도를 정확히 측정하는 것은 어려운데, 그 이유는 여러 가지가 있다. 성별로 분리된 통계가 존재하지 않거나(Deere 2005), 가족농장에서 노동하는 여성, 노동 허가를 받지 못한 농업 노동자, 임시 농업 노동자는 통계 수치에 포함되지 않아 실제보다 적은 수만이 집계된다. 유엔 식량농업기구(FAO)의 최근 자료는 전세계 농업 노동력의 43.0퍼센트를 여성이 차지한다는 것을 보여준다(FAO 2010). 전세계적으로 볼 때, 여성 농업 노동자 비율이 높은 지역은 사하라 이남 아프리카(48.7%), 북아프리카(42.8%), 아시아(41%) 지역이며, 라틴아메리카, 유럽, 북미와 카리브해 지역의 여성 농업 노동자 비율은 이보다 낮다(표 7.1).

그러나 동일한 지역이라도 동일한 지역 내 국가 간에는 편차가 존재한다. 아프리카 지역을 보면, 나이지리아는 여성 경제활동비율이 36.0퍼센트에 머물러 있지만, 레소토와 모잠비크에서는 각각 67.0퍼센트와

<표 7.1> 지역별 여성 경제활동인구: 농업 분야(%)

지역	여성 경제활동인구 (1980)	여성 경제활동인구 (2000)
세계	40.4	42.7
사하라 이남 아프리카	46.0	48.7
북아프리카	30.1	42.8
아시아(일본 제외)	42.4	41.0
라틴아메리카와 카리브해 지역	18.6	20.9
유럽	44.9	32.4
북미(멕시코 제외)	22.5	28.9

출처: FAO(2011)

65.0퍼센트로 높은 비율을 보인다. 아시아 지역도 방글라데시와 중국은 각각 51퍼센트와 47.9퍼센트로 상대적으로 높은 비율을 보이지만, 인도는 32.4퍼센트 수준에 머물러 있다. 라틴아메리카와 카리브해 지역도 여성 경제 활동 비율은 벨리즈의 3.2퍼센트부터 41.8퍼센트에 달하는 볼리비아에 이르기까지 다양하다(FAO 2011). 농업에서 여성 노동자와 남성 노동자의 역할은 지역에 따라 다르고, 농업과 축산의 생산 형태와 농가의 경제 상황에 따라서도 다르다. 여성 노동자와 남성 노동자는 다양한 환경에 처해 있는데, 자신의 경작지에서 노동하는지 아니면 다른 농장에 고용된 임금 노동인지, 또는 비임금 노동인지에 따라 모두 달라진다.

고가치 수출작물과 여성 농업 노동자

기업농이 증가하고, 무역 정책과 금융 조건이 변화하면서 남반구의

<표 7.2> 주요국의 고가치 작물 생산의 여성 임금 노동자 비율(%)

국가	작물	여성 노동자 비율
브라질 북동 지역	포도	농업 노동자의 65%
칠레	과일	임시 노동자의 52%
콜롬비아	꽃	64%
케냐	꽃	61%
짐바브웨	꽃	87%
남아프리카	과일	임시 노동자의 69%

출처: Dolan and Sorby(2003).

많은 국가는 바나나, 커피, 차 등 자신들이 전통적으로 생산해온 작물 생산을 그만두고, 과일, 화훼, 채소 등 비전통적인 고가치 작물의 재배와 가공으로 농업 생산의 방향을 전환하였다. 이 작물들은 수출시장을 겨냥하여 재배되며, 특히 당해 생산된 농산물을 선진국에 공급하는 초국적 농기업이 소유하고 운영하는 가치사슬을 통해 팔리고 있다. 새로운 수출작물의 생산은 수확, 선별, 가공, 포장 과정에서 강도 높은 노동력이 요구되며, 상당 부분 여성 노동력에 의존하여 생산된다. <표 7.2>를 보면, 남미와 사하라 이남 아프리카 지역의 많은 국가에서 화훼와 과일을 생산하는 주 노동자가 여성임을 알 수 있다.

고가치 작물 생산은 가난한 여성과 남성에게 직업과 임금을 제공하지만, 여기에는 젠더와 관련된 농업 고용의 많은 문제점과 쟁점이 있다. 일반적으로 이 작업은 육체적으로 고되고, 신체에 부담을 주며, 성별에 따른 심각한 작업 분리가 특징적으로 나타난다. 여성은 손을 이용하는 수작업에, 남성은 기계와 장비를 이용하는 작업에 주로 종사한다. 여성이 손을 이용한 일에 보다 능하다거나 혹은 여성이 꽃과 과일에 더욱 주의를 기울인다거나 하는 손재주에 관한 고정관념은 종종 성별에 따른 직종 분리 고용을 정당화하는 데 사용된다. 성별에 따른 직종 분리 고용은 일반적으로 여성이 남성보다 더 적은 임금을 받게 하고, 남성보다 시간제 노동자나 계절 노동자로 일할 가능성을 더 크게 한다. 예를 들어 인도의 임시직 농업 노동의 경우, 여성은 남성에 비해 30퍼센트가량 더 낮은 임금을 받으며, 동일한 업무를 수행할 때에도 여성은 남성보다 20퍼센트가량 더 낮은 임금을 받는다(World Bank 2007).

임시적이고 유연한 직종에서 일하는 여성은 직업 안정성이 제한적일 수밖에 없다. 기업과 계약업체도 생산 단가를 낮추려고 고용과 임금상의 성차별적 관행을 이용한다(Barrientos 2013). 생산과 재생산을 양립해야 하고, 고용기회에 대한 대안적인 자원이 거의 없는 가난한 여성은 노동 조건에 대한 협상력이 약해서 노동 조건이 열악해도 이를 수락할 수밖에 없다.

한편, 같은 남반구에서도 더 가난한 지역에 사는 농업 노동자는 상황이 조금 나은 남반구의 다른 국가로 노동 이주를 한다. 비전통적인 노동 집약적인 작물을 생산하는 남반구의 주요국에서는 더 가난한 국가에서 이주한 여성을 고용해 필요한 노동 수요를 충족한다. 코스타리카의 경우 농가공 분야의 노동시장은 성별과 시민권에 따른 직종 분리가 심각하다. 코스타리카 여성 노동자에 관한 한 연구에 따르면, 니카라과에서 불법 이주한 미등록 여성 노동자는 카사바 생산에 투입되지만, 합법적으로 이주한 등록 여성 노동자는 더 깨끗하고, 육체적으로 덜 힘든 파인애플 가공 작업에 투입된다(Lee 2010). 이와 같이 분절된 노동시장은 남성 노동자와 여성 노동자를 분리하고, 등록 노동자와 미등록 노동자를 구분 짓기 때문에 노동자를 조직하여 더 나은 노동 조건을 확보할 가능성을 저해한다.

미국과 캐나다의 젠더 문제와 농업 노동자

저개발 국가와는 대조적으로, 미국과 캐나다에서는 남반구 출신의 농업 노동자를 채용할 때 남성을 선호하는 편향적인 특징을 보인다 (Preibisch and Grez 2010). 미국에서 작물을 생산하는 농업 노동자의 대부분은 남성(79%)이며, 멕시코 출신(75%)의 불법 노동자(53%)다(US Department of Labor 2002). 캐나다도 농업 부문의 이주 노동자에 대한 의존이 증가하고 있고 상당 부분 남성화되어 있어, 여성 농업 노동자의 비율은 전체 농업 노동자의 고작 2~3퍼센트에 불과하다(Preibisch and Grez 2010).

프리비시Kerry Preibisch와 그레즈Evelyn Encalanda Grez는 캐나다에서 농업에 종사하는 멕시코 출신의 여성 이주자에 관한 흥미로운 연구를 수행하였는데, 이 연구는 농업 노동력이 남성화된 다중의 원인이 노동력 송출국과 유입국 국가 양쪽에 있다고 지적한다. 예컨대 노동력 송출국인 멕시코 정부는 1989년까지 여성이 농장 노동자 송출 프로그램에 참여하는 것을 허용하지 않았고, 예외적으로 1998년까지 한부모 가정의 여성에게만 참여 자격을 주었다. 멕시코 여성은 또한 남편과 아이로부터 떨어져 지내지 못하도록 하는 젠더 이데올로기와 사회 규범에 의해 커다란 제약을 받았다. 마찬가지로 캐나다로 이주한 여성 농장 노동자도 캐나다에 도착하자마자 유사한 젠더 이데올로기에 부딪히게 된다. 이주 여성은 유입국인 캐나다에서 종종 나쁜 엄마이거나 성적으로 접근할 수 있는 여성으로 인식된다. 또한 캐나다인 농장 주인과 정부 관료도 여성이 남성보다 농장 노동자로 덜 적합하다고 인식한다(Preibisch and Hermoso Santamaria 2006). 이와 같은 프리비시의 연구는 어떻게 인종, 성별, 시민권에 따른 고용 관행이 농업관련산업에 혜택을 주고, 농장 노동자는 속박하는지 구체적으로 드러내준다.

미국에서 선호되는 농장 노동자는 남성이지만, 음식 가공과 같은 더 낮은 계층의 노동에는 여성이 선호되며, 실제로 여성은 노동 집약적 저급 직종에 압도적으로 많이 종사하고 있다. 여성 노동자의 75퍼센트는 농산물의 등급을 매기고 분류하는 일을 담당하고, 남성이 버는 수입의 대략 4분의 3 정도를 번다(US Department of Labor and Labor Statistics 2005). 음식 준비와 관련 서비스 직종에 종사하는 여성은 전체 650만 노동자의 4분의 3(77%)보다 더 많다. 이렇게 여성이 대다수 종사하는 음식 관련 서비스직은 대부분 저임금에, 혜택이 거의 없는 유연한 지위를 갖는 시간제다(Allen and Sachs, 2007).

미국에서 육류 소비가 쇠고기에서 돼지고기와 닭고기로 전환되고, 양돈산업이 집중되면서 수많은 일자리가 양돈 가공 공장에서 생겨났다. 농장노동자건강센터(National Center for Farmworker Health 2014)에 의하면, 미국에는 174개의 공장에 25만 명의 노동자가 양돈 가공에 종사한다. 이 직종은 국제노동기구(ILO)가 분류한 더럽고, 어렵고, 위험한 3D 업종이다. 3D 업종 노동자의 절반은 여성이고 그중 2분의 1은 라틴계이고, 4분의 1은 미등록 노동자다. 이들 노동자는 고강도에 빠른 속도로 일을 해야 하고, 수많은 건강상의 위험에 노출되어 있다. 예컨대 손목골 증후군, 근골격계 질병, 공기 오염으로 초래되는 천식과 호흡기 계통 질병, 칼에 의한 자상 등과 같은 신체적 부상에 노출되어 있다. 이렇게 열악한 노동 조건인데도, 축산업에 종사하는 노동자의 임금은 시간당 평균 11달러이며, 연간 평균 2만 4,000달러 정도로 낮다.

게다가 살충제에 노출되는 것은 원예산업에 종사하는 남성 노동자와 여성 노동자가 직면한 또 다른 건강 위험 요소다. 독성 화학약품에 노출되는 것은 미흡한 훈련, 불충분한 보호의류 장비, 화학약품 살포 직후에 개시되는 농사 작업 등에 의해 발생된다. 특히 온실, 포장창고와 같은 밀폐된 공간에서 화학물질에 노출되는 것은 보다 심각한데, 여성 노동자는 이 밀폐된 공간에 밀집해 있다. 화학물질 노출로 인한 단기적인 위험은 피부병, 호흡기 질환, 메스꺼움, 어지럼증 등이지만, 보다 장기적인 위험은 태아 유산을 포함하여 여성의 생식기관 건강 문제와 직결된다(World Bank, FAO, IFAD 2009).

더욱 심각한 문제는 여성 농업 노동자가 직면해 있는 또 다른 문제인 성폭력이다. 직업 안정성이 거의 보장되지 않는 저임금 작업장에서는 폭력과 성희롱이 흔하게 발생한다. 케냐의 절화산업에 관한 한 연구는 작업장의 남성 관리자들이 직업 안정성을 제공하는 대가로 종종 여성에게 성관계를 요구한다는 사실을 밝혀냈다(Dolan, Opondo and Smith 2002). 미국의 인권감시단체Human Rights Watch와 남부빈곤법률센터Southern Poverty Law Center의 연구도 여성 농장 노동자가 성폭력과 성희롱에 노출되는 빈도가 상당히 높음을 발견하였다. 남부빈곤법률센터가 진행한 인터뷰에서 150명의 여성 중 대다수가 성희롱을 경험했음을 보여주었다. 여성은 특히 자신에게 취업 기회, 거주 공간, 교통 수단 등을 제공하는 관리자와 취업 알선 업체에 의한 성폭행과 성희롱에 매우 취약하기 때문이다. 그러나 여성 농업 이주 노동자의 많은 수는 노동 허가를 받지 못한 이주자여서, 폭행을 당해도 언어와 문화 장벽으로 인해 폭행을 신고할 자원이 없다. 뿐만 아니라 여성 농업 이주 노동자는 고용주에 의한 성적 학대 이외에 자신의 남편과 남자친구로부터도 학대를 경험한다. 1,001명의 여성 농장 노동자를 대상으로 조사한 한 연구는 19퍼센트의 여성이 자신의 남편과 남자친구로부터 성적이거나 신체적인 학대를 경험하였다고 보고한다(Van Hightower et al. 2000).

가족농의 변화하는 젠더관계

전지구적 농업 정책은 분명히 농업관련산업과 기업농의 성장을 촉진하지만, 전세계적으로 많은 남성과 여성은 여전히 자신의 경작지에서 먹거리와 농산물을 생산하고 있다. 가족농은 가난한 지역과 부유한 지역 모두에서 특징적으로 가부장적 조직으로 운영되어온 오랜 역사를 갖고 있다. 나이가 많은 남성이 농지를 소유하고, 다른 가족 구성원의 노동력을 통제하며, 농업 생산에서 모든 결정을 담당해왔다. 가족농에서 많은 경우 여성은 특정 상품의 주된 생산자 역할을 담당해왔고, 어떤 상황에서는 자금 관리와 판매의 핵심적인 역할을 수행해왔다. 그러나 가족농은 정적인 상태로 존재하는 것이 아니라 농식품체계의 전지구적 전환에 대응하며 변화한다. 이 전환은 어떤 경우에는 종종 가족농에 현존하는 가부장적 배열을 와해하는 젠더관계의 변화를 수반하기도 한다. 전세계 많은 지역에 있는 전통적인 가족농에서 농민이라는 타이틀은 남성에게만 주어져왔고, 따라서 여성의 농민 정체성이나 여성이 농장에 기여하는 부분은 종종 경시되거나 무시되어왔다. 여성과 남성이 모두 자신의 경작지에서 일하지만 여성의 일은 종종 남성이 하는 일의 부차적인 것쯤으로 여겨졌다(Brandth and Haugen 2010). 전통적인 가족농에서 여성은 농장주의 부인, 보조자, 가정주부 정도로 여겨지며, 여성 스스로 종종 자신을 그렇게 받아들여왔다. 그러나 미국과 유럽에는 점점 많은 여성이 농장주 부인이라는 지위를 거부하고 자신에게 농민, 경영주, 목장주의 지위를 부여한다.

미국의 농업은 두 갈래의 생산체계로 특징지어지는데, 하나는 대규모의, 자본화된, 대개는 단작 농장이고, 다른 하나는 소규모의, 노동 집약적인, 다품종 농장이다. 대규모 농장에서는 전지구적 농식품체계에서 소비되는 다섯 가지 주요한 상품인 옥수수, 소, 유제품, 대두, 닭을 생산한다. 이러한 상품작물의 생산은 점차로 집중되고 있다. 대규모 농장이 주요 상품작물 생산을 독점하고, 적어도 1,100에이커에 달하는 농장에서 대부분의 작물이 생산된다(McDonald et al. 2013). 미국 농무부(USDA)는 농장 규모를 측정하는 단위로 경작면적의 중간치midpoint acreage*를 계산하여 사용하는데, 미국 농장의 경작면적 중간치는 1982년에 589에이커였던 것이 2007년에는 1,105에이커로 두 배 증가하였다. 경작면적 중간치가 두 배로 증가한 다섯 가지 주요 작물은 옥수수, 면화, 쌀, 대두, 밀이다. 이렇게 농장 규모가 증가한 상품작물 농장의 대다수는 가족농으로 남아 있고, 남성이 주요 경영주다(MacDonald et al. 2013).

작물 생산의 집중 현상은 새로운 기술의 발달, 축산과 농업의 분리, 계약 농업의 증가, 그리고 상품, 대출, 세금에 관한 연방 정책에 의해 촉진되어왔다. 심고 수확하는 데 사용할 수 있는 대형 장비, 화학 살충제, 무경운 직파 기술, 유전자변형 종자 같은 새로운 기술은 노동 수요를 감소하고 경영 규모의 증가를 촉진하였다. 생산 집중 현상은 낙농 및 축산 생산에서 더욱 가파른 증가를 보였다. 낙농 사육 두수의 중간치는 1987년의 소 80마리에서 2007년에는 소 570마리로 증가하였다. 생산 집중이 가장 큰 폭으로 증가한 부문은 아마도 양돈 생산일 것이다. 양돈 규모의 중간치는 1987년의 돼지 1,200마리에서 2007년에는 3만 마리로 증가했다(MacDonald et al. 2013). 기술의 발달은 대규모 가축사육

---

* 경작면적의 중간치를 계산하여 사용하는 이유는 평균값보다 농장 규모의 증가분을 제시하기에 적합하기 때문이다. 농장 규모가 대규모화되고 있지만, 평균값으로는 농장 규모의 증가를 알기 어려운데, 그 이유는 중간 규모의 농장은 급속히 감소하고, 동시에 양 극단의 농장 규모(대규모 또는 소규모)는 증가하고 있어 경작면적의 평균값은 시기에 따른 차이를 보이지 않기 때문이다. — 옮긴이

설비, 가공 처리의 통합, 도급 관행에서도 이루어져 대규모 축산시설을 촉진하였다. 자본 집약적 대규모 농업은 그 진입 장벽이 매우 높아 농지, 기반 구조, 장비를 상속받지 않는 이상, 대부분의 사람은 엄두조차 내기 어렵다. 미국 중서부 지역을 예로 든다면, 평균 규모의 대두와 옥수수 농장을 경영하려면 토지, 장비, 기반시설에 대략 미화 800만 달러가 필요하다고 미국 농무부는 추산한다(MacDonald et al. 2013). 여성은 농장을 상속받을 가능성이 적고 여성이 가족농의 주 경영자가 될 가능성도 낮아, 이러한 대규모 가족농의 대다수는 남성이 주 경영자이거나 의사결정권자로 남게 된다.

미국의 여성 농민

대규모 농업에서 보이는 남성 지배적 경향에도 불구하고, 미국에서는 과거보다 많은 여성이 농장을 경영하고 있다. 여성이 경영하는 농장은 지난 30년 사이에 두 배로 증가하였다. 여성 농민에 관한 통계자료는 1978년 미 농무부(USDA)에 의해 처음 집계되었는데, 집계 당시만 해도 여성 경영주의 비율이 5퍼센트에 불과하였지만, 2007년에 이르자 여성 농민의 수는 증가하였고, 여성이 경영하는 농장의 비율도 14퍼센트로 증가한다. 그러나 여성이 경영하는 농장은 남성이 경영하는 농장보다 규모가 더 작고, 매출도 더 적다(Hoppe and Korb 2013). 여성이 경영하는 농장은 1982년과 2007년 사이 모든 판매 부문에서 매출 증가를 보였지만, 매출 증가의 원천이 된 농장은 매출 규모가 1만 달러에 못 미치는 소규모 농장이다. 사실 여성이 경영하는 농장의 78퍼센트는 매출액이 1만 달러보다 적으며, 2007년 기준으로 볼 때, 고작 5퍼센트만이 매출액이 10만 달러를 넘는다(Hoppe and Korb 2013).

　매출액의 차이는 여성 경영 농장과 남성 경영 농장 사이에 크게 벌어져 있다. 여성 경영 농장의 평균 매출액은 3만 6,440달러인데, 이는 남성 경영 농장의 평균 매출액인 15만 671달러의 고작 4분의 1에 해당된다. 여성 경영 농장의 평균 규모도 210에어커 정도인데, 이는 남성 경영 농장의 평균 규모인 452에이커와 비교하면 절반도 안 되는 규모다(USDA 2007). 여성 경영 농장은 남성 경영 농장과는 다른 작물을 재배한다. 여성 경영 농장의 45퍼센트는 소, 말, 양, 염소와 같은 축산업에 주력한다. 매출 측면에서 봤을 때, 가장 성공적인 여성 경영 농장은 양돈업과 함께 특화된 작물, 곡물, 유제품 생산에 주력하는 경우다. 자신의 농장을 경영하는 경우 외에도, 많은 여성 농민은 배우자나 동업자와 공동으로 농장을 운영한다. 이런 식으로 보조 경영에 참여하는 여성의 수는 증가하고 있다. 주 경영주와 보조 경영에 참여하는 여성 농민을 모두 합하면 대략 100만 명 정도의 여성 경영주가 있다고 볼 수 있다(Hoppe and Korb 2013).

　많은 여성 농민은 지속가능한, 유기농의, 지역 시장을 위한 생산 경영에 관여하고, 또한 '지속가능' '유기농' '로컬푸드' 운동에도 적극적으로 참여한다(DeLind and Ferguson 1999; Hassanein 1999l Meares 1997; Liepins 1998; Trauger 2004; Trauger et al. 2010). 이러한 세 가지 농업운동이 점차적으로 관심을 끌면서 광범위한 산업화된 농식품체계에 도전하고 있지만, 여전히 미국 농업 생산의 일부분을 차지할 뿐이다. 선진국의 여성 농민은 관행농업보다 유기농업에 더 많다. 미국에서 유기 농산물을 생산하는 여성 농민은 전체 농민의 22퍼센트를 차지하고, 캐나다의 경우는 3분의 1을, 영국은 2분의 1을 차지한다(Jarosz 2011). 자로스 Lucy Jarosz는 워싱턴 지역의 공동체지원농업(CSA)에 참여하는 농민 중

압도적인 다수가 여성이라는 사실을 발견하였다. 자로스는 일반적으로 여성 농민을 주류 농업에 공헌하지 않는 취미 농사꾼이나 도시 농사꾼으로 경시하는 경향이 있지만, 여성 농민은 의식적으로 공동체지원농업을 선택해왔다는 것을 지적한다. 왜냐하면 자신이 선택한 일이 자기 자신과 자신의 가족, 그리고 공동체에 자양분을 공급해주는 일이기 때문이다.

남반구의 여성 농민

많은 저개발 국가에서 여성은 가구 단위 농업 생산에서 핵심적인 역할을 한다. 여성은 자신의 가족과 지역 시장을 위해 먹거리를 생산한다. 가난한 농민과 생산자를 돕기 위한 정책의 일환으로 농업 개발을 향한 많은 노력은 농업 가치사슬의 개선이나 강화를 강조한다. 농업 가치사슬의 개선은 예를 들어 관개시설·온실시설 개선 등을 통한 생산 단계에서도 가능하고, 냉동 저장 수송, 새로운 시장 접근성 등을 통한 유통과 판매의 단계에서도 가능하다. 농업 가치사슬의 강화는 여성 권한 증진을 중심으로 한 수직적 통합과 수평적 통합을 강조한다. (1) 수직적 통합은 동일한 가치사슬에 있는 유사한 행위자 간 연계를 개선하는 것으로 여성으로 구성된 조직이나 협동조합을 설립하는 것 등을 예로 들수 있다. (2) 수평적 통합은 여러 가치사슬의 다른 위치에 놓인 행위자 간 연계를 개선하는 것으로 생산자 여성과 소비자 여성 간 연계를 예로 들 수 있다(Riisgaard et al. 2010).

이와 같은 노력 중 일부분은 공정무역 인증과 유기농 인증을 받는 생산품 업그레이드와 수확 후 손실을 줄이고 신기술을 활용하는 가공 과정 업그레이드에 중점을 두어왔다. 그러나 여성은 가치사슬에 참여하는 데 어려움을 겪고 있는데, 높지 않은 교육 수준, 제한된 이동성, 자산과 자본 접근성의 결여, 가치사슬에 있는 다른 행위자와의 연계 부족 등이 그 이유이다. 그뿐 아니라 여성의 시간은 종종 생산과 재생산 활동 사이에서 분절되기 때문에, 또한 가족에게 음식을 제공하는 일과 관련한 여성의 재생산 활동은 특히 물, 에너지, 기본 서비스 등 기반시설이 낙후된 지역에서 시간 소모가 크기 때문에, 여성의 생산 활동 참여는 더욱 제약을 받는다.

리스가드와 동료들(Riisgaard et al. 2010)은 농업 가치사슬 강화를 위한 다양한 노력을 평가하면서 젠더 평등에 대한 상반된 결과를 발견하였다. 유기농과 공정무역 생산물에 요구되는 노동 증가분은 종종 여성이 짊어지기 때문이다. 예를 들어 우간다에서 커피 생산이 유기농으로 전환하면, 가구 단위에서 여성이 해야 할 노동은 유의미하게 증가하는 반면 남성 노동에 끼치는 영향은 미미하여, 남성 노동량의 증가는 거의 최소한의 수준에 그친다. 그럼에도 커피 생산으로부터 나오는 소득을 대부분 남성이 통제하기 때문에 유기농 커피 가치사슬에 참여하는 1차적 수혜자는 남성이 된다(Bolwig and Odeke 2007). 따라서 가치사슬에 개입하는 여성의 참여가 자동적으로 가구 수준에서 젠더 평등한 결정으로 이어지는 변화를 보장하지는 않는다.

몇몇 노력은 유기농 가치사슬에 있는 특정한 여성을 대상으로 이루어지고 있다. 예를 들어 '카페 페미니노Café Feminino'는 페루에서 시작되고 이후 중남미 7개국으로 확장된 유기농 커피 프로그램의 명칭이다. 이 프로그램은 협동조합에의 여성 참여를 증가시키고, 기술을 활용한 여성의 생산을 향상하며, 여성 리더십 역량을 강화시키는 데 초점을 맞추고 있다. 이와 같은 프로그램은 여성이 자신의 목소리를 낼 수 있게 하고, 프로그램에 참여하는 데 필요한 기술을 배울 수 있게 하며, 특정한 문화적 맥락에서 사회적으로 더 용인될 수 있도록 돕는다. 그러나 몇몇 사례가 보여주듯이 남성을 배제하는 여성 집단의 활동은 때때로 남성의 고의적인 방해 행위를 유발한다. 남성과 여성이 섞여 있는 집단은 자본, 자산, 신용, 정보 등에서 더 좋은 접근성을 제공할 수 있지만 이러한 집단 내에서 이루어지는 여성의 참여는 주변화될 수 있다. 가치사슬 강화에 참여하는 것은 젠더 평등의 기회를 제공할 수 있지만, 가치사슬 강화가 어떻게 실행되는지 세심한 주의를 기울이지 않는다면, 젠더 불평등은 여전히 변함없이 지속되거나 오히려 더욱 심각한 상태에 처할 수 있다.

가구 수준과 지역사회 수준에서 먹거리보장을 위해 애쓰는 소규모 여성 생산자의 공헌은 종종 간과되는데, 도시 지역의 경우에 더욱 그렇다. 인도, 필리핀, 가나, 케냐, 페루의 도시들을 비롯한 남반구 많은 나라의 도시에서 여성은 텃밭과 자투리땅에서 가축과 채소를 키우면서 도시 농업에 주요한 역할을 한다(FAO 2011). 하지만 여성이 기울이는 노력의 많은 부분은 거의 인식되지 않기 때문에, 도시농업을 위한 여성의 노력을 지원하기 위해 여성에게 토지와 다른 자원들을 제공하는 도시 계획가, 행정관료의 더 많은 작업이 필요하다.

기아 해결을 위한 여러 젠더화된 접근들

유엔의 '새천년 개발 목표Millennium Development Goal'의 중점 의제 중 하나인 극심한 빈곤과 기아의 근절은 목표 시기인 2015년까지 달성될 것 같지 않다. '새천년 개발 목표'는 2015년까지 기아로 허덕이는 인구 비율을 1990년의 절반으로 줄이는 것이다. 1990년에 저개발 국가의 23.6퍼센트가 영양 부족에 시달렸으며, 2011~13년에는 그 비율이 14.3퍼센트로 낮아졌지만, 특히 사하라 이남 아프리카를 포함한 몇몇 지역에서는 만연한 영양 부족을 감소하지 못했다. FAO는 이제 젠더가 먹거리보장의 중요한 측면임을 인식하며, 먹거리 수급량과 같은 협소한 관점으로는 기아 문제를 해결할 수 없다는 것 또한 인식하고 있다. 유엔의 최근 분석 틀은 건강, 수질, 교육이라는 광범위한 쟁점을 인식하고 특히 젠더에 가해지는 제약이 먹거리보장 문제에 핵심적이라고 인식하면서 유엔이 먹거리보장의 네 가지 기둥으로 설정하고 있는 이용가능성, 접근성, 활용성, 안정성을 제시한다. 그러나 이러한 젠더화된 틀 내에서도 FAO와 다른 국제기구들은 여전히 가치사슬 강화와 시장에서의 통합을 강조하는, 시장에 기반을 둔 해결책에 역점을 두고 있다.

유엔의 접근과 대조적으로, 비아캄페시나La Via Campesina가 주도하는 식량주권운동food sovereignty movement은 소농, 중농, 농촌 빈곤층, 고용농, 토착농 등을 포괄한다. 비아캄페시나는 먹거리 위기가 식량 희소성에 의해 발생하는 것이 아니라고 인식한다. 오히려 기아와 영양실조의 진짜 원인은 식량, 토지, 물과 종자 같은 생산을 위한 자원의 불공평한 배분에 있다고 주장한다. 풀뿌리 수준에서 식량주권운동에 참여하는 여성은 이 운동이 여성 농업 노동의 가치, 먹거리 공급의 책임감, 가구 내 여성 기여 등을 포함하는 젠더 문제를 강조해야 한다고 주장한다. 더 나아가 식량주권운동에 참여하는 여성은 남성·소년과 동등하게 문화적으로 적절하고 건강한 먹거리에 접근할 수 있는 여성의 평등한 권리를 강조한다. 식량주권 접근의 핵심에는 농식품체계, 먹거리 선택, 생산과 소비의 지속가능성과 조직의 자기 결정권, 그리고 공동체의 필요에 따라 우선순위를 설정할 권리 등을 들고 있지만, 젠더 이슈를 식량주권 접근의 핵심으로 가져가지 못했다. 삭스와 파텔-캄피요(Sachs and Patel-Campillo 2014)는 기아와 영양실조의 해결을 위해 여성주의적 먹거리정의 접근을 요청한다. 이 접근은 먹거리불평등을 둘러싸고 있는 인종, 젠더, 계급, 섹슈얼리티, 시민권이 서로 중첩되고 갈등하는 역동적 측면을 제시하여 이를 인식할 수 있도록 한다.

변화를 위한 추진

여성은 농식품체계의 환경지속성과 사회정의의 건설을 위한 지역적, 국내적, 국제적인 노력의 선봉에 서 있다. 예를 들어, 반다나 시바 Vandana Shiva 같은 여성들은 반세계화 투쟁 속에서 농식품체계를 변화시키는 일에 앞장서고 있다(Mohanty 2003; Shiva 2002). 여성은 또한 먹거리 소비자정치를 통해 변화를 이끌어내는 추진에도 앞장선다. 여성들은 리더이며, 윤리적 소비, 공정무역, 인간다운 유기농 로컬푸드에 참여하는 시민의 대다수를 구성한다. 바리엔토스Stephanie Barrientos(2013)는 여성 회원에 기반을 둔 시민단체들이 농업 노동 조건의 개선을 위해 어떻게 기업과 협력하고 종종 압력을 가하는지 사례 연구를 수행하였다. 이 연구에서 그녀는 보살핌 가치를 중시하는 상업적 환경을 만들기 위한 증가하는 목소리를 여성이 구성하고, 동시에 여성은 농식품체계에서 농식품 지식을 잘 갖추고 있는 행동가, 소비자, 노동자로 참여하고 있다고 강조한다.

미국에서도 여성 농민은 여성이 지속가능한 농업에서 농민으로 성공할 수 있도록, 동시에 먹거리체계에서 보다 광범위한 변화를 추진할 수 있도록 농업 네트워크를 형성해왔다. 버몬트, 메인, 아이오와, 펜실베이니아에 있는 여성 농민 네트워크는 여성이 농민으로 성공할 수 있도록 연계하여 서로서로 생산 전략을 배울 수 있도록 지원하고 있다. 예를 들어, '펜실베이니아 여성 농업 네트워크Pennsylvenia Agricultural Women's Network'는 2003년에 여성 농민과 여성 농업 전문가를 위한 초창기 네트워크 조직으로 출발하여 2014년 기준으로 1,400명에 달하는 회원이 참여하고 있다.

또한 여성은 유통업체 내 노동자운동을 이끌어왔다. 유통업체 내 노동자운동은 성차별에 대항하여 월마트에 소송을 제기하면서 시작되었다. 월마트는 미국에서 규모가 가장 큰 식품소매업체이자 미국 전역에 걸쳐 있는 거대 고용주 중 하나다. 이 소송은 월마트가 미국 인권법을 위반하고, 임금, 승진, 직무 배정에서 여성을 차별하였다는 이유로 제기되었다(Featherstone 2004). 이 소송은 160만 명의 여성 노동자를 대표하는 소송으로 확대되었고 미국 역사상 가장 큰 집단소송이 되었다. 패스트푸드업계에 종사하는 노동자도 최근 미국 7개의 도시에서 파업을 하며 시간당 15달러의 최저임금을 요구하고 있다. 패스트푸드업계에 종사하는 많은 노동자는 연방 정부가 정한 최저임금을 받고 있는데, 이 최저임금의 액수는 2014년 기준으로 시간당 7.25달러에 불과하다. 예전에는 패스트푸드업계에서 일하는 노동자 대부분이 10대였지만, 지금은 더 이상 그렇지 않다. 패스트푸드업계 노동자의 50퍼센트 이상이 20세 이상이고, 여성 노동자의 평균 연령은 32세다. 이들 노동자 대다수는 여성이고, 그중 4분의 1에 해당하는 여성은 아이를 키우고 있다. 이러한 캠페인은 전국적으로 언론의 관심을 받았지만 임금 인상을 위한 움직임은 지지부진한 상태다.

앞서 언급한 바와 같이 가치사슬에 접근하고 참여하는 것은 여성의 권한 증진을 위한 하나의 전략이지만, 저개발 국가의 많은 여성은 가치사슬에 참여하지 못한 채, 자신의 가족과 지역 시장을 위해 먹거리를 생산하는 역할에 그대로 머물러 있다. 또한 여성의 농업 노동은 가구의 먹거리보장에 중대한 공헌을 하고 있는데도 종종 재생산 노동으로 간주되어 많은 정책과 개발 프로젝트에서 계속해서 비가시적인 노동으로 취급되고 있다. 시장에 기반을 둔 먹거리보장을 위한 틀에서는 먹거리를 생산, 조리, 제공하는 여성의 재생산 노동에 대한 제대로 된 가치화 작업은 어려울 수밖에 없다. 여성의 재생산 노력을 지원하고 증진하는 노력이 너무나 쉽게 여성의 종속적인 지위를 되새기는 결과를 초래할 수 있고, 여성의 노동 부담감을 가중할 수 있기 때문이다.

다른 전략으로 남성과 소년이 음식 준비와 영양에 대한 관심에 더 관여하게 할 수도 있다. 삭스와 파텔-캄피요(Sachs and Patel-Campillo 2014)는 보다 급진적인 전략을 제안했는데, 이 전략은 여성과 남성이 적절한 먹거리를 자신의 가족에게 공급할 수 있도록 남녀 모두에게 자원과 시간을 보장하는 노동과 자원의 재분배를 제안한다. 이와 같은 제안은 가구 내 그리고 가구 사이에서 먹거리불평등을 야기하는 이성애 규범에 기반한 성역할 가구 모델heteronormative household models*을 다시 정의하고 사고할 수 있도록 돕는다. 이러한 방향으로 나아가기 위한 몇 가지 가능성으로는, 먹거리를 공급하는 일이 노동이기도 하지만 동시에 즐거움과 기쁨임을 알게 해주는 가구 내 노동 분업의 추진, 가구 간 먹거리 준비와 조리를 분담하는 공동체부엌 같은 새로운 모델의 추진 등을 들 수 있다.

---

* 이성애 규범에 기반한 성역할 가구 모델이란 이성애와 이성애 관계를 자연적이며 주어진 것으로 간주해 전통적인 성역할을 강화하고 다른 대안적인 방식에 대한 가능성을 제한하는 일련의 관행과 제도를 의미한다. – 옮긴이

들어가며

Bonanno, Alessandro and Josefa Salete Barbosa Cavalcanti (eds.). 2014. *Labor Relations in Globalized Food*. Bingley, UK: Emerald Publishing.

Busch, Lawrence. 2014. "How Neoliberal Myths Endanger Democracy and Open New Avenues for Democratic Action." Pp. 32-51 in Steven A. Wolf and Alessandro Bonanno (eds.) *The Neoliberal Regime in the Agri-food Sector: Crisis, Resilience and Restructuring*. New York: Routledge.

Dean, Mitchell M. 2010. *Governamentality: Power and Rule in Modern Society*. London: Sage.

Ford, Henry. 1988[1926]. *Today and Tomorrow*. New York: Productivity Press.

Foucault, Michel. 2004. *The Birth of Biopolitics*. New York: Picador. 심세광 외 옮김, 《생명관리정치의 탄생》, 난장, 2012.

Friedman, Milton. 1982[1962]. *Capitalism and Freedom*. Chicago: University of Chicago Press. 변동열·심준보 옮김, 《자본주의와 자유》, 청어람미디어, 2007.

Friedman, Thomas. 1999. *The Lexus and the Olive Tree*. New York: Anchor Books. 신동욱 옮김, 《렉서스와 올리브나무》, 창해, 2000.

Friedman, Thomas. 2005. *The World Is Flat: A Brief History of the Globalized World in the Twentieth-First Century*. New York: Allen Lane. 이건식 옮김, 《세계는 평평하다》, 21세기북스, 2013.

Fukuyama, Francis. 1992. *The End of History and the Last Man*. New York: The Free Press. 이상훈 옮김, 《역사의 종말》, 한마음사, 1992.

---

* 국내에서 한국어 번역본이 출간된 경우에는 번역된 책의 제목을 병기했다.

Gramsci, Antonio. 2011[1945]. *Prison Notebooks.* Translated by Joseph A. Buttigieg. New York: Columbia University Press. 이상훈 옮김,《그람시의 옥중수고》, 거름, 1999.

Hayek, Fredrick A. von. 2007[1944]. *The Road to Serfdom.* Chicago: University of Chicago Press. 김이석 옮김,《노예의 길》, 나남, 2006.

Hayek, Fredrick A. von. 2011[1960]. *The Constitution of Liberty.* Chicago: University of Chicago Press. 김균 옮김,《자유헌정론》, 자유기업센터, 2007.

Parsons, Talcott. 1971. *The System of Modern Societies.* Englewood Cliffs, NJ: Prentice-Hall.

Ronen, Shamir. 2008. "The Age of Responsibilization: On Market-Embedded Morality." *Economy and Society* 37 (1): 1-19.

Rose, Nikolas. 1996. *Inventing Our Selves: Psychology, Power and Personhood.* Cambridge: Cambridge University Press.

Rostow, Walter W. 1960. *The Stages of Economic Growth.* Cambridge: Cambridge University Press.《현대경영대백과 3 - 경제성장의 제단계》(E-book), 서음미디어, 2009.

1장

Banwell, C., J. Dixon, S. Seubsman, S. Pangsap, M. Kelly and A. Sleigh. 2012. "Evolving Food Retail Environments in Thailand and Implications for the Health and Nutrition Transition." *Public Health Nutrition* 16(4): 608-615.

Biggs, C., C. Ryan and J. Wiseman. 2010. "Distributed Systems: A Design Model for

Sustainable and Resilient Infrastructure." VEIL Distributed Systems Briefing Paper N3. Melbourne: University of Melbourne. Retrieved April 12, 2014 (http://www.ecoinnovationlab.com/wp)_content/attachments/305_VEIL. Resilient_Systems_Briefing_Paper.pdf).

Blythman, J. 2005. *Shopped: The Shocking Power of British Supermarkets.* London: Harper.

Bonanno, A. 2014. "The Legitimation Crisis of Neoliberal Globalization: Instances from Agriculture and Food." Pp. 13-31 in *The Neoliberal Regime in the Agri-food Sector,* edited by S. Wolf and A. Bonanno. London: Earthscan.

Bourdieu, P. 1984. *Distinction: A Social Critique of the Judgement of Taste.*

London: Routledge. 최종철 옮김,《구별짓기》, 새물결, 2005.

Burch, D., J. Dixon and G. Lawrence. 2013. "Introduction to Symposium on the Changing Role of Supermarkets in Global Supply Chains: From Seedling to Supermarket—Global Food Supply Chains in Transition." *Agriculture and Human Values* 30: 215-224.

Burch, D. and G. Lawrence. 2009. "Towards a Third Food Regime: Behind the Transformation." *Agriculture and Human Values* 26: 267-279.

Burch, D. and G. Lawrence. 2013. "Financialization in Agri-food Supply Chains: Private Equity and the Transformation of the Retail Sector." *Agriculture and Human Values* 30:247-258.

Burch, D., G. Lawrence and L. Hattersley. 2013. "Watchdogs and Ombudsmen: Monitoring the Abuse of Supermarket Power." *Agriculture and Human Values* 30: 259-270.

Busch, L. 2014. "How Neoliberal Myths Endanger Democracy and Open Avenues for

Democratic Action." Pp. 32-51 in *The Neoliberal Regime in the Agri-food Sector*, edited by S. Wolf and A. Bonanno. London: Earthscan.

Busch, L. and C. Bain. 2004. "New! Improved? The Transformation of the Global Agrifood System." *Rural Sociology* 69(3): 321-346.

Campbell, H. 2009. "Breaking New Ground in Food Regime Theory: Corporate Environmentalism, Ecological Feedback and the 'Food from Somewhere' Regime." *Agriculture and Human Values* 26: 309-319.

Carolan, M. 2011. *The Real Cost of Cheap Food*. London: Earthscan. 배현 옮김, 《값싼 음식의 실제 가격》, 열린책들, 2016.

Carolan, M. 2013. *Reclaiming Food Security*. London: Earthscan.

CEOWorld Magazine. 2014. "Tesco Launches Its First Android Jelly Bean Powered 7in Hudl Budget Tablet." Retrieved April 13, 2014 (http://ceoworld.biz/ceo/2013/09/23/tesco_launches_its_first_android_jelly_bean_powered_7in_hudl_budget_tablet_29920922).

Clapp, J. and D. Fuchs (eds.). 2009. *Corporate Power in Global Agrifood Governance*. Cambridge, MA: MIT Press.

CNBC. 2014. "The Costco Craze: Inside the Warehouse Giant." Retrieved May 3, 2014 (http://www.cnbc.com/id/46603589).

Competition Commission. 2000. "Supermarkets: A Report on the Supply of Groceries from Multiple Stores in the United Kingdom." London: Competition Commission.

Corporate Watch. 2014. "Corporate Control of the Food System." Retrieved April 7, 2014 (http://www.corporatewatch.org/?lid=3711).

Dangour, A., R. Green, B. Hasler, J. Rushton, B. Shankar and J. Waage. 2012. "Symposium 1: Food Chain and Health. Linking Agriculture and Health in Low-and Middle-Income Countries: An Inerdisciplinary Research Agenda." *Proceedings of the Nutrition Society* 71: 222-228.

Davey, S. and C. Richards. 2013. "Supermarkets and Private Standards: Unintended Consequences of the Audit Ritual," *Agriculture and Human Values* 30: 271-281.

Dixon, J. 2007. "Supermarkets as New Food Authorities." Pp. 29-50 in *Supermarkets and Agri-food Supply Chains: Transformations in the Production and Consumption of Foods,* edited by D. Burch and G. Lawrence. Cheltenham, UK and Northampton, MA: Edward Elgar.

Dixon, J. and C. Banwell. 2012. "Choice Editing for the Environment: Managing Corporate Risks." Pp. 175-184 in *Risk and Social Theory in Environmental Management,* edited by T. Measham and S. Lockie Victoria, Australia: CSIRO Publishing.

Dixon, J. and B. Isaacs. 2013. "There's Certainly a Lot of Hurting out There: Navigating the Trolley of Progress down the Supermarket Aisle." *Agriculture and Human Values* 30: 283-297.

Dowler, E., M. Kneafsey, R. Cox and L. Holloway. 2009. "'Doing Food Differently': Reconnecting Biological and Social Relationships through Care for Food." *Sociological Review* 57: 200-221.

Edwards, F. and D. Mercer. 2013. "Food Waste in Australia: The Freegan Response." Pp. 174-191 in *Waste Matters: New Perspectives on Food and Society,* edited by D. Evans, H. Campbell and A. Murcott. Oxford: Wiley-Blackwell.

Evans, D., H. Campbell and A. Murcott (eds.). 2013. *Waste Matters: New Perspectives on Food and Society.* Oxford: Wiley-Blackwell.

Fairbairn, M. 2014. "'Just Another Asset Class?': Neoliberalism, Finance and the Construction of Farmland Investment." Pp. 245-262 in *The Neoliberal Regime in the Agrifood Sector,* edited by S. Wolf and A. Bonanno. London: Earthscan.

Fox, T. and B. Vorley. 2004. "Stakeholder Accountability in the UK Supermarket Sector: Final Report to the 'Race to the Top' Project." London: International Institute for Environment and Development.

Freidberg, S. 2007. "Supermarkets and Imperial Knowledge." *Cultural Geographies* 14: 321-342.

Friedmann, H. 2005. "From Colonialism to Green Capitalism: Social Movements and the Emergence of Food Regimes." Pp. 229-267 in *New Directions in the Sociology of Global Development*, vol. 11, edited by F. Buttel and P. McMichael. Oxford: Elsevier.

Friedmann, H. and P. McMichael. 1989. "Agriculture and the State System." *Sociologia Ruralis* XXXIX(2): 93-117.

Friel, S. and W. Lichacz. 2010. "Unequal Food Systems, Unhealthy Diets." Pp. 115-129 in *Food Security, Nutrition and Sustainability*, edited by G. Lawrence, K. Lyons and T. Wallington. London: Earthscan.

Fuchs, D., A. Kalfagianni and M. Arentsen. 2009. "Retail Power, Private Standards, and Sustainability in the Global Food System." Pp. 29-59 in *Corporate Power in Global Agrifood Governance*, edited by J. Clapp and D. Fuchs. Cambridge, MA: MIT Press.

Gardner, B. 2013. *Global Food Futures: Feeding the World in 2050*, London: Bloomsbury.

Gertel, J. and S. Sippel (eds.). 2014. *Seasonal Workers in Mediterranean Agriculture: The Social Costs of Eating Fresh*. London: Routledge.

Government Office for Science. 2011. "The Future of Food and Farming: Final Project Report." London: Government Office for Science.

Gunders, D. 2012. "Wasted: How America is Losing up to 40 Percent of Its Food from Farm to Fork to Landfill." Washington, DC: NRDC.

Halsey, A. 2013. "AAA Thinks Pumps at New Costco May Drive Down Gas Prices." Retrieved 8 May, 2014 (http://www.washingtonpost.com/blogs/dr_gridlock/wp/2013/09/16/aaa_thinks_pumps_at_new_costco_may_drive_down_gas_prices/).

Harvey, D. 1996. *Justice, Nature and the Geography of Distance*. Cambridge, MA: Blackwell Publishers.

Hawkins, G. 2013. "The Performativity of Food Packaging: Market Devices, Waste Crisis and Recycling." Pp. 66-83 in *Waste Matters: New Perspectives on Food and Society*, edited by D. Evans, H. Campbell and A. Murcott. Oxford: Wiley-Blackwell.

Henson, S. and J. Humphery. 2009. "The Impacts of Private Food Safety Standards on the Food Chain and on Public Standard-Setting Processes." Rome: Joint FAO/WHO Food Standards Codex Alimentarius

Commission.

Holmes, S. 2013. *Fresh Fruit, Broken Bodies: Migrant Farmworkers in the United States*. Berkeley and Los Angeles, CA: University of California Press.

Iba, H. and K. Sakamoto. 2014. "Beyond Farming: Cases of Revitalization of Rural Communities through Social Service Provision by Community Farming Enterprises." Pp. 129-149 in *The Neoliberal Regime in the Agri-food Sector*, edited by S. Wolf and A. Bonanno. London: Earthscan.

Ingram, J., P. Ericksen and D. Liverman. 2010. *Food Security and Global Environmental Change*. London: Earthscan.

Isaacs, B. and J. Dixon (in press). "Making it Local: The Rural Consumer, the Supermarket and Competing Pedagogical Authority." In *Food Pedagogies*, edited by R. Flowers and E. Swan. Aldershot, UK: Ashgate.

Johnston, J., A. Biro and N. MacKendrick. 2009. "Lost in the Supermarket: The Corporate-Organic Foodscape and the Struggle for Food Democracy." *Antipode* 41(3): 509-532.

King Kullen. 2006. "About King Kullen Supermarkets." Retrieved April 4, 2014 (http://www.kingkullen.com/about-us/).

Konefal, J., C. Bain, M. Mascarenhas and L. Busch. 2007. "Supermarkets and Supply Chains in North America." Pp. 268-288 in *Supermarkets and Agri-food Supply Chains: Transformations in the Production and Consumption of Foods*, edited by D. Burch and G. Lawrence. Cheltenham, UK and Northampton, MA: Edward Elgar.

Lang, T., D. Barling and M. Caraher. 2009. *Food Policy: Integrating Health, Environment and Society*. Oxford: Oxford University Press. 충남발전연구원, 《먹거리정책》, 따비, 2013.

Lawrence, G. and D. Burch. 2007. "Understanding Supermarkets and Agri-food Supply Chains." Pp. 1-26 in *Supermarkets and Agri-food Supply Chains: Transformations in the Production and Consumption of Foods*, edited by D. Burch and G. Lawrence. Cheltenham, UK and Northampton, MA: Edward Elgar.

Lemke, T. 2001. "The Birth of Bio-politics: Michel Foucault's Lecture at the College de France on Neo-liberal Governmentality." *Economy and Society* 30(2): 190-207.

McCullough, E., P. Pingali and K. Stamoulis. 2008. "Small Farms and the Transformation of Food Systems: An Overview." Pp. 3-46 in *The*

Transformation of Agri-food Systems: Globalization, Supply Chains and Smallholder Farmers, edited by E. McCullough, P. Pingali and K. Stamoulis. London: Earthscan.

McMichael, P. 2005. "Global Development and the Corporate Food Regime" Pp. 265-299 in *New Directions in the Sociology of Global Development,* edited by F. Buttel and P. McMichael. Amsterdam: Elsevier.

McMichael, P. 2013. *Food Regimes and Agrarian Questions.* Halifax, Canada: Fernwood Publishing.

McMichael, P. and H. Friedmann. 2007. "Situating the 'Retailing Revolution.'" Pp. 291-319 in *Supermarkets and Agri-food Supply Chains: Transformations in the Production and Consumption of Foods,* edited by D. Burch and G. Lawrence. Cheltenham, UK and Northampton, MA: Edward Elgar.

McMichael, A., J. Powles, C. Butler and R. Uauy. 2007. "Food, Livestock Production, Energy, Climate Change, and Health." *The Lancet* 370(9594): 1253-1263.

Mercuro, N. and S. Medema. 2006. *Economics and the Law, Second Edition: From Posner to Postmodernism and Beyond.* Princeton, NJ: Princeton University Press.

Monteiro, C. and G. Cannon. 2012. "The Impact of Transnational 'Big Food' Companies on the South: A View from Brazil." *PLoS Medicine* 9(7): el001252. doi:10.1371/journal. pmed.1001252.

Oosterveer, P. and D. Sonnenfeld. 2012. *Food, Globalization and Sustainability.* London: Earthscan. 김철규 외, 《먹거리, 지구화 그리고 지속 가능성》, 따비, 2015.

Otero, G. 2014. "The Neoliberal Food Regime and Its Crisis: State, Agribusness Transnational Corporations, and Biotechnology." Pp. 225-244 in *The Neoliberal Regime in the Agri-food Sector,* edited by S. Wolf and A. Bonanno. London: Earthscan.

Peck, J. and A. Tickell. 2002. "Neoliberalizing Space." *Antipode* 34(3): 380-404.

Progressive Grocer. 2012. "New Frontiers of the 1950s." Retrieved April 4, 2014 (http://www.progressivegrocer.com/inprint/article/id2692/new-frontiers-of-the-1950s/).

Reardon, T., S. Henson and A. Gulati. 2010. "Links between Supermarkets and Food Prices, Diet Diversity and Food Safety in Developing

Countries," Pp. 111-130 in *Trade, Food, Diet and Health: Perspectives and Policy Options,* edited by C. Hawkes, S. Blouin, N. Henson, L. Drager and D. Chichester Oxford: Wiley-Blackwell.

Rees, E. 2011. "Tesco and Starbucks Feel the Heat in Battle against 'Clone Town Britain.'" Retrieved May 8, 2014 (http//www.theecologist.org/News/news_analysis/1026353/tesco_and_starbucks_feel_the_heat_in_battle against_clone_town_britain.html).

Richards, C., H. Bjorkhaug, G. Lawrence and E. Hickman. 2013. "Retailer-Driven Agricultural Restructuring Australia, the UK and Norway in Comparison." *Agriculture and Human Values* 30: 235-245.

Richards, C., G. Lawrence, M. Loong and D. Burch. 2012. "A Toothless Chihuahua? The Australian Competition and Consumer Commission, Neoliberalism and Supermarket Power in Australia." Rural Society2 23(3): 250-263.

Rodale Institute. 2005. "The Supermarket Turns 75." Retrieved April 4, 2014 (http://www.newfarm.org/news/2005/0805/080505/birthday.shtml).

Seed, B., T. Lang and M. Caraher. 2013. "Integrating Food Security into Public Health and Provincial Government Departments in British Columbia, Canada." *Agriculture and Human Values* 30(3): 457-470.

Shaw, G., L. Curth and A. Alexander. 2004. "Selling Self Service and the Supermarket: The Americanisation of Food Retailing in Britain 1945 1960." *Business History* 46(4): 568-582.

Supermarket News. 2014. "Top Global Food Retailers 2013." Retrieved April 4, 2014 (http://supermark용tnews.com/top-25-global-food-retailers-2013).

Tescopoly. 2014. "Financial Services." Retrieved April 13, 2014 (http://www.tescopoly.org/financial-services).

Thompson, L. and S. Lockie. 2013. "Private Standards, Grower Networks, and Power in Food Supply Systems." *Agriculture and Human Values* 30: 379-388.

Timmer, C. 2008. "Food Policy in the Era of Supermarkets: What's Different?" Pp. 67-86 in *The Transformation of Agro-food Systems: Globalization, Supply Chains and Smallholder Farmers,* edited by E. McCullough, P. Pingali and K. Stamoulis. London: Earthscan.

Towill, D. 2005. "A Perspective on UK Supermarket Pressure on the Supply Chain." *European Management Journal* 23(4): 426-438.

Vorley, B., A. Fearne and D. Ray (eds.). 2007. *Regoverning Markets: A Place for Small-Scale Producers in Modern Agrifood Chains?* London: Gower.

Wahlqvist, M., J. McKay, Y. Chang and Y. Chiu. 2012. "Rethinking the Food Security Debate in Asia: Some Missing Ecological and Health Dimensions and Solutions." *Food Security* 4: 657-670.

Watt, E. 1982. *Authority*. London: Groom Helm.

Weber, M. 1947. *The Theory of Social and Economic Organization*. New York: The Free Press.

Weis, T. 2013. *The Ecological Hoofprint: The Global Burden of Industrial Livestock*. London: Zed Books.

Wrigley, N. and M. Lowe. 1996. *Retailing, Consumption and Capita: Towards the New Retail Geography*. Essex: Longman.

Young, E. 2012. *Food and Development*. London: Routledge.

2장

Arrighi, G. 1994. *The Long Twentieth Century*. London: Verso Books. 백승욱 옮김,《장기 21세기: 화폐, 권력, 그리고 우리 시대의 기원》, 그린비, 2014.

Baud. C. and C. Durand. 2012. "Financialization, Globalization and the Making of Profits by Leading Retailers." *Socio-Economic Review* 10(2): 241-266.

Bergdolt, C. and A. Mittal. 2012. "Betting on World Agriculture: U.S. Private Equity Managers Eye Agricultural Returns." The Oakland Institute. Retrieved October 10, 2013 (http://www.oaklandinstitute.org/sites/oaklandinstitute.org/files/OI_report_Betting_on_World_Agriculture.pdf).

Bobenrieth, E. and B. Wright. 2009. "The Food Price Crisis of 2007/2008: Evidence and Implications." *Food and Agriculture Organization of the United Nations*. Retrieved December 3, 2013 (http//www.fao.org/fileadmin/templates/est/meetings/joint_igg_grains/Panel_Discussion_paper_2_English_only.pdf).

Breger Bush, S. 2012. *Derivatives and Development: A Political Economy of Global Finance, Farming, and Poverty*. New York: Palgrave Macmillan.

Burch. D. and G. Lawrence. 2009. "Towards a Third Food Regime: Behind the Transformation," *Agriculture and Human Values* 26(4): 267-279.

Burch, D. and G. Lawrence. 2013. "Financialization in Agri-food Supply Chains: Private Equity and the Transformation of the Retail Sector."

Agriculture and Human Values 30(2): 247-258.

Busch, L. and C. Bain. 2004. "New! Improved? The Transformation of the Global Agrifood System." *Rural Sociology* 69(3): 321-346.

Clapp, J. 2012. *Food.* Cambridge, UK: Polity Press. 정서진 옮김,《식량의 제국》, 이상북스, 2013.

Clapp, J. and E. Helleiner. 2012. "Troubled Futures? The Global Food Crisis and the Politics of Agricultural Derivatives Regulation." *Review of International political Economy* 19(2): 181-207.

Crippen, A. 2011. "CNBC Buffett Transcript Part 2: The 'Zebra' That Got Away." *CNRC.com.* Retrieved October 10, 2013 (http://www.cnbc.com/id/41867379/CNBC_Buffett_Transcript_Part_2_The_Zebra_That_Got_Away).

Cronon, W. 1992. *Nature's Metropolis: Chicago and the Great West.* New York: W.W. Norton and Company.

Daniel, S. 2012. "Situating Private Equity Capital in the Land Grab Debate." *Journal of Peasant Studies* 39(3-4): 703-729.

Davis, G. 2009. *Managed by Markets: How Finance Re-shaped America.* Oxford: Oxford University Press.

De Schutter, O. 2010. "Food Commodities Speculation and Food Price Crises." Geneva, CH: United Nations Special Rapporteur on the Right to Food.

Ducastel, A. and W. Anseeuw. 2013. "Agriculture as an Asset Class: Financialisation of the (South) African Farming Sector." Retrieved May 7, 2014 (http://iippe.org/wp/wp-content/uploads/2013/06/Antoine-Ducastel-Agriculture-as-an-asset-class-Financialisation-of-theSouth-African-farming-sector.pdf).

Epstein, G. 2005. "Introduction: Financialization and the World Economy." Pp. 3-16 in *Financialization and the World Economy,* edited by G. Epstein. Cheltenham, UK and Northampton, MA: Edward Elgar Publishing.

Fairbairn, M. 2014. "'Like Gold with Yield': Evolving Intersections between Farmland and Finance." *Journal of Peasant Studies* 41(5): 777-795.

Fligstein, N. 2001. *The Architecture of Markets: An Economic Sociology of Twenty-First Century Capitalist Societies.* Princeton, NJ: Princeton University Press.

FAO. 2013. "Monthly Food Price Indices (2002 2004= 100)." Rome: Food and Agriculture Organization (FAO) of the United Nations (UN).

Retrieved December 31, 2013 (http://www.fao.org/worldfoodsituation/foodpricesindex/en/).

Gandel, S. 2011. "America's Hottest Investment: Farmland." *Time*. Retrieved May 7, 2014 (http://business.time.com/2011/06/01/americas-hottest-investment-farmland/).

Ghosh, J. 2009. "The Unnatural Coupling: Food and Global Finance." *Journal of Agrarian Change* 10(1): 72-86.

Gladstone Land. 2014a. "Overview." Gladstone Land. Retrieved January 9, 2014 (http://gladstoneland.investorroom.com/overview).

Gladstone Land. 2014b. "Portfolio." Gladstone Land. Retrieved January 9, 2014 (http://gladstoneland.investorroom.com/portfolio).

Gunnoe, A. and P. Gellert. 2011. "Financialization, Shareholder Value, and the Transformation of Timberland Ownership in the US." *Critical Sociology* 37(3): 265-284.

Harvey, D. 2010. *The Enigma of Capital and the Crises of Capitalism*. Oxford: Oxford University Press. 이강국 옮김,《자본이라는 수수께끼》, 창비, 2012.

HighQuest Partners. 2010. "Private Financial Sector Investment in Farmland and Agricultural Infrastructure." Organisation for Economic Co-operation and Development. Retrieved October 10, 2013 (http://books.google.com/books?id=2v7hkQEACAAJ&dq=inauthor:highquest+partners&hl=&cd=1&source=gbs_api).

IIED. 2012. "Farms and Funds: Investment Funds in the Global Land Rush." International Institute for Environment and Development. Retrieved October 10, 2013 (http://pubs.iied.org/pdfs/17121IIED.pdf?).

Irwin, S.H. and D. Sanders. 2011. "Index Funds, Financialization, and Commodity Futures Markets." *Applied Economic Perspectives and Policy* 33(1): 1-31.

Isakson, S.R. 2014. "Food and Finance: The Financial Transformation of Agro-food Supply Chains." *Journal of Peasant Studies* 41(5): 749-775.

Kaufman, F. 2010. "The Food Bubble: How Wall Street Starved Millions and Got Away with It." *Harper's Magazine*. Retrieved November 9, 2014 (http://frederickkaufman.typepad.com/files/the-food-bubble-pdf.pdf).

Kotz, D.M. 2011. "Financialization and Neoliberalism." Pp. 1-18 in *Relations of Global Power: Neoliberal Order and Disorder,* edited by G. Teeple and S. McBride. Toronto: University of Toronto Press.

Krippner, G.R. 2011. *Capitalizing on Crisis: The Political Origins of the Rise of Finance*. Cambridge, MA: Harvard University Press.

Krugman, P. 2010. "Nobody Believes in Supply and Demand." *New York Times*. Retrieved December 4, 2013 (http://krugman.blogs.nytimes. com/2010/12/28/nobody-believes-in-supply-and-demand/?_r=O).

Lawrence, G. and D. Burch. 2007. "Understandmg Supermarkets and Agri-food Supply Chains." Pp. 1-26 in *Supermarkets and Agri-food Supply Chains: Transformations in the Production and Consumption of Foods*, edited by D. Burch and G. Lawrence. Cheltenham, UK and Northampton, MA: Edward Elgar Publishing.

Lazonick, W. and M. O'Sullivan. 2000. "Maximizing Shareholder Value: A New Ideology for Coiporate Governance." *Economy and Society* 2~(1): 13-35.

Magnan A. 2011. "New Avenues of Farm Corporatization in the Prairie Grains Sector: Farm Family Entrepreneurs and the Case of One Earth Farms." *Agriculture and Human Values* 29(2): 161-175.

Masters, M. 2010. "Testimony of Michael W. Masters before the Commodities Futures Trading Commission." CFTC. Retrieved December 4, 2013 (http://www.cftc.gov/ucm/groups/public/@newsroom/documents/file/ metalmarkets032510_masters.pdf).

Masters M. and A. White. 2008. "The Accidental Hunt Brothers: How Institutional Investors Are Driving Up Food and Energy Prices." Masters Capital Management and White Knight Research and Trading.

McMichael, P. 2012. "The Land Grab and Corporate Food Regime Restructuring." *Journal of Peasant Studies* 39(3-4): 681-701.

Minaya, J. and J. Ourso. 2012. "U.S. Drought Shouldn't Scorch Long-Term Farmland Investing." TIAA CREF. Retrieved October 23, 2013 (https:// www.tiaa-cref.org/public/advice-planning/market-commentary/ market_commentary_articles/articles/mc_053.html).

Murphy, S., D. Burch, and J. Clapp. 2012. "Cereal Secrets." Oxford: Oxfam International. Retrieved May 7, 2014 (http://www.oxfam.org/sites/www. oxfam.org/files/rr-cereal-seeretsgrain-traders-agriculture-30082012- en.pdf).

O'Keefe, B. 2009. "Betting the Farm." CNN Money. Retrieved February 23, 2014 (http://noney.cnn com/2009/06/08/retirement/betting_the_farm. fortune/).

Reardon, T. and J. Berdegue. 2002. "The Rapid Rise of Supermarkets in Latin America: Challenges and Opportunities for Development." *Development Policy Review* 20(4): 371-388.

Reardon, T., C. Barrett, J. Berdegue, and J. Swinnen. 2009. "Agrifood Industry Transformation and Small Farmers in Development." *World Development* 37(11): 1717-1727.

SLC Agricola. 2012. "SLC Agricola: Value from Both Farm and Land." Retrieved June 30, 2013 (http://www.mzweb.com.br/slcagricola2009/web/arquivos/SLCE3_PresentationInstitutional_201205_ENG.pdf).

Sweezy, P. and H. Magdoff. 1987. *Stagnation and the Financial Explosion.* New York: Monthly Review Press.

TIAA-CREF. 2012. "TIAA-CREF Announces $2 Billion Global Agriculture Company." TIAA-CREF. Retrieved October 23, 2013 (https://www.tiaa-cref.org/public/about/press/about_us/releases/articles/pressrelease422.html).

Tomaskovic-Devey, D. and K. Lin. 2011. "Income Dynamics, Economic Rents, and the Financialization of the U.S. Economy." *American Sociological Review* 76(4): 538-559.

USDA NASS. 2013. "Quick Stats," U.S. Department of Agriculture (USDA) National Agricultural Statistics Service (NASS). Retrieved January 23, 2014 (http://www.nass.usda.gov/Quick Stats/).

Useem, M. 1996. *Investor Capitalism: How Money Managers Are Changing the Face of Corporate America.* New York: Basic Books.

Visser, O. 2014. "Running Out of Farmland? Superb Soil, Land Value and the Sluggishness of Commoditisation in Russia." Retrieved May 7, 2014 (http://www.iss.nl/fileadmin/ASSETS/iss/Documents/Conference_papers/F ood_farmland_J an.2014/Visser-Land_value_superb_soil_commoditisation-FFF-conf.pdf).

Wahl, P. 2009. "Food Speculation: The Main Factor of the Price Bubble in 2008." Berlin: Weltwirtschaft, Ökologie & Entwicklung (WEED). Retrieved May 20, 2011 (http://www2.weed-online.org/uploads/weed_food_speculation.pdf).

Wiegel, J. 2013. "A New Breed of Tomato Farmers? The Effect of Transnational Supermarket Standards on Domestic Cultures of Production and Trade." *International Journal of Sociology of Agriculture and Food* 20(2): 237-254.

Wray, L.R. 2008. "The Commodities Market Bubble: Money Manager Capitalism and the Financialization of Commodities." Annandale-on-Hudson: Jerome Levy Economics Institute of Bard College. Retrieved May 7, 2014 (http://www.levyinstitute.org/pubs/ppb_96.pdf).

3장

Antonio, Robert J. and Alessandro Bonanno. 2000. "A New Global Capitalism? From
Americanism and Fordism to Americanization-Globalization." *American Studies* 41(2/3): 33-77.

Antunes, Ricardo. 2000. Adeus ao Trabalho? Ensaio Sohre as Metamorfoses e a Centralidade do Mundo do Trabalho. 4a edição, Campinas: Editora da Universidade Estadual de Campinas.

Auer, Peter and Sandrine Cazes. 2003. *Employment Stability in an Age of Flexibility: Evidence from Industrialized Countries.* New York: International Labor Office.

Bain, Carmen. 2010a. "Structuring the Flexible and Feminized Labor Market: GLOBALGAP Standards for Agricultural Labor in Chile." *Journal of Women Culture and Society* 35(2): 343-370.

Bain, Carmen. 2010b. "Governing the Global Value Chain: GLOBALGAP and the Chilean Fresh Fruit Industry." *International Journal of Sociology of Agriculture and Food* 17(1): 1-13.

Bellamy Foster, John and Robert W. McChesney. 2012. *The Endless Crisis.* New York: Monthly Review Press.

Bendini, Mónica and Cristina Pescio. 1996. *Empleo y Cambia Técnico en la fruticultura del Alto Valle.* Bueno Aires: Editorial La Colmena.

Bernhardt, Annette, Heather Boushey, Laura Dresser, and Chris Tilly (eds.). 2008. *The Gloves-Off Economy: Workplace Standards at the Bottom of America's Labor Market.* Ithaca, NY: Cornell University Press.

Bonanno, Alessandro, Lawrence Busch, William H. Friedland, Lourdes Gouveia, and Enzo Mingione (eds.). 1994. *From Columbus to ConAgra: The Globalization of Agriculture and Food.* Lawrence, KS: University Press of Kansas.

Bonanno, Alessandro and Josefa Salete Barbosa Cavalcanti. 2011.

Globalization and the Time-Space Reorganization. Bingley, UK: Emerald Publishing.

Bonanno, Alessandro and Josefa Salete Barbosa Cavalcanti. 2012. "Globalization, Food Quality and Labor: The Case of Grape Production in Northeastern Brazil." *International Journal of Sociology of Agriculture and Food* 19(1): 37-55.

Bonanno, Alessandro and Josefa Salete Barbosa Cavalcanti. 2014. *Labor Relations in Globalized Food*. Bingley, UK: Emerald Publishing.

Bonanno, Alessandro and Douglas H. Constance 2008. *Stories of Globalization: Transnational Corporation, Resistance and the State*. University Park, PA: Penn State University Press.

Brady, David, Regina Baker, and Ryan Finnigan. 2013. "When Unionization Disappears: State-Level Unionization and Working Poverty in the United States." *American Sociological Review* 78(5): 872-896.

Brown, Clair, Barry J. Eichengreen, and Michael Reich (eds.). 2010. *Labor in the Era of Globalization*. New York: Cambridge University Press.

Brown, Joachim and Eugenio Dias-Bonilla (eds.). 2008. *Globalization of Agriculture and Food and the Poor*. New York: Oxford University Press.

Cavalcanti, Josefa Salete B., Dalva M. Mota, and Pedro Gama da Silva. 2002. "Mirando hacia al Norte: Clase Genero y Etnicidad en los Espacios de Fruticultura del Nordeste de Brasil," *Areas* 26: 161-181.

Cornyn, John. 2013. "Immigration Reform Starts at the Border. Security Provisions are Key to the Success of Any New Legislation." *Houston Chronicle*. June 27:B9,c.

DuPuis, Melanie and David Goodman. 2005. "Should We Go 'Home' to Eat? Toward a Reflexive Politics of Localism." *Journal of Rural Studies* 21(3): 359-371.

Fletcher, Bill and Fernando Gapasin. 2008. *Solidarity Divided: The Crisis in Organized Labor and a New Path toward Social Justice*. Berkeley, CA: University of California Press.

Frank, Andre Gunder. 1969. *Latin America and Underdevelopment*. New York: Monthly Review Press.

Friedland, William H., Amy Barton, and Robert J. Thomas. 1981. *Manufacturing Green Gold*. New York: Cambridge University Press.

Gatta, Mary L. and Kevin P. McCabe. 2005. *Not Just Getting By: The New Era of Flexible Workforce Development*. Lanham, MD: Lexington Books.

Gornick, Janet and Markus Jantti (eds.). 2013. *Income Inequality: Economic Disparities and the Middle Class in Affluent Countries*. Palo Alto, CA: Stanford University Press.

Guthman, Julie. 2003. "Fast Food/Organic Food: Reflexive Tastes and the Making of 'Yuppie Chow'" *Social and Cultural Geography* 4(1): 45-58.

Harrison, Jill. 2014. "Situating Neoliberalization: Unpacking the Construction of Racially Segregated Workplaces." Pp. 91-111 in Steven Woolf and Alessandro Bonanno (eds.) *The Neoliberal Regime in the Agri-food Sector*. New York: Routledge.

Harrison, Jill. 2011. *Pesticide Drift and the Pursuit of Environmental Justice*. Cambridge, MA: MIT Press.

Harrison, Jill and Sarah Lloyd. 2012. "Illegality at Work: Deportability and the Productive New Era Immigration Enforcement." *Antipode* 44(2): 365-385.

Harvey, David. 2005. *A Brief History of Neoliberalism*. New York: Oxford University Press. 최병두 옮김, 《신자유주의: 간략한 역사》, 한울아카데미, 2014.

Hirata, Helena. 2002. *Nova Divisao Sexual do Trabalho? Um Olhar Voltado para a Empresa e a Sociedade*. Sao Paulo: Boitempo Editorial.

Holmes, Seth. 2013 *Fresh Fruit, Broken Bodies: Migrant Farmworkers in the United States*. Berkeley, CA: University of California Press.

Inglis, David and Debra Gimlin (eds.). 2009. *The Globalization of Food*. New York: Berg.

Johnston, Josee and Michelle Szabo. 2011. "Reflexivity and the Whole Food Market Consumer: The Lived Experience of Shopping for Change." *Agriculture and Human Values* 28: 303-319.

Kenney, Martin, Linda Lobao, James Curry, and Richard Coe. 1989. "Midwest Agriculture and US Fordism." *Sociologia Ruralis* 29(2): 131-148.

Krugman, Paul. 2013. "Austerity Doctrine Benefits Only the Wealthy." *Houston Chronicle*. April 26: B7.

Kubiszewski, Ida, Robert Costanza, Carol Franco, Philip Lawn, John Talberth, Tim Jackson, and Camille Aylmer. 2013. "Beyond GDP: Measuring and Achieving Global Genuine Progress." *Ecological Economics* 93(2013): 57-68. Retrieved at http://dx.doi.org/10.1016/j.ecolecon.2013.04.019 on July 1, 2013.

Lara Flores, Sara M. (ed.). 2010. *Migraciones de Trabajo y Movilidad*

Territorial. Ed. 10. Mexico City: Consejo Nacional de Ciencia y Tecnologia.

Lichtenstein, Nelson. 2013. *State of the Union: A Century of American Labor.* Princeton, NJ: Princeton University Press.

Mize, Ronald and Alicia Swords. 2011. *Consuming Mexican Labor: From the Bracero Program to NAFTA.* Toronto: University of Toronto Press.

Noah, Timothy. 2012. *The Great Divergence: America's Growing Inequality Crisis and What We Can Do about It.* New York: Bloomsbury.

Preibisch, Kerry. 2012. "Migrant Workers and Changing Work-Place Regimes in Contemporary Agricultural Production in Canada." *International Journal of Sociology of Agriculture and Food* 19(1): 62-82.

Preibisch, Kerry. 2007. "Local Produce, Foreign Labor: Labor Mobility Programs and Global Trade Competitiveness in Canada." *Rural Sociology* 72(3): 418-449.

Presser, Harriet B. 2005. *Working in a 24/7 Economy: Challenges for American Families.* New York: Russell Sage Foundation.

Sanderson, Matthew R. 2012. "Migrants in the World Food System: Introduction." *International Journal of Sociology of Agriculture and Food* 19(1): 56-61.

Reilly, Peter A. 2001. *Flexibility at Work: Balancing the Interests of Employer and Employee.* Aldershot, UK: Gower.

Robinson, William I. 2004. *A Theory of Global Capitalism: PrEluction, Class and State in a Transnational World,* Baltimore and London: Johns Hopkins University Press.

Roman Richard and Edur Velasco Arregui. 2013. *Continental Crucible: Big Business and Unions in the Transformation of North America.* Halifax and Winnipeg: Fernwood Publishing

Rosin, Christopher, Paul Stock, and Hugh Campbell (eds.). 2012. *Food Systems Failure: The Global Food Crisis and the Future of Agriculture.* Abingdon, UK: Earthscan.

Stiglitz, Joseph. 2012. *The Price of Inequality: How Today's Divided Society Endangers Our Future.* New York: W.W. Norton and Company. 이순희 옮김, 《불평등의 대가》, 열린책들, 2013.

Upchurch, Martin, Graham Taylor, and Andrew Mathers. 2012. *The Crisis of Social Democratic Trade Unionism in Western Europe.* London: Ashgate.

Volscho, Thomas M. and Nathan J. Kelly. 2012. "The Rise of the Super-Rich:

Power Resources, Taxes, Financial Markets, and the Dynamics of the Top 1 Percent, 1949 to 2008." *American Sociological Review* 77(5): 679-699.

Western. Bruce and Jake Rosenfeld. 2011. "Workers of the World Divide: The Decline of Labor and the Future of the Middle Class." *Foreign Affairs.* Retrieved at http://www.foreignaffairs.com/articles/137522/bruce-western-and-jake-rosenfeld/workers-Of-the-worlddivide on May 10 2012.

Wolf, Steve and Alessandro Bonanno (eds.). 2014. *The Neoliberal Regime in the Agri-food Sector Crisis, Resilience and Restructuring.* New York: Routledge.

World Bank. 2013. "Doing Business: Measuring Business Regulations." Retrieved at www.doingbusiness.org/methodology/employing-workers on August 15, 2013.

Zeitlin, Johnathan and Stephen Tolliday (eds.). 1992. *Between Fordism and Flexibility: The Automobile Industry and Its Workers.* New York: Berg.

4장

Allen, Patricia, Margaret Fitzsimmons, Michael Goodman, Keith Warner. 2003. "Shifting plates in the agrifood landscape: The tectonics of alternative agrifood initiatives in California." *Journal of Rural Studies* 19(1): 61-75.

Allen, Patricia and Julie Guthman. 2006. "From 'old school' to 'farm-to-school' Neoliberalization from the ground up." *Agriculture and Human Values* 23(4): 401-415.

AMAB. 2013. "Chi siamo." Retrieved April 27, 2013 (www.amab.it/pagina. asp?Pag=2).

Andrews, Geoff. 2008. *The Slow Food Story.* London: Pluto Press.

Ansell, Christopher K. and David Vogel. 2006. *What's the Beef? The Contested Governance of European Food Safety.* Cambridge, MA: MIT Press.

Barbera, Filippo and Stefano Audifreddi. 2012. "In pursuit of quality: The Institutional change of wine production market in Piedmont." *Sociologia Ruralis* 52(3): 311-331.

Barberis, Corrado. 1978. "Le tre realtà dell'agricoltura italiana." Pp. 81-88 in *Azienda Contadina. Sviluppo Economico e Stratificazione Sociale*, edited by Paola Bertolini and Benedetto Meloni. Torino: Rosenberg & Sellier.

Baudrillard, Jean. 1981. *For a Critique of the Economy of Signs*. St. Louis, MO: Telos Press.

Beck, Ulrich, Anthony Giddens and Scott Lash. 1994. *Reflexive Modernization: Politics, Tradition and Aesthetics in the Modern Social Order.* Cambridge: Polity. 임현진 옮김, 《성찰적 근대화》, 한울, 2010.

Bolaffi, Guido and Adriano Varotti. 1978. "La struttura capitalistica dell' agricoltura italiana e il problema dei contadini." Pp. 137-168 in *Azienda Contadina. Sviluppo Economico e Stratificazione Sociale*, edited by Paola Bertolini and Benedetto Meloni. Torino: Rosenberg & Sellier.

Brasili, Cristina, Roberto Fanfani and Elisa Ricci Meccarini. 2001. "Un'analisi strutturale ed economica delle industrie alimentari in Italia." Pp. 27-55 in *Jl Settore Agroalimentare Italiano e l'Integrazione Europea*, edited by Roberto Fanfani, Elisa Montresor and Francesco Pecci. Milano: Franco Angeli.

Brunori, Gianluca, Vanessa Malandrin and Adanella Rossi. 2013. "Trade-off or convergence? The role of food security in the evolution of food discourse in Italy." *Journal of Rural Studies* 29: 19-29.

Busch, Lawrence and Arunas Juska. 1997. "Beyond political economy: Actor Networks and the globalization of agriculture," *Review of International Political Economy* 4(4): 688-708.

Ca Verde. 2014. "Chi siamo." S. Ambrogio di Valpolicella (VR): Coop Agr A.R.L. 8 Marzo. Retrieved April 18, 2014 (http://caverde.com/index. php?route=information/information&information_id=4).

Calza Bini, Paolo. 1978. "Contadini proletari o basso ceto medio?" Pp. 189-204 in *Azienda Contadina. Sviluppo Economico e Stratificazione Sociale*, edited by Paola Bertolini and Benedetto Meloni. Torino: Rosenberg & Sellier.

Camera dei Deputati, XIII legislatura. 1997. "Inda gine conoscitiva sulle biotecnologie." Retrieved July 25, 2014 (http://gnosis.aisi.gov.it/ sito%5CRivista16.nsf/servnavig/10).

Campagna Amica. 2014a. "FAI." Roma: Fondazione Campagna Amica. Retrieved August 16, 2014 (http://www.campagnamica.it/fai/Pagine/ default.aspx).

Campagna Amica. 2014b. "FAQ: Cos'è la Rete Nazionale dei Punti Campagna Amica?" Roma: Fondazione Campagna Amica. Retrieved August 13, 2014 (http://www.campagnamica.it/pagineCA/Pagine/F AQ.aspx).

Campagna Amica Trento. 2013. "Campagna Amica Mercato Contadino, circuito per la valorizzazione dei prodotti agricoli, Disciplinare Rev. 0.4.2 aggiornato al 30 gennaio 2013." Retrieved July 13, 2014 (http://www.comune.ala.trento.it/attivitaEconomiche/commercio%20su%20aree%20pubbliche/mercato_contadino/disciplinare%20campagna%20amica.pdf).

Coldiretti. 2011. "Statuto Confederazione Nazionale Coldiretti—Approvato dall'Assemblea della Confederazione il 15 febbraio 2011." Roma: Coldiretti. Retrieved July 13, 2014 (http://www.coldiretti.it/organismi/coldiretti/STATUT0%20CONFEDERAZIONE%20approvato%20Assemblea%2015_02_1l.pdf).

Coldiretti. 2014. "Chi siamo." Roma: Coldiretti. Retrieved July 13, 2014 (http://www.coldiretti.it/chisiamo/Pagine/default.aspx)

Cosentino Vincenzo and Michele De Benedictis. 1978. "Forme di conduzione ed equilibrio dell'impresa agraria." Pp. 241-270 in *Azienda Contadina. Sviluppo Economico e Stratificazione Sociale*, edited by Paola Bertolini and Benedetto Meloni. Torino: Rosenberg & Sellier.

Crisci, Giacomo and Maria Fonte. 2014. "L'aceesso al bio nella transizione verso la sostembilita dei sistemi agro-alimentari." *Agriregionieuropa* 10(37). Retrieved August 26, 2014 (http://agriregionieuropa.univpm.1ven/node/8863).

Crivits, Maarten and Erik Paredis. 2013. "Designing an explanatory practice framework: Local food systems as a case'" Journal of Consumer Culture 13(3): 30- 336.

CSQA. 2014. "AboutCSQA." Roma: CSQA. Retrieved August 13, 2014 (http://www.csqa.ivCSQA/Overview/Profilo).

Di Iacovo, F., Maria Fonte and A. Galasso. 2014. "Agricoltura civica e filiera corta, Nuove pratiche, forme di impresa e relazioni tra produttori e consumatori." Working Paper No. 22, Gruppo 2013. Retrieved July 30, 2014 (http://www.gruppo2013.1vworking-paper/Documents매 TORKING%20PAPER %2022_luglio%202014.pdf).

Eder, Klaus. 1993. *The New Politics of Class: Social Movements and Cultural Dynamics in Advanced Societies*. London: Sage Publication.

Fabiani, Guido. 1978. "Aspetti strutturali e di tendenza ne11'agricoltura italiana (1960-1970)." Pp. 109-136 in *Azienda Contadina. Sviluppo Economico e Stratificazione Sociale,* edited by Paola Bertolini and Benedetto Meloni. Torino: Rosenberg & Sellier.

Fabiani, Guido. 1986. *L'Agricoltura Italiana tra Sviluppo e Crisi (1945-1995).* Bologna: Il Mulino.

Fanfani, Roberto. 2004. "Introduzione." Pp. 5-22 in *Manlio Rossi-Doria, Rapporto sulla Federconsorzi.* Napoli: L'Ancora del Mediterraneo.

Fonte, Maria. 2002. "Food systems, consumption models and risk perception in the late modernity." *International Journal of Agriculture and Food* 10(1): 13-21.

Fonte, Maria. 2004. *Organismi Geneticamente Modificati Monopolio e Diritti.* Milano: Franco Angeli.

Fonte, Maria. 2006. "Slow Food's Presidia: What do small producers do with big retailers?" Pp. 203-240 in *Between the Local and the Global: Confronting Complexity in the Contemporary Agri-food Sector,* vol. 12, edited by Terry Marsden and Jonathan Murdoch. Oxford: Elsevier.

Fonte, Maria. 2013. "Food consumption as social practice; Solidarity Purchasing Groups in Rome, Italy." *Journal of Rural Studies* 32: 230-239.

Fonte, Maria and Apostolos G. Papadopoulos (eds.). 2010. *Naming Food ifter Places: Food Relocalisation and Knowledge Dynamics in Rural Development.* Farnham, UK: Ashgate.

Fonte, Maria and Cristina Salvioni. 2013. "Cittadinanza ecologica e consumo sostenibile dal Biologico ai gruppi di Acquisto Solidale." Pp. 81-103 in *Cibo Locale. Percorsi Innovativi nelle Pratiche di Produzione e Consumo Alimentare,* edited by Alessandra Corrado and Silvia Sivini. Napoli: Liguori.

Friedman, Harriet. 2009. "Discussion: Moving food regimes forward: Reflections on symposium essays." *Agriculture and Human Values* 26(4): 335-344.

Friedman, Harriet and Philip McMichael 1989. "Agriculture and the state system: The rise and demise of national agricultures, 1870 to present." *Sociologia Ruralis* 19(2): 93-117.

Fuenfschilling, Lea and Bernhard Truffer. 2014. "The structuration of socio-technical regimes: Conceptual foundations from institutional theory." *Research Policy* 43: 772-791.

Furman, Carrie, Carla Roncoli, Donald R. Nelson and Gerrit Hoogenboom.

2014. "Growing food, growing a movement: Climate adaptation and civic agriculture in the Southerneastern United States." *Agriculture and Human Values* 31(1): 69-82.

Geels, Frank W. 2004. "From sectoral systems of innovation to socio-technical systems: Insights about dynamics and change from sociology and institutional theory." *Research Policy* 33: 897-920.

Geels, Frank W. 2010. "Ontologies, socio-technical transitions (to sustainability), and the multi-level perspective." *Research Policy* 39: 495-510.

Geels, Frank W. and Johan Schot. 2007. "Typology of socio-technical transition pathways." *Research Policy* 36: 399-417.

Geels, Frank W. and Johan Schot. 2010. "The dynamics of transitions: A socio-technical perspective." Pp. 9-101 in *Transitions to Sustainable Development: New Directions in the Study of Long Term Transformative Change,* edited by John Grin, Jan Rotmans and Johan Schot. New York: Routledge.

Goodman, David. 2003. "The quality 'turn' and alternative food practices: Reflexion and agenda." *Journal of Rural Studies* 19: 1-7.

Goodman, David E., Melanie DuPuis and Michael K. Goodman. 2012. *Alternative Food Networks: Knowledge, Practice and Politics.* Abingdon, UK: Routledge.

Gorgoni, Marcello. 1978. "Sviluppo economico, progresso tecnologico e dualismo nell'agricoltura italiana." Pp. 205-240 in *Azienda Contadina. Sviluppo Economico e Stratificazione Sociale,* edited by Paola Bertolini and Benedetto Meloni. Torino: Rosenberg & Sellier.

Goulet, Frederic. 2013. "Narratives of experience and production of knowledge within farmers' groups," *Journal of Rural Studies* 32: 439-447.

Guthman, Julie. 2007. "The Polanyian way? Voluntary food labels as neoliberal governance." *Antipode* 39(3): 456-478.

Hinrichs, C. Clare. 2000. "Embeddedness and local food systems: Notes on two types of direct agricultural market." *Journal of Rural Studies* 16: 295-303.

Hinrichs, C. Clare. 2003. "The practice and politics of food system localization." *Journal of Rural Studies* 19(1): 33-45.

Hinrichs, C. Clare. 2014. "Transitions to sustainability: A change in thinking about food systems change?" *Agriculture and Human Values* 31(1): 143-

155.

Hinrichs, C. Clare and Thomas A. Lyson (eds.). 2008. *Remaki.ng the North American Food System: Strategies for Sustainability.* Lincoln, NB: University of Nebraska Press.

Holloway, Lewis, Moya Kneafsey, Laura Venn, Rosie Cox, Elizabeth Dowler and Helena Tuomainen. 2007. "Possible food economies: A methodological framework for exploring food production-consumption relationships." *Sociologia Ruralis* 47(1): 1-19.

Ilbery, Brian and Damian Maye. 2005. "Alternative (short) food supply chains and specialist livestock products in the Scottish-English borders." *Environment and Planning A* 37: 823-844.

Jaillette, Jean-Claude. 2001. *Il Cibo Impazzito. Il Caso Europeo della Contraffazione Alimentare.* Milano: Feltrinelli.

Kirwan, James. 2004. "Alternative strategies in the UK agro-food system: Interrogating the alterity of farmers' markets." *Sociologia Ruralis* 44(4): 395-415.

Kloppenburg, Jack, Jr. and Neva Hassanein. 2006. "From old school to reform school?" *Agriculture and Human Values* 23(4): 417-421.

LaPrimavera Coop. 2014. "Una storia lunga vent'anni." Campagnola di Zevio (VR): Cooperativa Agricola La Primavera Scar!. Retrieved July 13, 2014 (http://www.cooperativalaprimavera.it/pdf/Libretto%20forapan.pdf).

Lash, Scott M. and John Urry. 1994. *Economies of Signs and Space.* London: Sage. 박형준 옮김, 《기호와 공간의 경제》, 현대미학사, 1998.

Leitch, Alison. 2003. "Slow Food and the politics of pork fat: Italian food and European identity." *Ethnos* 68(4): 437-462.

Leitch, Alison. 2005. "Why food matters: New perspectives on the politics of food." Paper presented at TASA Conference, University of Tasmania, 6-8 December.

Levidow, Les. 2014. "Contending agro-food transition in Europe: Prospect for agroecological transformation." Paper presented at the seminar *La grande transformation de l'agriculture, 20 ans après* Montpellier, 16-17 June.

Majone, Giandomenico (ed.). 1996. *Regulating Europe.* London: Routledge.

Marsden, Terry K., Andrew Flynn and Michelle Harrison. 2000. *Consuming Interests: The Social Provision of Foods.* London: Ucc Press.

Miele, Mara. 2001. "Creating sustainability: The social construction of market for organic products." PhD dissertation, Circle for Rural European Studies, Wageningen University, Wageningen, the Netherlands.

Miller, Daniel. 1995. *Acknowledging Consumption: A Review of New Studies.* London: Routledge.

Miller, Daniel. 1997. *Capitalism: An Ethnographic Approach.* Oxford: Berg.

Miller, Daniel. 2012. *Consumption and Its Consequences.* Cambridge Polity Press.

Mottura, Giovanni. 1987. *Il Conflitto Senza Avventure. Quarant'Anni di Strategia Ruralista nelle Campagne Italiane (1944-1987).* Universita degli Studi di Modena. Studi e Ricerche del Dipartimento di Economia Politica 47.

Mottura, Giovanni and Enrico Pugliese, 1975. *Agricoltura, Mezzogiorno e Mercato del Lavoro.* Bologna: II Mulino.

Murray, Douglas L. and Laura T. Raynolds. 2007. "Globalization and its antinomies: Negotiating a Fair Trade movement." Pp. 3-14 in *Fair Trade: the Challenge of Transforming Globalization,* edited by Laura T. Raynolds, Douglas L. Murray and John Wilkinson. Oxford: Routledge.

Nygård, Berit and Oddveig Storstad. 1998. "De-globalization of food markets? Consumer perceptions of safe food: The case of Norway." *Sociologia Ruralis* 38(1): 35-53.

Occhetta, Francesco and Nunzio Primavera. 2010. *Paolo Bonomi e il Riscatto delle Campagne.* Gorle, BG: Edizioni Velar.

Ortiz-Miranda, Dionisio, Ana Moragues-Faus and Eladio Arnalte-Alegre (eds.). 2013. *Agriculture in Mediterranean Europe between Old and New Paradigms.* Research in Rural Sociology and Development 19. Bingley, UK: Elsevier Emerald Group Publishing.

Petrini, Carlo and Gigi Padovani. 2005. *Slow Food Revolution.* Milano: Rizzoli.

Pugliese, Enrico and Massimo Rossi. 1978. "Dualismo strutturale in agricoltura e mercato del lavoro." Pp. 169-288 in *Azienda Contadina Sviluppo Economico e Stratificazione Sociale,* edited by Paola Bertolini and Benedetto Meloni. Torino: Rosenberg & Sellier.

Ray, Christopher. 1998. "Culture, intellectual property and territorial rural development." *Sociologia Ruralis* 39(1): 3-20.

Raynolds, Laura T. and John Wilkinson. 2007. "Fair Trade in agriculture and the food sector: Analytical dimensions." Pp. 33-47 in *Fair Trade: The*

Challenge of Transforming Globalization, edited by Laura T. Raynolds, Douglas L. Murray and John Wilkinson. Oxford: Routledge.

Reckwitz, Andreas. 2002. "Towards a theory of social practices: A development in culturalist theorizing." *European Journal of Social Theory* 5: 243-263.

Renting, Henk, Marcus Schermer and Adanella Rossi. 2012. "Building food democracy: Exploring civic food networks and newly emerging forms of food citizenship." *International Journal of Sociology of Agriculture and Food* 9 (3): 289-307.

Rete Rurale Nazionale. 2013. "Bioreport 2013. L'agricoltura biologica in Italia." Roma. Retrieved July 25, 2014 (http://www.sinab.it/sites/default/files/share/BIOREPORT_2013_WEB%5Bl%5D.pdf).

Ritzer, George and Nathan Jurgenson. 2010. "Production, consumption, prosumption: The nature of capitalism in the age of the digital 'prosumer.'" *Journal of Consumer Culture* 10: 13-36.

Rota, Gian Arturo and Nichi Stefi. 2012. *Luigi Veronelli. La Vita è Troppo Breve per Bere Vini Cattivi.* Milano and Bra: GiuntiEditore/Slow Food Editore.

Salvioni, Cristina. 1999. "L'impatto del reg. 2078/92 sulla diffusione del biologico: il caso dell'Abruzzo." In *L'Agricoltura Biologica tra PAC e Mercato,* edited by F.M. Cantucci. Quaderno dell'Istituto di Economia e Politica Agraria di Perugian. 25.

Santucci, Fabio Maria. 2009. "I circuiti commerciali dei prodotti biologici." Agrzregzoneeuropa 5(17).

Sassatelli, Roberta and Federica Davolio. 2010. "Consumption, pleasure and politics: Slow Food and the politico-aesthetic problematization of food." *Journal of Consumer Culture* 10: 202-232.

Sereni, Emilio. [1947]1971. *II Capitalismo nelle Campagne (1860-1900).* Torino: Einaudi.

Shove, Elizabeth, Mika Pantzar and Matt Watson. 2012. *The Dynamics of Social Practice: Everyday life and How It Changes.* London: Sage.

Slow Food. 2014. "The Slow Food approach to food labeling." Bra, Cuneo: Slow Food International. Retrieved July 25, 2014 (http://www.slowfood.com/sloweurope/filemanager/position_docs/INGLetichetta.pdf).

Smith, Adrian. 2006. "Green niches in sustainable development: The case of organic food in the United Kingdom." *Environment and Planning C:*

Government and Policy 24: 439-458.

Sotte, Franco. 2006. "Quante sono le imprese agricole in Italia?" Agriregionieuropa 2(5).

Sotte, Franco and Andrea Arzeni. 2013. "Imprese e non-imprese nell'agricoltura italiana." *Agriregionieuropa* 9(32).

Terra e Liberti/Critical Wine (2004). *Sensibilita Planetaria, Agricoltura Contadina e Rivoluzione dei Consumi*. Roma: Derive Approdi.

van der Ploeg, Jan Douwe. 2008. *The New Peasantries: Struggles for Autonomy and Sustainability in an Era of Empire and Globalization*. London: Earthscan.

Venturini, Tommaso. 2008. "Our daily bread: Eataly and the reinvention of supermarket." Paper presented at the First International Conference on Economic De-growth for Ecological Sustainability and Social Equity, Paris, April 16-19.

Veronelli, Luigi. 1964. *Alla Ricerca dei Cibi Perduti. Guida di Gusto e di Lettere all'Arte del Saper Mangiare*. Roma: Derive Approdi.

Veronelli, Luigi and Pablo Echaurren. 2005. *Bianco Rosso e Veronelli. Manuale per Enodissidenti e Gastroribelli*. Viterbo: Stampa Alternativa.

Viviano, Eliana (ed.). 2012. "La grande distribuzione organizzata e l'industria alimentare in Italia." Banca d'Italia, Questioni di Economia e Finanza, Occasional Papers 119.

Walter, Lynn. 2009. "Slow Food and home cooking: Toward a relational aesthetic of food and relational ethic of home." *Provisions: The Journal of the Center for Food in Community and Culture* (1). Retrieved July 13, 2014 (http://www.uwgb.edu/cfcc/files/pdf/SlowFood&HomeCooking.pdf).

5장

Bain. C., E. Ransom and V. Higgins. 2013. "Private Agri-food Standards: Contestation, Hybridity and the Politics of Standards." *International Journal of Sociology Agriculture and Food* 20(1): 1-10.

Barnett, C., P. Cloke, N. Clarke and A. Malpass. 2005. "Consuming Ethics: Articulating the Subjects and Spaces of Ethical Consumption." *Antipode* 37: 23-45.

Barnett. C., P. Cloke, N. Clarke and A. Malpass (eds.). 2011. *Globalizing*

Responsibility: The Political Rationalities of Ethical Consumption. RGS-IBG Series Book, Oxford: Wiley-Blackwell.

Blokhuis. H., B. Jones. R. Geers, M. Miele and I. Veissier. 2003. "Measuring and Monitoring Animal Welfare: Transparency in the Product Quality Chain." *Animal Welfare* 12: 445-455.

Blokhuis, H., M. Miele, I. Veissier and B. Jones (eds.). 2013. *Improving Farm Animal Welfare: Science and Society Working Together: The Welfare Quality Approach.* Wageningen, the Netherlands: Wageningen Academic Publisher.

Bock, B.B. and H. Buller. 2013. "Healthy, Happy and Humane Evidence in Farm Animal Welfare Policy." *Sociologia Ruralis* 53(3): 390-411.

Bock, B.B, N. Hacking and M. Miele. 2014. "Report on the Main Problem Areas and Their Sensitivity to be Addressed by Knowledge Transfer for each of the Specific Aspects of the Legislation Chosen for this Project." Brussels: EuWelNet Project (Deliverable 4). Retrieved November 16, 2014 (http://www.euwelnet.eu/euwelnet).

Buller, H. and E. Roe. 2012. "Commodifying Animal Welfare." *Animal Welfare* 21(Sl): 131-135.

Buller, H. and E. Roe. 2014. "Modifying and Commodifying Farm Animal Welfare: The Economisation of Layer Chickens." *Journal of Rural Studies* 33: 141-149.

Busch, L. 2007. "Performing the Economy, Performing Science: From Neoclassical to Supply Chain Models in the Agrifood Sector." *Economy and Society* 36(3): 437-466.

Çalişkan, K. and M. Callon. 2009. "Economization, Part 1: Shifting Attention from the Economy towards Processes of Economization." *Economy and Society* 38(3): 369-398.

Çalişkan, K. and M. Callon. 2010. "Economization, Part 2: A Research Programme for the Study of Markets." *Economy and Society* 39(1): 1-32.

Commissie Van Doorn. 2011. "Al het vlees duurzaam: De doorbraak naar een gezonde, veilige en gewaardeerde veehouderij in 2020." Den Bosch.

Evans, A. and M. Miele. 2007. "Consumers' Views about Farm Animal Welfare, Part 2: Comparative Report Based on Focus Group Research." Welfare Quality® Reports No. 5. Cardiff, UK: Cardiff University.

Evans, A. and M. Miele. 2012. "Between Food and Flesh: How Animals Are Made to Matter (and Not to Matter) within Food Consumption Practices."

Environment and Planning D-Society and Space 30(2): 298-314.

Friedberg, S. 2004. "The Ethical Complex of Corporate Food Power." *Environment and Planning A* 22: 513-531.

Horlings, L.G. and B.B. Bock. 2013. "Implementation of Three EU Directives on Animal Welfare in the Netherlands." EUWeNet Report Task 2.1: Mapping Implementation. Wageningen.

Kjærnes, U. 2012. "Ethics and Action: A Relational Perspective on Consumer Choice in the European Politics of Food." *Journal of Agricultural and Environmental Ethics* 25(2): 145-162.

Kjærnes, U., M. Miele and J. Roex (eds.). 2007. "Attitudes of Consumers, Retailers and Producers to Farm Animal Welfare." Welfare Quality® Reports No. 2. Cardiff, UK: Cardiff University.

Koos, S. 2012. "What Drives Political Consumption in Europe? A Multi-level Analysis on Individual Characteristics, Opportunity Structures and Globalization." *Acta Sociologica* 55(1): 37-57.

Miele, M. 2011. "The Taste of Happiness: Free Range Chicken." *Environment and Planning A* 43(9): 2070-2090.

Miele, M. and A. Evans. 2010. "When Foods Become Animals: Ruminations on Ethics and Responsibility in Care-Full Spaces of Consumption." *Ethics, Policy and Environment* 13(2): 171-190.

Miele, M. and J. Lever. 2014. "Improving Animal Welfare in Europe: Cases of Comparative Bio-sustainabilities." Pp. 143-165 in T. Marsden and A. Morely (eds.) *Sustainable Food Systems: Building a New Paradigm.* London: Earthscan.

Miele, M., J. Murdoch and E. Roe. 2005. "Animals and Ambivalence: Governing Farm Animal Welfare in the European Food Sector." Pp. 169-185 in V. Higgins and G. Lawrence (eds.) *Agricultural Governance.* London: Routledge.

Miele, M. and V. Parisi. 2001. "L'Etica del Mangiare, i valori e le preoccupazioni dei consumatori per il benessere animale negli allevamenti: un'applicazione dell'analisi Meansend Chain." *Rivista di Economia Agraria* LVI(l): 81-103.

Min EZ and I (Ministerie Economische Zaken Landbouw en Innovatie). 2013. "Agenda Animal welfare: The challenges of implementing a common legislation 321 verduurzaming voedsel 2013-2016." Alliantie Verduurzaming Voedsel, Den Haag: Ministerie Economische Zaken.

Ministerie van Economische Zaken. 2014. "Monitor Duurzaam Voedsel." Den
Haag: Ministerie van Economische Zaken.

Ransom, E. 2007. "The Rise of Agricultural Animal Welfare Standards as
Understood through a Neo-institutional Lens." *International Journal of
Sociology of Agriculture and Food* 15(3): 26-44.

Vapnek, J. and M. Chapman. 2010. *Legislative and Regulatory Options for
Animal Welfare*. Rome: FAO Legal Office.

6장

Alston, Julian M., Matthew A. Andersen, Jennifer S. James, and Philip G.
Pardey. 2010. *Persistence Pays: US Agricultural Productivity Growth and
the Benefits from Public R&D Spending*. New York: Springer Science and
Business Media.

Brooks, Sally. 2011. "Is International Agricultural Research a Global Public
Good? The Case of Rice Bio fortification." *Journal of Peasant Studies*
38(1): 67-80.

Brooks, Sally, Melissa Leach, Henry Lucas, and Erik Millstone. 2009. "Silver
Bullets, Grand Challenges and the New Philanthropy." STEPS Working
Paper 24. Brighton, UK: STEPS Centre.

Busch, Larry. 2010. "Can Fairy Tales Come True? The Surprising Story of
Neoliberalism and World Agriculture." *Sociologia Ruralis* 50(4): 331-351.

CGIAR. 2011. "The CGIAR at 40 and Beyond." Washington, DC: The CGIAR
Fund.

CGIAR. 2014. "CGIAR Annual Financial Reports." Washington, DC: The
CGIAR Fund.

Retrieved February 4, 2014 at http://www.cgiar.org/resources/cgiarfinancial-
reports/.

Devereux, Stephen. 2011. "Social Protection and Agriculture: Graduation or
Dependency?" *Food Ethics* 6(4): 4-6.

Djurfeldt, Agnes Andersson. 2013. "African Re-agrarianization?
Accumulation or Pro-poor Growth?" *World Development* 41(1): 217-231.

Durand-Morat, Alvaro, Eric Wailes, and Eddie Chavez. 2011. "Hybrid Rice
and Its Impact on Food Security and the Pattern of Global Production
and Trade." Selected Paper prepared for presentation at the Southern

Agricultural Economics Association Annual Meeting, Corpus Christi, TX, February 5-8.

Fernandez-Cornejo, Jorge. 2004. "The Seed Industry in U.S. Agriculture An Exploration of Data and Information on Crop Seed Markets, Regulation, Industry Structure, and Research and Development." Agriculture Information Bulletin No. AIB786. Washington, DC: United States Department of Agriculture.

Fletes-Ocon, Hector B. and Alessandro Bonanno. 2013. "Responses to the Crisis of Neoliberal Globalization: State Intervention in Palm Oil Production in Chiapas, Mexico." *International Journal of Sociology of Agriculture and Food* 20(3): 313-334.

FAO STAT. 2014. "Food and Agriculture Organization of the United Nations, Statistics Division." Rome, Italy: Economic and Social Development Department. Retrieved February 4, 2014 at http://faostat3.fao.org/home/E.

Fuglie, Keith, Paul Heisey, John King, Carl E. Pray, and David Schimmelpfennig. 2012. "The Contribution of Private Industry to Agricultural Innovation." *Science* 338(6110): 1031-1032.

Glenna, Leland, David Ader, Wenda Bauchspies, Abou Traore, and Rita Afiavi Agboh-Noameshie. 2012. "The Efficacy of a Program Promoting Rice Self-Sufficiency in Ghana during a Period ofNeoliberalism." *Rural Sociology* 77(4): 520-546.

Glenna, Leland L., William B. Lacy, Rick Welsh, and Dina Biscotti. 2007. "University Administrators, Agricultural Biotechnology, and Academic Capitalism: Defining the Public Good to Promote University Industry Relationships." *Sociological Quarterly* 48(1): 141-164.

Godfray, H. Charles J., Ian R. Crute, Lawrence Haddad, David Lawrence, James F. Muir, Nicholas Nisbett, Jules Pretty, Sherman Robinson, Camilla Toulmin, and Rosalind Whiteley. 2010. "The Future of the Global Food System." *Philosophical Transactions of the Royal Society B* 365(1554): 2769-2777.

Hall, Peter A. and David W. Soskice. 2001. *Varieties of Capitalism: The Institutional Foundations of Comparative Advantage.* Oxford: Oxford University Press.

Moore, Kelly Daniel Lee Kleinman, David Hess, and Scott Frickel. 2011. "Science and Neoliberal Globalization: A Political Sociological Approach." *Theory and Society* 40(5): 505-532.

Pardey, Philip G. and Julian M. Alston. 2010. "U.S. Agricultural Research in a Global Food Security Setting." Washington, DC: Center for Strategic and International Studies.

Pardey, Philip G., Julian M. Alston, and Connie Chan-Kang. 2013. "Public Agricultural R&D over the Past Half Century: An Emerging New World Order." *Agricultural Economics* 44(1): 103-113.

Piesse. J. and C. Thirtle. 2010. "Agricultural R&D, Technology and Productivity." *Philosophical Transactions of the Royal Society B* 365(1554): 3035-3047.

Pingali, Prabhu and Tim Kelley. 2007. "The Role of International Agricultural Research in Contributing to Global Food Security and Poverty Alleviation: The Case of the CGIAR." Pp. 2381-2418 in Robert Evenson and Prabhu Pingali (eds.) *Handbook of Agricultural Economics.* Vol. 3. Oxford: Elsevier.

Pray, Carl and Latha Nagarajan. 2014. "The Transformation of the Indian Agricultural Input Industry: Has It Increased Agricultural R&D?" *Agricultural Economics* 45(S1): 145-156.

Schurman, Rachel. 2011. "The New Culture of Philanthropy: The Bill & Melinda Gates Foundation. and the New Green Revolution for Africa." Conference Presentation, Rethinking Development Conference. Cornell University, NY. November 11-12.

Toenniessen, Gary, Akinwumi Adesina, and Joseph DeVries. 2008. "Building an Alliance for a Green Revolution in Africa." *Annals of the New York Academy of Sciences* 1136: 233-242.

Welsh, Rick and Leland Glenna. 2006. "Considering the Role of the University in Conducting Research on Agro-biotechnologies." *Social Studies of Science* 1136: 233-242.

Wolff, Richard D. and Stephen A. Resnick. 2012. *Contending Economic theories: Neoclassical, Keynesian, and Marxian.* Cambridge, MA: MIT Press.

7장

Allen, Patricia and Carolyn Sachs. 2007. "Women and Food Chains: The Gendered Politics of Food." *International Journal of Sociology of Food and Agriculture* 15(1): 1-23.

Barrientos, Stephanie. 2013. "Corporate Purchasing Practices in Global Production Networks: A Socially Contested Terrain." *Geoforum* 44: 44-51.

Bolwig, S. and M. Odeke. 2007. "Household Food Security Effects of Certified Organic Export Production in Tropical Africa: A Gendered Analysis." Research Report submitted to EPOPA (Sida).

Brandth, Berit and Marit S. Haugen. 2010. "Doing Farm Tourism: The Intertwining Practices of Gender." *Signs: Journal of Women in Culture and Society* 35(2): 425-446.

Deere, Carmen Diana. 2005. "The Feminization of Agriculture? Economic Restructuring in Rural Latin America." United Nations Research Institute for Social Development (UNRISD) Occasional Paper No. 1, Geneva.

DeLind, Laura and Anne Ferguson. 1999. "Is This a Woman's Movement? The Relationship of Gender to Community-Supported Agriculture in Michigan." *Human Organization* 58:190-200.

Dolan, C., M. Opondo, and S. Smith. 2004. "Gender, Rights and Participation in the Kenya Cut Flower Industry." Retrieved November 19, 2014 at http://www.dfid.gov.uk/pubs/files/tspgender.pdf.

Dolan, C.S. and K. Sorby. 2003. "Gender and Employment in High-Value Agriculture Industries." Agriculture and Rur대 Development Working Paper 7. Washington, DC: The World Bank.

Featherstone, Liza. 2004. *Selling Women Short: The Landmark Battle for Workers' Rights at Walmart.* New York: Basic Books.

FAO (Food and Agriculture Organization). 2011. *The State of Food and Agriculture, 2010-2011: Women in Agriculture Closing the Gender Gap.* Rome: Food and Agriculture Organization.

Hassanein, Neva. 1999. *Changing the Way America Farms: Knowledge and Community in the Sustainable Agriculture Movement.* Lincoln, NE: University of Nebraska Press.

Hoppe, Robert A. and Penni Korb. 2013. "Characteristics of Women Farm Operators and Their Farms." Economic Research Service, Economic Information Bulletin 111. Washington, DC: USDA.

Jarosz, Lucy. 2011. "Nourishing Women: Toward a Feminist Political Ecology of Community Supported Agriculture in the United States." *Gender, Place and Culture* 18(3):307-326.

Lee, Sang E. 2010. "Unpacking the Packing Plant: Nicaraguan Migrant

Women's Work in Costa Rica's Evolving Export Agricultural Sector." *Signs: Journal of Women in Culture and Society* 35(2):317-342.

Leipins, Ruth. 1998. "The Gendering of Farming and Agricultural Politics: A Matter of Discourse and Power." *Australian Geographer* 29 (3): 371-388.

MacDonald, James M., Penni Korb, and Robert A. Hoppe. 2013. "Farm Size and the Organization of U.S. Crop Farming." Washington, DC: USDA, ERS.

Meares, A.C. 1997. "Making the Transition from Conventional to Sustainable Agriculture: Gender, Social Movement Participation, and Quality of Life on the Family Farm." *Rural Sociology* 62(1): 21-47.

Mohanty, Chandra. 2003. *Feminism without Borders: Decolonizing Theory, Practicing Solidarity.* Durham, NC: Duke University Press. 문현아 옮김,《경계없는 페미니즘》, 여이연, 2005.

National Center for Farmworker Health. 2014. "Poultry Workers'" Retrieved November 19, 2014 at http://www.nctb.org/docs/fs-PoultryWorkers.pdf.

Preibisch, Kerry and Evelyn Encalada Grez. 2010. "The Other Side of el Otro Lado: Mexican Migrant Women and Labor Flexibility in Canadian Agriculture." *Signs: Journal of Women in Culture and Society* 35(2): 289-316.

Preibisch, Kerry and Luz Maria Hermoso Santamaria. 2006. "Engendering Labor Migration: The Case of Foreign Workers in Canadian Agriculture." Pp. 107-130 in *Women, Migration, and Citizenship: Making Local, National, and Transnational Connections,* edited by Evangelia Tastsoglou and Alexander Dobrowolsky. Aldershot, U.K.: Ashgate.

Riisgard, Lone, Anna Maria Escobar Fibla, and Stefano Ponte. 2010. "Gender and Value Chain Development." Copenhagen: The Danish Institute for International Studies. Retrieved November 19, 2014 at http://eudevdays.eu/sites/default/files/45670567.pdf.

Sachs, Carolyn and Anouk Patel-Campillo. 2014. "Feminist Food Justice: Crafting a New Vision." *Feminist Studies* 40(2): 1-14.

Shiva, Vandana. 2002. *Sustainable Agriculture and Food Security: The Impact of Globalization.* Thousand Oaks, CA: Sage Publications.

Southern Poverty Law Center. 2010. "Injustice on Our Plates: Immigrant Women in the U.S. Food Industry." November.

Trauger, A. 2004. "'Because They Can Do the Work', Women Farmers and Sustainable Agriculture." *Gender, Place and Culture* 11(2): 289-307.

Trauger, A., C. Sachs, M. Barbercheck, K. Brasier, and N.E. Kiernan. 2010. "'Our Market Is Our Community': Women Farmers and Civic Agriculture in Pennsylvania, USA." *Agriculture and Human Values* 27(1): 43-55.

USDA. 2007. "Women Farmers: 2007 Census of Agriculture." Retrieved November 19, 2014 at http://www.agcensus.usda.gov/Publications/2007/Online_Highlights/Fact_Sheets/Demo_graphics/women.pdf.

U.S. Department of Labor. 2002. "Findings from the National Agricultural Workers Survey 2001-2002: A Demographic and Employment Profile of United States Farm Workers." Washington, DC: U.S. Department of Labor.

U.S. Department of Labor and U.S. Bureau of Labor Statistics. 2005. "Highlights of Women's Earnings in 2004." Washington, DC: U.S. Department of Labor. Retrieved July, 2006 at http://www.bls.gov/cps/cpswom2004.pdf#search=%22%22highlights%20of%20women's%20earnings%22%22.

Van Hightower, Nikki R., Joe Gorton, and Casey Lee DeMoss. 2000. "Predictive Models of Domestic Violence and Fear of Intimate Partners among Migrant and Seasonal Farm Worker Women." *Journal of Family Violence* 15(2): 137-154.

World Bank. 2007. "World Development Report 2008: Agriculture for Development." Washington, DC: The World Bank.

World Bank, FAO, and IFAD. 2009. *Gender in Agriculture Sourcebook.* Washington, DC: The World Bank.

먹거리 지속가능성 연구단
한국연구재단 사회과학연구(Social Science Korea, SSK) 사업의 지원을 받고 있는 먹거리 지속가능성 연구단(단장 김흥주 원광대 교수)은 먹거리를 둘러싼 문제들을 분석하고, 지속가능한 먹거리체계를 모색하기 위한 연구들을 수행하고 있다. 현재 국내 교수 5명, 해외 교수 3명, 전임연구원 2명, 연구보조원 6명, 해외연수 1명, 행정인력 1명 등 총 18명으로 구성되어 있다 (www.susfood.kr).

윤병선(서장) 건국대학교 경영경제학부 교수(농업경제학). 세계 농식품체계에 대한 문제의식을 바탕으로 대안 농식품운동에 관심이 있다. 저서 《농업과 먹거리의 정치경제학》과 《새로운 농촌사회학》(공저) 등과 역서 《이윤에 굶주린 자들》(공역), 《먹거리와 농업의 사회학》(공역) 등을 냈으며, 〈초국적 농식품복합체의 농업지배〉, 〈대안농업운동의 전개과정에 대한 연구〉, 〈Who's Threatening Our Dinner Table?〉 등의 논문이 있다.

김철규(1장) 고려대학교 사회학과 교수(농식품사회학). 세계 농식품체계의 변화, 먹거리 정치, 음식 소비의 역사적 형성 등에 관심이 있다. 주요 저서로 《한국의 자본주의 발전과 사회변동》, 《환경사회학: 자연과 사회의 만남》, 주요 역서로 《먹거리, 지구화 그리고 지속가능성》(공역), 《생태논의의 최전선》(공역), 《자연과 타협하기》(공역), 그리고 최근 논문으로 〈한국인의 환경의식 변화와 신개발주의〉, 〈한국 농식품체계의 구조와 변화〉 등이 있다.

이해진(2장) 충북대학교 사회학과 조교수(지역사회학). 먹거리 정치와 먹거리 시민권, 먹거리 위험의 개인화, 사회적경제를 연구하고 있으며, 저서 《새로운 농촌사회학》(공저) 등과 역서 《먹거리와 농업의 사회학》(공역), 그리고 논문 〈소비자에서 먹거리시민으로〉, 〈한국의 사회적경제-제도화의 정치과정과 지역화 전략〉 등이 있다.

박동범(3장) 고려대 사회학과 박사 과정(사회학) 수료. 지역먹거리/로컬푸드의 사회정치적 저변이 두터워짐으로써, 개인과 지역 주민들의 살림살이가 개별 국민국가 사이를 가로질러 광역적·지구적 규모로 어떻게 바뀌고 더 나아질 수 있을지에 관심이 많다. 옮긴 책 《시간의 비교사회학》(공역), 엮은 책 《우리의 소박한 꿈을 응원해 줘: 이랜드 노동자 이야기》가 있다.

허남혁(4장) (재)지역재단 먹거리정책·교육센터 센터장. 서울대에서 경제학사와 환경계획학 석사, 대구대에서 인문지리학 박사과정을 수료하였다. 농업과 먹거리를 둘러싼 글로벌한 관계와 로컬에서의 대안에 관심을 갖고 있다. 저서로 《내가 먹는 것이 바로 나》가 있고, 역서로 《농업생명공학의 정치경제》, 《로컬푸드》(공역), 《학교급식혁명》(공역), 《먹거리정책》(공역) 등이 있다.

송인주(5장) 원광대학교 지역발전연구소 연구원(사회학). 현대 농업/생태/기술체계의 역사적 변화를 이론적으로 설명하는 데 관심이 있으며, 논문으로 〈농업의 산업화와 한국의 '축산혁명'〉, 〈한국의 쇠고기 등급제: 쟁점과 성격〉, 〈소비주의 식생활양식의 형성: 미국의 대량육식 문화를 중심으로〉 등이 있다.

김흥주(6장) 원광대학교 복지보건학부 교수(지역사회복지). 먹거리 복지와 공공급식, 지역사회 먹거리보장에 관심이 있으며, 저서 《새로운 농촌사회학》(공저) 등과 역서 《먹거리와 농업의 사회학》(공역), 그리고 논문 〈학교급식과 로컬푸드 ― 한일 비교연구〉, 〈먹거리 대안체계와 공공급식 ― 서울시 사례분석〉 등이 있다.

이윤경(7장) 고려대학교 사회학과 강사. 여성학과 사회학으로 석사학위와 박사학위를 수여받았으며 여성, 소수자, 이주자 등의 사회 불평등 문제를 먹거리·농업의 측면과 초국가적 이주 현상의 측면에서 분석하고 사회 정의, 먹거리 유토피아, 환경 지속가능성을 실천하는 데 관심이 있다. 논문으로 〈보살핌윤리가 갖는 의미에 관한 연구〉, 〈Double Orientation and Transnational Economic Involvement of Korean Migrants in China〉 등이 있다.

세계 농업과 먹거리의 정치경세학

지은이 | 알레산드로 보나노, 로런스 부시 외
옮긴이 | 윤병선 외
초판 1쇄 발행 | 2016년 6월 30일
초판 1쇄 인쇄 | 2016년 9월 30일

펴낸곳 | 도서출판 따비
펴낸이 | 박성경
편 집 | 신수진
디자인 | 이수정

출판등록 | 2009년 5월 4일 제2010-000256호
주소 | 서울시 마포구 월드컵로28길 6 (성산동, 3층)
전화 | 02-326-3897
팩스 | 02-337-3897
메일 | tabibooks@hotmail.com

인쇄·제본 | 영신사

HANDBOOK OF THE INTERNATIONAL POLITICAL ECONOMY OF AGRICULTURE AND FOOD

잘못된 책은 바꾸어드립니다.

값 17,000원
ISBN 978-89-98439-30-9 93300